匡亚明　主编　中国思想家评传丛书

刘知几评传

许凌云　著

南京大学中国思想家研究中心
南京大学出版社

中国思想家评传丛书

史通卷第二

内篇

二體第二

三五之代書有典墳悠哉邈矣不可得而詳自唐虞已下迄于周是爲古文尚書然世猶淳質文從簡略求諸備體固已缺如既而丘明傳春秋子長著史記載筆之體於斯備矣後來繼作相與因循假有改張變其名目區域有限孰能踰此蓋荀悅張璠丘明之

多士蓬山之下良直差肩芸閣之中英奇接武僕既功虧刻鵠筆未獲麟徒殫太官之膳虛索長安之米乞已本職還其舊居多謝簡書請避賢路唯明公足下哀而許之至忠得書大慙無以酬荅又惜其才不許解史任而宗楚客崔湜鄭愔等皆惡聞其短共讎嫉之俄而蕭宗等相次伏誅然後獲免於難

史通第二十卷終

《中国思想家评传丛书》序

匡亚明

伟大的中华民族在长达五千年连绵不断的曲折发展过程中，像滚滚东流的长江那样，以磅礴之势，冲破了重重险阻，奔腾向前，现在更以崭新面貌，雄姿英发，屹立于世界民族之林。这是人类历史上的一个奇迹。产生这一奇迹有诸多原因，其中十分重要的一点，就是我们勤劳、勇敢、智慧的各族人民，在长期的生产活动、社会活动、思维活动和对外交往以及抗击外来侵略过程中，逐渐创造、积累、发展了具有以生生不息的内在思想活力为核心的优秀传统思想文化。这是一种伟大、坚强的精神支柱，是我们民族凝聚力和生命力之所在，是历史留给我们所有海内外炎黄子孙引以自豪的无价之宝。

当然，和各国各种不同传统思想文化一样，在中华民族的思想文化传统中，也是既有精华，又有糟粕，因而全盘肯定或全盘否定，不对；一知半解、信口开河或裹足不前、漠然置之，也不对。郑重而严肃的态度应该是对它进行实事求是的科学的研究和分析，取其精华，弃其糟粕，继承和弘扬这份瑰宝，振兴中华，造福人类。人类历史发展的连续性，就是在不断去粗取精、继往开来和改革创新过程中实现的。继往是为了开来，开来不能离开继往。民族虚无主义和复古主义，都是违背历史发展的辩证规律的。

现在我们国家正处在一个新的继往开来迈向四化的关键时刻。继往就是继民族优秀传统之往，开来就是开社会主义现代化建设之来。对中国传统思想文化从广度和深度上进行系统研究，实现去粗取精的要求，正是继往开来必须完成的紧迫任务。我认为这是中国各族人民，首先是文化界、学术界、理论界义不容辞的光荣职责。但面对这一时间上长达五千年，内容上涉及人文科学、自然科学等各个领域的传统思想文化，将从何着手呢？毛泽东同志早在1938年就说过："从孔夫子到孙中山，我们应当给以总结，承继这一份珍贵的遗产。"[①] 这是很有远见而又切合实际的英明建议。从孔子到孙中山这两千余年是中国历史上思想文化最丰富的时期，如果总结了这段历史，也就基本上总结了五千年传统思想文化的主要内容。当然，基本上不等于全部。孔子以前和孙中山以后的情况，可以另行研究。因此，我认为首先最好是在时间上从孔子开始到孙中山为止，方法上采取《中国思想家评传丛书》的形式作为实现这一任务的开端。这就是从这段历史的各个时期、各个领域和各个

---

① 毛泽东：《中国共产党在民族战争中的地位》，《毛泽东选集》第2卷，人民出版社1952年版，第522页。

学科(包括文、史、哲、经、教、农、工、医、政治等等)有杰出成就的人物中,遴选二百余人作为传主(一般为一人一传,少数为二人或二人以上合传),通过对每个传主的评述,从各个侧面展现那些在不同时期、不同领域中有代表性人物的思想活力和业绩,从而以微见著、由具体到一般地勾勒出这段历史中中国传统思想文化的总体面貌,揭示其积极因素和消极因素的主要内涵,以利于开门见山、引人入胜地批判继承、古为今用,也为进一步全面系统地总结中国传统思想文化打下基础。自从毛泽东同志提出上引建议后,半个世纪以来,不少专家学者已从各个方面做了许多工作,但对全面完成这个任务来说还远远不够,还要在深度和广度上继续努力。作为"抛砖引玉",本《丛书》只是这个继续努力所应完成的工作的一部分。《丛书》凡二百部,约四千万言,自 1990 年开始陆续出版,争取十到十五年全部出齐。

《丛书》所以用"中国思想家评传"命名,主要是考虑到中国传统思想文化中的核心是生生不息的内在思想活力,而历史事实也反复证明,凡是在各个不同时代不同领域和学科中取得成就者,大多是那些在当时历史条件下自觉或不自觉地认识和掌握了该领域事物发展规律的具有敏锐思想的人。他们取得成就的大小,取决于思想上认识和反映这些规律的程度如何。思想并非先验之物,它所以能反映和掌握这些规律,主要是通过社会实践和对前人思想成果的借鉴和继承。思想一旦形成,反过来在一定程度上又对实践起决定性指导作用。韩愈说的"行成于思,毁于随"①,列宁说的"没有革命的理论

① 韩愈《进学解》,中华书局《四部备要》东雅堂本《韩昌黎全集》卷十二第 3 页。

就不会有革命的运动"[1]，这些话，虽所处时代和所持立场不同，所要解决的问题的性质也不同，但就认识论中思与行、理论（思想的高度概括）与实践的关系而言，确有相通之处，即都强调思想对实践的指导意义和作用。因此我们以"中国思想家评传"命名，就是力图抓住问题的核心，高屋建瓴地从思想角度去评述历史人物，以便对每个传主在他所处时代的具体情况下，如何在他所从事的领域中，克服困难，施展才华，取得成功，做出贡献，从思想深处洞察其底蕴。历史上各个时代富有思想因而能在有关方面取得成就的人，直接阐述自己思想观点的论著虽亦不少，但大量的则是其思想既来自实践（包括对前人、他人实践经验的吸取）、又渗透在自己创造性实践之中，集中凝聚在他自己的业绩和事功上，而没有留下论著。另一些人却只留下著作而无其他功绩，对这些人来说，他那些有价值的著作就理所当然地是他的伟大业绩和事功。如果论述一个人的思想而不联系他的业绩（包括著作），必将流于空洞的抽象；同样，如果只讲一个人的具体业绩而不结合他的思想活动，又必将成为现象的罗列。评价思想和评价业绩，两者不应偏废。而不断在实践中丰富和深化的思想活力则是经常起主导作用的因素，强调这个因素，引起人们的正视和反思，正是我们的主旨和目的。当然，思想和思想家，思想家和实践家，都是既有区别又有联系的不同概念，忽视这一点是不对的。《丛书》的重点则是放在两者的联系和结合上。至于如何使两者很好联系和结合而又着意于剖析其思想活力，各占多少篇幅或以何种方式表达，则自当由作者根据传主的具体情况创造性

---

① 列宁《怎么办》，《列宁选集》第1卷，人民出版社1976年版，第241页。

地作出妥善安排。

自从人类历史上产生了马克思主义，不仅全人类解放和发展有了划时代的明确方向，学术研究也有了更严密的科学方法，即辩证唯物主义和历史唯物主义的世界观和方法论。根据这一科学方法，在研究和总结中国传统思想文化，特别是联系到《丛书》的撰著时，我认为下列几点应特别引起重视。

一、坚持实事求是的原则。实事求是是贯串在马克思实际活动和理论研究中的主线，离开了它也就离开了马克思主义。只有切实掌握了客观情况，才能得出正确的认识和判断。前者为“实事”，后者为“求是”，二者相结合，就叫实事求是。事不实则非夸即诬。为了弄清情况，就必须对情况的本质与现象、整体与局部、真与伪、精与粗，作出区别、梳理和取舍，这样才能掌握情况的实质，达到“实事”的要求；然后进一步加以分析研究，找出事物本身固有的真相而非主观臆测的假象，并验证其是否符合人民利益和人类历史前进方向，是否反映科学、技术、文化、艺术的发展规律，这样才能得出正确的认识和判断，达到“求是”的要求。实事求是是治学的基本功夫，是对每个传主的功、过、是、非作出公正评价的必要前提。不论古今中外，对历史人物过高或过低的不公正评价，大都由于未能认真坚持实事求是原则的缘故。

二、坚持批判继承的原则。马克思主义学说就是批判的学说，而批判是为了继承、发展和创新。这就需要我们在实事求是的基础上，既要继承发扬传主业绩和思想中的积极因素，又要批判清除其消极因素。凡传主业绩和思想中体现了诸如爱国主义、民主意识、科学见解、艺术创造和艰苦奋斗、克己奉公、追求真理的精神，即在符合历史前进要求的“立德”、“立功”、“立言”诸方面有显著成就等积极因素者，必须满腔热情地加以继承和弘扬，并紧密结合当前社会主义建设实际，使之深入人心，蔚然成风；凡反映有诸如封建迷信、专制独裁、愚昧落后、丧失民族尊严和违背科学进步等消极因素者，必须以历史唯物主义的观点加以批判，清除其一定程度上至今尚起作用的消极影响，而消极因素经过彻底批判后亦可转化为有益的教训；凡积极因素和消极因素相混者，更当加以认真清理和扬弃，既发扬其积极因素又摒弃其消极因素。我们力求一点一滴、切实认真地探索各个传主思想和业绩中珍贵的积极因素，使之成为全国各族人民正在从事的继往开来伟大历史工程的组成部分。

三、坚持“百花齐放”、“百家争鸣”的原则。“百花齐放”和“百家争鸣”，是发扬学术民主、促进学术繁荣的正确原则和巨大动力。前者强调一个“齐”字，后者强调一个“争”字，是表示学术上平等、民主和自由的两种不同状态；前者突出的是统一与和谐，后者突出的是区别与争论；两种状态又统一于不断地相互促进和相互补充、转化的持续发展提高过程之中。“百花齐放”、“百家争鸣”的原则体现在撰著评传时，应从“齐放”和“争鸣”出发，综合中外各个时期对有关传主的不同评价，吸取符合客观存在的对的东西，摒弃其违反客观存在的不实的东西，然后创造性地提出经过自已独立思考的、赶前人或超前人的一家之言。同时，对整个《丛书》而言，也有个共性、个性又统一又区别的问题。这就是一方面作者应把“实事求是”、“批判继承”和“百花齐放”、“百家争鸣”这几点作为大家的共性（统一与共识）；另一方面，对每部评传的立意、结构和行文（文体、文风和文采等），则主要是作者的创造性思维劳动和雅俗共赏的文字表达艺术的成果，是彼此的个性（区别），不宜也不应强求一律。评传作者都有充分自由去发扬这一个性，力求在对每一传主的评述中探索和展示其积极因素，使之和正在变革中国面貌的伟大社会主义建设实践融为一体，丰富其内容，促进其发展，而不是仅仅停留在对传主思想业绩的一般性诠释上。

我认为，以上三点大体上可以表达《丛书》所遵循的主要指导思想，但也不排除用其他思想和方法得出的有价值的研究成果。

感谢所有关心和支持《丛书》工作的单位和个人，特别感谢《丛书》的名誉顾问和学术顾问。他们的热情关心、支持和指教，使《丛书》工作得以顺利进行。更要感谢所有承担评传撰著任务的老中青学者，他们都以严谨的治学态度，作出了或正在作出对学术，对民族，对历史负责的研究成果。没有他们的积极合作，《丛书》工作的开展是不可能的。《丛书》副主编和中国思想家研究中心、南京大学出版社，在制定《丛书》规划，约请和联系国内外学者，审定书稿以及筹划编辑出版等方面，克服重重困难，做了大量工作，他们的辛勤劳动是《丛书》能按预定计划出版的必要前提。

现在《丛书》开始出版了，我作为年逾八旬的老人，看到自己迫于使命感而酝酿已久的设想终于在大家支持合作下实现，心情怡然感奋，好像回到了青年时代一样，体会到“不知老之将至”的愉悦，并以这种愉悦心情等待着《丛书》最后一部的问世；特别盼望看到它在继承中华民族传统思想文化的珍贵遗产方面，在激励人心、提高民族自尊心和爱国主义思想方面，在促进当前建设有中国特色的继往开来的社会主义现代化物质文明和精神文明的历史性伟大事业中，能起到应有的作用。我以一颗耄耋童心，默默地祝愿这一由一批老中青优秀学者经长年累月紧张思维劳动而作出的集体性学术成果能发出无私的熠熠之光，紧紧伴照着全民族、全人类排除前进道路上的各种障碍，走向和平、发展、繁荣、幸福的明天！

热诚欢迎国内外同仁和各界人士不吝赐教，以匡不逮。是为序。

1990年10月7日

内容简介

《刘知几评传》分上、下两篇。上篇叙述刘知几的生平，介绍了他的时代、家世、生平活动及学术成就，着重叙述其撰写《史通》的动机、条件、经过和成就；下篇评论刘知几的思想，就刘知几的学术思想渊源、政治伦理思想、历史观和方法论、《史通》之构思、史流史体论、国史结构论、史料论、史笔论、史家修养论及其历史影响等作了评论，系统全面，新意屡出。篇末附有年表。

A Brief Introduction

A critical biography of Liu Zhiji includes two sections. The first section relates Liu Zhiji's life, introduces his living times, family history, life and academic successes with emphasis on his motives, conditions, processes and successes of writing *Shi Tong* (An overall view of chinese history). The second section comments on his thoughts, especially the sources of his academic, political and ethical thoughts, conception of history, methodology, *Shi Tong's* thinking construction, theory of schools and styles of chinese history, theory of Chinese historical composition, theory of historical materials, theory of the style of historical writing, theory of historian's accomplishment and the historical influences. There are several new points of view in the book which is systematic and overall. At the end of the book is a chronological table.

目 次

下篇　刘知几的思想

A CRITICAL BIOGRAPHY OF LIU ZHI JI

Contents

Section One: Liu Zhiji's Life

Section Two: Liu Zhiji's Thoughts

上　篇

刘知几的生平

第一章 “命世大才”

盛唐之世，史家刘知几黾勉从事，欲效法孔子修《春秋》，厘定群史，自班、马已降，讫于大唐诸史，“莫不因其旧义，普加厘革”①，慨叹“苟非命世大才，孰能刊正其失？嗟予小子，敢当此任！”② 历史已作了肯定的回答，刘知几遨游于史学王国，识力锐敏，勤于综核，非常圆满地完成了历史使命，留给我们一部继往开来的命世之作。这就是中国古代第一部史学理论专著《史通》。他确实是一位“命世大才”。

一、时代需要

每一个社会时代都需要并会创造出自己的伟大人物。在

① 《史通·自叙》，以下引《史通》皆用《史通通释》本。

② 《史通·自叙》。

中国史学发展史上，刘知几之所以能以其史学卓然独立，垂名千古，是时代造就了他，《史通》是时代需要的产物。在这里，“需要”是问题的关键。马克思有一句名言：“理论在一个国家的实现程度，决定于理论满足这个国家的需要的程度。”① 这句话强调了社会需要促进思想理论发展的一般规律。“需要”意味着产生思想理论之历史条件和现实条件的成熟。刘知几的思想自然有其历史渊源，受着前辈学术思想的深刻影响，但它植根于现实的社会土壤之中，处处呈现出时代的特点。有关刘知几的思想渊源，本书拟在下篇专题评述，这里只结合叙述刘知几的生平揭示他的时代。

刘知几字子玄，唐朝彭城（今江苏徐州）人，生于唐高宗龙朔元年（661），死于唐玄宗开元九年（721）。可见他生活的时代正是中国历史上的盛唐之世。当他在彭城一个官宦之家呱呱坠地的时候，李唐社会已经为他准备了舒适的摇篮和宽广的舞台。自李渊建国，经李世民的经营，社会呈现出政治稳定、生产发展、民族融洽、文化繁荣的一派升平景象。“贞观之治”就是生动的体现。

贞观二十三年（649）唐太宗去世，李治即皇帝位，是为高宗。高宗统治时期，有一位不可忽视的政治风云人物，那就是先为昭仪，继为皇后，终为皇帝的武则天。她于贞观十一年（637）十四岁入宫，当了唐太宗的才人，太宗死后，入感业寺为尼。高宗即位后，召她入宫，封为昭仪，渐承恩宠，终在高宗永徽六年（655）谋得皇后之位。从显庆（656～661）始，高宗因体

① 马克思《〈黑格尔法哲学批判〉导言》，《马克思恩格斯选集》第1卷，人民出版社（北京）1972年版，第10页。

弱多病，百司表奏，皆委武后详决，于是政柄渐落武氏之手。显庆六年(661)的二月改元龙朔，正是知几诞生之年。可知知几降生之时，李唐社会刚经过贞观年间卓有成效的经营而呈现出生气勃勃的繁荣景象，而武则天已逐渐掌握大权。

不过，高宗仍居帝位，直至弘道元年(683)驾崩，基本上是皇帝、皇后“二圣”临朝的局面。及太子李显即位，武则天以皇太后的身份临朝称制，便完全决断军国大事。公元684年，经过一番废立之后，武则天称制，大赦天下，改元光宅，并于690年正式登皇帝位。她经过了近三十年的苦心经营，已成了事实上的女皇，直到神龙元年(705)传位中宗，方结束了武则天的统治。

中宗在位时间不久，而且昏庸无能。当时，武三思擅权，韦皇后欲效则天故事，与其女安乐公主合谋鸩杀中宗。韦后临朝摄政，改元唐隆。这是中宗景隆四年(710)的事情，正是这年六月韦后临朝之际，李隆基结集禁军入宫，一举铲除韦后及其亲党，拥立其父相王即位，是为睿宗。睿宗延和元年(712)李隆基即位，是为玄宗。玄宗开元九年(721)，刘知几卒。

由上可知，从知几降生至神龙元年(705)四十五岁，都是武后当权。显然，他的大半生是在武后统治下度过的。此后，经过中宗、睿宗的八年动乱，方进入玄宗开元时期。在唐朝的历史上，玄宗是一个有作为的皇帝，所谓“开元之治”，乃指玄宗开元年间(713～741)政治稳定、经济繁荣、文化昌盛、国力富强的局面，这是唐朝极盛的时期。刘知几只赶上了这个时期的开始，便与世长辞了。

刘知几生活的主要时期是武则天时代，这是介于“贞观之治”与“开元之治”之间的一个时代，是一个在“贞观之治”的基础上继续向前发展的时代。无疑，“贞观”与“开元”是唐朝的两大高峰，而处于其间的则天时代也有相当作为。武则天执政以来，继续推行唐初的基本国策；坚持中央集权，维护国家统一；压抑部分士族，扶助新兴庶族；反对民族压迫，保卫边防安全。而且，劝农桑，薄赋敛，发展科举制度，广泛罗致人才。因而在武则天统治时期，社会生产力继续发展。全国户口从永徽时的三百八十万户，到她临终时增至六百一十万户。当然，在她统治时期，也有一些弊政。诸如任用酷吏，滥用人才即是。唐太宗举贤纳谏，深刻懂得“为政之要，惟在得人。”[①] 这一政策的实施是贞观政治清明的重要原因。而武则天滥于用人，特别是重用武氏家族，诸如武承嗣、武三思、武懿宗、武攸绪等，这些人长期担任要职，尽是些不学无术之辈，贪赃枉法之徒，影响极坏。则天时代在政治上算不得是清明社会。

刘知几生活的就是这样的一个时代。贞观以来的盛世，尤其是文化的繁荣，其中包括史学方面的成就，是刘知几史学事业赖以产生成长的客观条件。

唐政权思想文化政策的一个显著特点就是学术思想的开放。儒、释、道三教并立，但传统的儒学仍然受到统治者的重视。李渊于隋末大乱中建唐，“虽得之马上，而颇好儒臣”[②]，立国伊始，即下诏在全国建置各类学校。太宗李世民尤重儒学，戎马之际仍“锐意经籍”[③]，于秦府开文学馆，广引文学之士。即位后，又置弘文学馆，精选天下文儒之士，讲论经义，商略政

① 《贞观政要》卷七《崇儒学》。
② 《旧唐书》卷一八九上《儒学上》。
③ 《旧唐书》卷一八九上《儒学上》。

事。次年，又大征天下儒士，以为学官。太宗数次到国学视察，令祭酒、博士讲论，并赐以束帛。学生能通一经者，咸得署吏。因此四方儒士，多抱负典籍，云会京师。儒学呈现了一派勃兴的盛世景象。

唐太宗又以经籍去圣久远，文字多讹谬，为统一儒家经典，于贞观四年(630)诏令颜师古考定五经，颁于天下，命学者传习。“又以儒学多门，章句繁杂，诏国子祭酒孔颖达与诸儒撰定《五经》义疏，凡一百七十卷，名曰《五经正义》，令天下传习。”[①] 这是一种训解五经的标本，于高宗永徽四年(653)颁行全国。从此以后直到宋代，凡是科举考试，或是传授经书，都以《五经正义》为官定经书。

经学统一和科举制度的推行的文化背景铸造了儒家的知识分子的基本思想模式。刘知几自不例外。《新唐书·儒学上》说：“尝论之，武为救世砭剂，文其膏粱欤！乱已定，必以文治之。否者，是病损而进砭剂，其伤多矣！然则武得之，武治之，不免霸且盗，圣人反是而王。故曰武创业，文守成，百世不易之道也。若乃举天下一之于仁义，莫若儒。儒待其人，乃能光明厥功，宰相大臣是已。”这是历史经验的总结。唐代儒学复兴，同统治者文治战略休戚相关。那时，统治者崇尚儒学，李世民是个典型。宰相大臣重儒学，他们懂得“人臣若无学业，不能识前言往行，岂堪大任。”[②] 贞观二年，太宗询问“近代君臣治国，多劣于前古”的原因，黄门侍郎王珪答道：“古之帝王为政，皆志尚清静，以百姓之心为心。近代则唯损百姓以适其欲，所任

---

① 《旧唐书》卷一八九上《儒学上》。

② 《贞观政要·崇儒学》。

用大臣,复非经术之士。汉家宰相,无不精通一经,朝廷若有疑事,皆引经决定,由是人识礼教,治致太平。近代重武轻儒,或参以法律,儒行既亏,淳风大坏。""太宗深然其言。自此百官中有学业优长、兼识政体者,多进其阶品,累加迁擢焉。"①统治者"雅好儒术"、"孜孜求士"同"改革旧弊"、"兴复制度"联系一起,这一政策导向就规定了儒家知识分子的基本思想路径:从为学始,经过科举考试,至为政终。刘知几也是如此。

同崇尚儒学的目的相一致,初唐统治者也十分关注史学,设馆修史,这直接影响了刘知几的史学志趣和治史风格。

初唐统治者很了解史学对巩固政治统治的作用,因而狠抓修史工作。高祖于武德五年(622)在《命萧瑀等修六代史诏》中,就明确提出"考论得失,穷尽变通,所以裁成义类,惩恶劝善,多识前古,贻鉴将来"的修史目的。贞观十年(636),房玄龄等修成周、齐、梁、陈、隋五代史,"诣阙上之",唐太宗非常高兴。他说:

> 朕睹前代史书,彰善瘅恶,足为将来之戒。秦始皇奢淫无度,志存隐恶,焚书坑儒,用缄谈者之口。隋炀帝虽好文儒,尤疾学者,前世史籍竟无所成,数代之事殆将泯灭。朕意则不然,将欲览前王之得失,为在身之龟镜。公辈以数年之间,勒成五代之史,深副朕怀,极可嘉尚。②

① 《贞观政要·政体》。

② 《册府元龟》卷五五四《国史部·恩奖》。

“览前王之得失，为在身之龟镜”，这是唐初统治者重视修史的根本宗旨。

贞观三年，唐太宗改组史馆，把史馆移到皇帝直接控制之下的门下省，修史一事，统由宰相领导。刘知几记录当时史馆的情况说：“暨皇家之建国也，乃别置史馆，通籍禁门。西京则与鸾渚为邻，东都则与凤池相接。而馆宇华丽，酒馔丰厚，得厕其流者，实一时之美事。”[①] 史书修成之后，可以受到皇帝的嘉奖。例如贞观十七年房玄龄、许敬宗等修成《高祖实录》、《太宗实录》，“制封玄龄一子为县男，赐物一千段；封敬宗一子为高阳男，赐物七百段；敬播改授司议郎，赐物五百段。并降玺书褒美。”[②] 足见唐中央政府对修史工作的重视。设馆修史制度的确立是封建文化建设的一项基本工程，统治者的根本目的是为了垄断修史，以利于封建统治。隋文帝在开皇十三年(593)下诏：“人间有撰集国史、臧否人物者，皆令禁绝。”[③] 明令禁绝私人撰集国史。入唐，政治的再度统一，要求思想文化方面有相应的措施，扫除分裂割据的痕迹，树立统一的历史观点。从太宗贞观三年(629)至高宗显庆四年(659)，三十年间，修成八部纪传体正史，即《梁书》、《陈书》、《北齐书》、《周书》、《隋书》(包括《五代史志》)、《晋书》和《南史》、《北史》。与此同时，还着手编纂“实录”和修撰“国史”等本朝史。如贞观十七年房玄龄、许敬宗等成《高祖实录》、《太宗实录》各二十卷，永徽元年长孙无忌等修成《贞观实录》二十卷，显庆元年长孙无忌、于志宁等

① 《史通·史官建置》。

② 《唐会要》卷六三《修国史》条。

③ 《隋书·文帝纪》。

修成“国史”八十一卷等。在这一过程中，修史与取鉴、资治紧密结合，纪传体史著取代了编年体史著而处首位，“正史”的修撰也逐渐官府化、制度化，使封建史学逐渐地巩固起来。

回顾史学发展的漫长历程，司马迁以纪传体通史《史记》的宏伟规模，开创了我国史学史上封建史学的新时代。司马迁坚持实录，面对现实，究天人之际，通古今之变，写出了从历史经验中概括出来的一家之言，其创例发凡，早见卓识，给后世史家产生了深远影响。班固撰《汉书》，体例规整，编订缜密，创立了断代皇朝史的楷模。其书旨在“旁贯《五经》，上下洽通”[①]，是一部封建正统思想浓厚的“宗经矩圣之典”[②]，因而颇受封建统治者的重视。

汉唐之际，史学得到蓬勃发展，表现在史学著述的繁荣、史学新领域的开辟、史学自身建设的日趋完备和史学学科的独立等方面。这一时期，社会处于政治混乱、分裂割据的局面之中，动荡不安的统治者为了自己的生存，便从历史中找出借鉴，因而提倡史书的编写。况且自魏晋以来，经学日微，玄学兴起，学术思想从经学的禁锢中得到了一定程度的解放，人们的眼界为之开阔。史学从经学的羁绊中解脱出来，取得了独立地位。学士大夫有志撰述者，不少弃经学而寄情史学。这一时期，中原世家大族纷纷搬迁江南，适应门阀制度的需要，谱牒家传之书勃兴。北方门阀地主侨居江南，人地生疏，需要了解当地的风俗民情山川物产，因而地理方志之书应运而生。由于割据政权的存在，反映在史学上正统之争特别激烈。正统论者在史

① 《汉书·叙传》。

② 《文心雕龙·史传》。

书中相互攻击、维持自己地位的修史倾向，必然导致扬恶溢美的曲笔，给史学带来不良影响。此外，玄学既开了经学的禁忌，遂使得士人纵横驰骋于文史之域，一时间文人修史成为风气，他们华多于实，理少于文，这给求真的史学带来灾难。总之，汉唐之际的史学，在其空前发展的过程中，从内容到形式，从思想到方法，都出现了不少问题，需要认真加以检讨、总结。唐初八史，就历史编撰而言，在某种程度上可以说对此前封建史学作了总结，然而理论上的总结还尚待来者。

不过，唐初的修史实践已经为理论总结提出了迫切要求，并提供了客观条件。当时，唐最高统治者那样重视史学，从唐高祖到唐高宗，曾先后正式颁发了三篇修史诏书，高祖《命萧瑀等修六代史诏》强调了史学的社会作用，太宗《修〈晋书〉诏》除了高度评价史学的社会作用外，也评价了以往的修史工作，高宗《简择史官诏》对撰写史书的人提出明确要求。所以说三篇诏书既反映了统治集团对史学的认识，从而为史学工作提出要求，也是史学工作的某种程度的总结。政府调动大量的人力物力，设馆修史，这本身就反映了他们对史学工作的认识和狠抓史学工作的决心。统治集团对修史的重视和史学发展的需要，一项系统性的理论总结势不可免，至少说下述一些带实质性的问题迫使人们做出理论的回答。这些问题是：

关于史学的社会作用及治史宗旨问题。

这是统治者和史家都普遍关注的问题。中国史学有着经世的优良传统，以史为鉴的思想源远流长，历史书可以作为教育的工具，发挥劝惩和垂训的作用。唐初君臣也以史为鉴，《隋书》就贯彻了这个宗旨。而司马迁撰《史记》，“稽其成败兴坏之理”，“究天人之际，通古今之变，成一家之言”。他作史的目的是在考察历史变迁的内在原因，为此，他把注意力放到考察历史过程的发展变化上，力求从历史发展变化的过程中揭示出历史事件的因果关系。这种治史宗旨便不同于简单的“善人劝焉，淫人惧焉”的鉴戒。到底如何发挥史学的作用，需要作出理论的回答。

关于修史制度问题。

早在三代，就有史官制度。史官的责任，主要是如实记录统治者的言行。那时学在官府，官师合一，所以并没有私人著述。到了春秋末世，王官失守，学下民间，才有私人撰述的产生。司马迁之后，封建政府对史学还抓得不多，历史著作主要是一家之言，或系父子相传的世业，或系一家独断的创作。故魏晋以来私家修史之风大盛。但设置史馆、独断国史编纂的做法，使得私修国史已不可能。现实给人们提出一个非常尖锐的问题：在修史问题上，是私家修史好，还是官家修史好？这是一个涉及面广而且现实性很强的问题，对此必须从理论上回答。

关于史书编撰中的问题。

这个问题涉及面广，首先是史书编撰的体例问题，编年体与纪传体是唐以前史书体裁的主要形式，《隋书·经籍志》以编年为“古史”，以纪传为“正史”，究竟哪种体裁更佳，或者各有利弊，需要进行分析。此外，司马迁开创纪传体的历史学方法，写出纪传体通史的《史记》，班固因《史记》而撰《汉书》，创立了一个纪传体断代史的规模。走通史之路还是走断代史之路，必须作出理论的分析，方能决定去取。与此相联系的，纪传体正史既然赢得了辉煌的成就，初唐时期一下子编了八部，因此，有关纪传体的体例问题，诸如本纪、列传、表历、书志的各自要求，论赞、序例、断限、题目、称谓等的处理，以及材料的采撰,叙事的要求,文字的运用等等,都要作出中肯的分析。

关于史学家修养问题。

直书是我国古代史学的优良传统,但曲笔阿时也代有其书,尤其是魏晋以来曲笔成风。是坚持直书还是曲笔,这是两种根本对立的修史态度和治史作风。从千百年来大量修史实践中所暴露出来的问题看,关于史学家的修养问题提出来了。孔夫子表扬董狐“书法不隐”,班固等肯定司马迁“不虚美,不隐恶”,都肯定直书。具体说一个优良的史家应该具备哪些条件,如何去实现这些条件,这不仅具有理论意义,而且具有实践意义。

总之,有关史书编撰和史家修养,这是史学理论总结的两大课题。不提高史家的思想素质和知识素质,无法编撰出优秀的史书;不解决史书编撰中诸多观点和方法问题,无法提高史书的质量。总结是现实的迫切需要,而这个总结时间跨度长,涉及知识广,非博学通识之才,无法担此重任。诚如刘知几所说:“苟非命世大才,孰能刊正其失?”[①] 时代呼唤伟大的史学理论家的出现,时代也创造了伟大的史学理论家。刘知几从史官的队伍中走了出来,以二十卷的《史通》奉献于世。

二、史学志趣

时代呼唤伟大史学理论家的出现,时代也创造了伟大的史学理论家。但是,刘知几之所以能承担历史使命,对唐以前的古代史学作了系统性的理论总结,撰成我国第一部史学理

① 《史通·自叙》。

论专著《史通》,成为一位伟大史学理论家,则完全是由于他充分运用社会、家庭、朋友所提供的一切客观条件再加上个人主观努力的结果。

刘知几踏入史学的殿堂有其深刻的原因。历史的传统、家学的渊源、友朋的影响,以及个人的志趣,都发生了作用。

这里先谈谈他的家学渊源。

在中国古代,大凡学者们的思想、学术,每渊源于家学,有所谓"诗礼传家"、"父子世业"等说。在中国史学发展史上,更不乏其例。比如司马迁出身于史官世家,所撰《史记》,是继承乃父司马谈的未竟之业。自《史记》问世后,续作纷出,班彪采其旧事,旁贯异闻,作《后传》六十五篇。班彪死后,班固以彪所续前史未详,乃潜精研思,欲就其业,便探撰前纪,缀集所闻,撰写《汉书》,历二十余载,后入狱身死,其妹班昭又完成八表。此家族世代相传之学,是相当普遍的文化现象,从思想、学术的继承和发展来看,这一文化现象自有其积极意义。刘知几的史学思想,也有其家学渊源。

知几出生于一个世代官宦之家,书香门第。他的曾祖刘珉为北齐睢阳太守,祖父刘务本为隋留县长。知几的从祖父刘胤之"少有学业",在隋时即与信都丞孙万寿、宗正卿李百药为"忘年之友"。唐高祖武德年间,御史大夫杜淹上表推荐他为信都令,"甚存惠政"。永徽初年,累转著作郎、弘文馆学士,曾与国子祭酒令狐德棻、著作郎杨仁卿等,一同撰成国史和实录,并因之授封阳城县男。据《旧唐书·令狐德棻传》载,永徽元年(650),德棻受诏撰律令,复为礼部侍郎,兼弘文馆学士,监修国史及《五代史志》。不久迁太常卿,兼弘文馆学士。永徽四年(653),迁国子祭酒,"以修贞观十三年以后实录功,赐物四百段,兼授崇贤馆学士。”刘胤之与德棻同撰国史和实录大概就是指永徽元年以来修的《贞观实录》。刘胤之与唐初著名史家结为“忘年之友”,同撰国史,至少可以说他是一位有相当素养的史学家。史载他因年老不堪著述,出为楚州刺史,卒于任所。

知几的从父刘延祐进士及第,颇有文名。《旧唐书·刘胤之传》说:“弟子延祐,弱冠本州举进士,累补渭南尉,刀笔吏能,为畿邑当时之冠。司空李勣尝谓曰:‘足下春秋甫尔,便擅大名,宜稍自贬抑,无为独出人右也。’”可知其文章、吏能兼备。《新唐书·文艺传》中为刘延祐立传,也表彰他“有吏能,治第一”。

知几的父亲刘藏器在高宗时为侍御史。当时卫尉卿尉迟宝琳曾胁人为妾,藏器加以弹劾使之退还。宝琳乃鄂国公尉迟敬德之子,自以为是功臣的后代,又是权臣许敬宗的亲信,便飞扬跋扈,无法无天。他私请皇上同意止还,凡再劾再止。于是藏器上书皇帝,慷慨陈述大义:“法为天下悬衡,万民所共,陛下用舍由情,法何所施?今宝琳私请,陛下从之;臣公劾,陛下亦从之。今日从,明日改,下何所遵?彼匹夫匹妇犹惮失信,况天子乎?”[①]在这种情况下,高宗诏可,然心中很是不快。不久藏器迁比部员外郎。监察御史魏元忠很称赞刘藏器贤能,高宗也打算提升他为吏部侍郎,因遭魏玄同的反对,便放他出为宋州司马。由此可见其执法如山,无所阿私,言词抗直,不畏权贵,甚至敢于批评当朝天子“用舍由情”、“失信”。这种大义凛然的高贵品格,实在难能可贵。

有关刘藏器的生平,史无详载。《全唐文》卷一六三,收有

① 《新唐书》卷二〇一《刘藏器传》。

他关于“恤刑”、“刑法得失”和“往代为刑是非”等三篇对策，由之可窥察他对施用刑法的认识和态度。他主张恤刑，“既返直淳之俗，还归仁义之衢，解网泣辜，惟刑是恤。断而难续，夙采缇萦之言；议狱缓刑，久纳温舒之奏。不轻不重，非省非繁，既合时宜，无劳横议。”又言：“金、扑异俦，行乎舜日；劓、刖殊类，施于姬年。莫于疏密随时，轻重言事。”由此可看出他慎刑罚，因时以制礼的思想。这种见解，对于一个封建士大夫来说，是相当高明的。

知几有两位胞兄，长兄知柔，仲兄知章。知柔“性简静，美风仪”[①]，与知几俱以善文词知名，在官也有善政。累迁工部尚书、太子宾客，封彭城县男。据李邕《刘知柔神道碑》云：“公春秋七十有五，以开元十一年六月十五日遇疾，薨于东都康俗里之私第。”依此推断，知柔当生于贞观二十三年(649)，比知几长十二岁。李邕称颂知柔先人“莫不都长忠方，简质贞亮，业行优绝，政理殊尤”，赞美知柔“立年博达，典学为海，懿文为林，镇重为山，幽静为骨，清谈事约，言遣理深。谦常后身，俭不逼下”，且“仪形硕伟，风神散逸”。苏颋《授刘知柔尚书右丞制》说他“时行推美，旧德归高。明畅襟情，闲华风表。蹈典坟之芳润，总词赋之笙簧。虑常密于在公，迹自勤于为政”[②]。苏颋《授知柔工部尚书制》中称赞他“硕德耆秀，行高才远。文词有绮缋之工，望实有珪璋之誉。出膺贤守，则郡国循良，入位名臣，则衣冠准的。可谓朝之名哲，代之纯懿”[③]。

① 《新唐书》卷二〇一《刘知柔传》。

② 《文苑英华》卷三八五。

③ 《文苑英华》卷三八七。

上述言辞,固然多所过誉,但其基本精神同正史所载相为一致:学识丰厚,品德高洁,为官清正,且仪表非凡。知几有这样一位兄长,对自己的道德文章不能不产生良好影响。

知几出生于唐高宗龙朔元年(661),那年,其父五十有四①,知柔一十有三。他生长在“鼓簧史撰,柱石邦家”的官宦之家和书香门第里,父辈的诱导,兄长的感召,整个家庭氛围的习染,不难理解刘知几饱受文化教育的童年。

在知几的先辈中,同史学颇多关系者是他的从祖父刘胤之和从父刘延祐,而其父兄皆以词学知名,幼年时代的刘知几多受父兄熏陶,颇善文词,这为他一生的学术事业打下了坚实基础。知几夙好史学,也许受了从祖、从父的影响,更重要的乃是个人的志趣。其父能顺其秉性,采取了“因材施教”之法,调动了刘知几求学的积极性,使之顺利地踏上了为之奋斗终生的史学道路。

再谈谈刘知几的史学志趣。

有关知几青少年时代的学习生活,知几在《史通》中有所记载。《自叙》说:

> 予幼奉庭训,早游文学。年在纨绮,便受《古文尚书》。每苦其辞艰琐,难为讽读。虽屡逢捶挞,而其业不成。尝闻家君为诸兄讲《春秋左氏传》,每废《书》而听。逮讲毕,即为诸兄说之。因窃叹曰:“若使书皆如此,吾不复怠矣。”先君奇其意,于是始授以《左氏》,

① 据《新唐书》卷一二二《魏元忠传》云:“仪凤中刘藏器年七十。”推知几生时其父当为五十四岁。

期年而讲诵都毕。于是年甫十有二矣。所讲虽未能深解，而大义略举。父兄欲令博观义疏，精此一经。辞以获麟已后，未见其事，乞且观余部，以广异闻。次又读《史》、《汉》、《三国志》。既欲知古今沿革，历数相承，于是触类而观，不假师训。自汉中兴已降，迄乎皇家实录，年十有七，而窥览略周。其所读书，多因假赁，虽部帙残缺，篇第有遗，至于叙事之纪纲，立言之梗概，亦粗知之矣。但于时将求仕进，兼习揣摩，至于专心诸史，我则无暇。

刘氏《自叙》相当具体地叙述了他在二十岁前的读书生活，淋漓尽致地展现了他立志史学事业的浓厚的兴趣、顽强的毅力、宽广的视野以及丰富的积累。

"幼奉庭训，早游文学"，在这方面，知几与他人并没有多少相异之处。在中国封建社会里，那些官宦书香之家，都是对子女实行家教。知几在十一岁时，其父授《古文尚书》而其业不进，转授《左氏》，却欣然领会，不能不说知几对史书有缘分。这是什么原因呢？如果说知几在幼小的心灵里，喜欢听兄长讲历史的故事，这有可能；如果说知几当时就立志当一名史官，像他的从祖父那样为大唐修史，在他这样小小年纪，不会有这样的认识。史传缺书，十一岁之前的刘知几的幼小心灵中到底埋下了些什么种子，在其以后的人生旅途中发芽、开花、结果，我们不得而知。就知几自己所言，读《古文尚书》其业不进，转读《左氏》欣然领悟，自不难理解。前者文字艰琐，内容乏味，后者文字优美，内容生动，写战争，状人物，叙事件，情趣横生，这是历史书容易被人接受的原因之一，尤其是对初学的幼年学子。

知几是在读经史的实际感受中接受了历史书，而在读历史书的过程中又逐步为历史书所吸引，从而加深了学史的兴趣。阅读历史书，不断增长着知识，而求知的欲望愈强，学习积极性愈高，毅力日增，视野日广。《尚书》是儒家经典，也是史书，《左传》是史书，也是儒家经典。知几撰《史通》，把《尚书》、《左传》都视为史学流派之一。看来问题的关键仍在于《左传》之引人入胜的历史叙述而把知几带进史学的王国。自然，父兄的教育为他步入史学的殿堂准备了条件，特别是其父“奇其意，许授《左氏》”，顺其心情，因材施教，在关键时刻起了积极作用。

刘知几的读史生活并不是轻松愉快的，他既不是那种过目成诵的所谓“神童”，也不是不学而能的所谓“先知”，其学业的进益要靠辛勤的汗水，不断的追求。在这里，顽强的毅力是他成功的条件之一。如果说他天质特优，也绝不会有读《尚书》“难为讽读，虽屡逢捶挞，而其业不成”一说。从十一岁读《左传》，次读《史》、《汉》、《三国志》，再次读“自汉中兴已降，迄乎皇家实录”，不只是一史只读一部，而是“触类而观”，到了十七岁便“窥览略周”。这是多么大的读书量啊！《隋书·经籍志》著录史部之书凡 817 部，13264 卷，知几若“窥览略周”的话，其数目实在不小。以半数计，也是相当可观了。这需要多少时间和精力！后来他自撰《史通》，引用文献则不少三百余种。比如，引用《尚书》五十余条，《春秋》一百余条，《左传》一百条，至于《史记》、《汉书》，则俯拾即是。史书读那么多，那么熟，这实在是不容易的。更何况在当时的历史条件下，不唯读史，经史子集无不涉猎。

刘知几走了一条自己的治学道路。父兄教育他“博观义疏，精此一经”，这是经师们解经注经的道路。《汉书·艺文志》说："幼童而守一艺，白首而后能言。"道出了汉代儒生章句之学的弊端。魏晋已降之义疏之学，曾广搜群书，补充旧注，究明原委，是汉代以后经学态度的体现，正是"博观义疏，精此一经"的路数。读书人坚持"述而不作"的圣人遗训，好像他们的唯一任务就是领悟古圣先贤的遗言，采取经书笺注的形式，把自己的理解记下来，世代相传，始终兴旺不衰。他们讲师承，重家法，宗派林立，门户之见甚深。这种经学的烦琐形式主义扼杀了思想生机，阻塞了科学探索。封建社会大部分知识分子走了这条治学道路，但也有不少有识之士力图挣脱它，刘知几是其中的代表之一。

他不走"精此一经"之路，"辞以获麟已后，未见其事，乞且观余部，以广异闻"。他博览古今史籍，目的是想了解"古今沿革，历数相承"，他"触类而观，不假师训"，凡所读书，粗知"叙事之纪纲，立言之梗概"。这种治学的目的和方法，一反经学笺注主义，为了通晓古今沿革变迁，采用的是"通古今之变"的方法。难能可贵的是他那种"不假师训"的独立性格和自主精神。这种思想性格和学术作风生根在一位青少年的心里，而且开花、结果，对其一生为人、为学、为政产生着不可低估的影响。

"不假师训"，走独立钻研的路，这其中首先表现为他不盲目迷信师训，而且对师训、成说表现出某种怀疑和批判精神。他在《自叙》中说："自小观书，喜谈名理，其所悟者，皆得之襟腑，非由染习。故始在总角，读班、谢两《汉》，便怪前书不应有《古今人表》，后书宜为更始立纪。当时闻者，共责以为童子何知，而敢轻议前哲。于是赧然自失，无辞以对。其后见张衡、范晔集，果以二史为非。其有暗合于古人者，盖不可胜纪。始知流俗之士，难与之言。凡有异同，蓄诸方寸。"少年刘知几的质疑精神，是其治学风格的重要特征。有了这质疑精神、批判精神，他能不以先圣前贤的是非为是非，敢于独立思考，有着自己独立的见解，这一思想品格是刘知几终生从事史学批判、史学总结之用之不尽的思想源泉。

刘知几在青少年时代博极群书，积累了融会古今的渊博学识，从而打下了一生的学问基础。这博通的治学道路是少年刘知几治学的又一特征。前已提及，少年刘知几在十七岁前对古今史籍“窥览略周”，已属不易。他在经、史之外，也读了大量文学的书。尽管他夙好史学，但家学传统的熏陶，父兄的言传身教，也颇喜诗赋。他是在高宗永隆元年(680)应科举进士及第的。《史通·忤时》篇说：“仆幼闻诗礼，长涉艺文，至于史传之言，尤所耽悦”，大体反映了他在举进士之前的学习历程。科举制是隋唐出现的新事物，进士科是科举中的一个重要科目，起初同秀才、明经、明算、明法、明字诸科并列，列为岁举常贡之一，但不久它就超过别的科目，在整个唐代科举试中，名声最响。高宗、武后时，进士登第开始为士大夫官僚所羡慕。诚如《新唐书·选举志》所言：“大抵众科之目，进士尤为贵，其得人亦最为盛焉。”在当时的历史条件下，摆在知几面前的光明之路，只有是通过科举制度才能获得，或为政，或为学，皆是如此。

“至于史传之言，尤所耽悦”，这反映了他夙好史学的志趣，也概括了他学习的实践。经史文的结合，奠定了他一生治学的基础。

知几“以词学知名”应该是二十岁前后的事，他说：“余幼喜诗赋，而壮都不为，耻以文士得名，期以述者自命。”[①]“余初好文笔，颇获誉于当时，晚谈史传，遂减价于知己。”[②]结合“仆幼闻诗礼，长涉艺文，至于史传之言，尤所耽悦”的话，可以看出知几青少年时代奔走文史的路径。“幼闻诗礼”是封建时代启蒙教育的一般情况。孔夫子早有遗训：“不学诗，无以言”，“不学礼，无以立”[③]。学诗、学礼是幼童的基本功课。而“幼喜诗赋”、“初好文笔”，此“幼”与“壮”对举，“初”与“晚”对举，大体可以理解为“幼”、“初”指青少年时代，“壮”、“晚”指壮年以后。他幼喜诗赋，初好文笔主要是父兄家学传统的影响，既“喜”且“好”，这说明他有浓厚的兴趣，也取得了良好的成绩，获誉当时。然而知几在《史通·自叙》中也曾披露，他在科举前“未暇”“专心诸史”，而“射策登朝”之后，“思有余闲，获遂本愿，旅游京洛，颇积年岁，公私借书，恣情披阅。”这说明，知几在幼年时代接受了良好的教育，他从家庭教育中很早就喜欢上了史学，确立了学史、研史的志愿。二十岁前由于父兄的熏陶，也一度喜爱诗赋文章，颇得世人称誉。自踏入仕途以后，乃专心于史学事业，由此规定了终生的生活道路。

一般人认为，唐代进士科考试内容偏重文辞，以诗赋为主，所以知几方有“于时将求仕进，兼习揣摩，至于专心诸史，我则未暇”的话，其实，将求仕进势必要做些应考的准备，揣摩主考官的爱好也在准备之列，并非指准备诗赋。在唐初的一个相当长的时期内，进士考试与诗赋并不相干。“其初止试策，贞

① 《史通·自叙》。

② 《史通·自叙》。

③ 《论语·季氏》。

观八年诏加进士试读经史一部。至调露二年，考功员外郎刘思立始奏二科，并加帖经，其后又加《老子》、《孝经》，使兼通之。”①可见，唐初进士只试策文，至高宗后期方有大的变化。调露二年即为永隆元年(680)，正是知几应试的这一年。《唐会要》卷七六《贡举中·进士》载：“调露二年四月，刘思立除考功员外郎。先是进士但试策而已，思立以其庸浅，奏请帖经及试杂文，自后因以为常式。”次年皇帝下诏：“如闻明经射策，不读正经，抄撮义条，才有数卷；进士不寻史籍，惟诵文策，铨综艺能，遂无优劣。自今已后，明经每经帖十得六已上者，进士试杂文两首，识文律者，然后令试策。”②这说明在高宗后期，即知几进士试后，进士试才有改变。在进士科举考试项目中增杂文后，文词遂成为该试的中心内容。杂文之初试谓箴铭论表之类，开元间或以诗以赋居其一，或全用诗赋，天宝间则专用诗赋。③

知几“幼喜诗赋”、“初好文笔”乃家学熏陶和社会尚文的风尚影响所致，并非应试之临时之策。然而知几“耻以文士得名，期以述者自命”，除了有通过读史的实践加深了对史学的认识外，还得有以文士得名为耻的认识。这种认识又从何而来呢？

认识来源于他孜孜不倦的读史实践所得来的真实感受，也来源于对现实社会史坛、文坛的冷静的观察。

---

① 《通典》卷十五《选举三》。

② 《唐会要》卷七五《贡举上·帖经条例》。

③ 参阅徐松《登科记考》卷一。

遍读群史，他深切感受到“史才之难，其难甚矣”[1]，之所以难，原因很多，其中原因之一就是近世以来文体大变，树理者多以诡妄为本，饰辞者务以淫丽为宗，于是文之与史，较然异辙，“但自世重文藻，词宗丽淫，于是沮诵失路，灵均当轴。每西省虚职，东观伫才，凡所拜授，必推文士。遂使握管怀铅，多无铨综之识；连章累牍，罕逢微婉之言。”史学被引上歧路，丢掉了史家直书实录之旨。刘知几深切感受着史家的历史责任，随着社会阅历和学识的丰富积累，越发感到对以往史学进行系统检讨的迫切性。一个宏伟的志向在他的心中酝酿着。

现实社会是一个大课堂，当刘知几二十岁后步入仕途，现实社会对他的教育并不比书本上的少。从读史、研史的角度看，他“射策登朝”后，“思有余闲，遂其本愿”，得以“恣情披阅”浩翰的史书，随着学识日进，逐步形成了自己对史学的看法。然而，当这些看法同他从现实社会的见闻、感受挂起钩的时候，其认识就大大前进了。书本同现实并非一事，其间有巨大的落差，书本上的东西过于理想化，而现实则是实实在在的。入仕以来，使刘知几从历史走向现实，而又从现实回顾历史，使他对史学的认识逐步深刻了。

知几进士及第后，经吏部考试，授获嘉县（今河南省获嘉县）主簿。这是一个正九品的小官，负责一县的文书，是县衙幕僚之首。

知几自步入仕途后，在公务之暇仍潜心坟典，经史百家，无不涉猎，杂记小书，在所浏览。当时的京城长安和东都洛阳，自然是经济、政治和文化的两大重心，获嘉县地近两都，知几

---

① 《史通·核才》。

得以旅游京洛,饱览公私藏书。自永隆元年(680)入仕起至圣历二年(699)调职京都止,近二十年,知几都是在公务之闲博览群史,实际上是学史研史的二十年。

然而这二十年政治气氛相当紧张,统治阶级内部争权夺利,措施严酷,弄得人心不安。

刘知几登上仕途之时,适值武则天以皇后身份干政之际。她是实际上的执政者。弘道元年(683)十二月,高宗崩于贞观殿,太子李显奉遗诏即位,武则天急于控制全部政权,以临朝称制。就在中宗即位不过两个月时,武借故把他废为庐陵王,并幽禁于房州;接着立豫王李旦为帝,是为睿宗。但居睿宗于别殿,不得干预朝政,"政事决于太后"。① 这一废一立,实际上完成了一次至关重要的权力过渡,是一次宫廷夺权斗争。至此,武则天实现了全面专政,并为日后改国号称皇帝准备了条件。

为了防止唐宗室、勋臣的反对,武则天采取了一系列措施。首先是逼令太子李贤自杀。武则天生过四个儿子,长子李弘,已被鸩杀;次子李贤,即章怀太子;三子李显,即位不久便被废弃;四子李旦,无权干政,后强令退位。李贤在长兄被害后立为太子,因武后怀疑他有异心,乃废为庶人,软禁巴州。这时武后生怕他在外生事,就派丘神勣逼令自杀。于此,争夺皇位的因素几被排除。同时,她又大封武氏祖先,提拔武氏亲属。两个侄儿,一个武承嗣被任为太常卿、同中书门下三品,总理朝政;一个武三思,也加官晋爵。诚如《通鉴》所言:"时诸武用事,

① 《资治通鉴》卷二〇三《唐纪》一九。

唐宗室人人自危，众心愤惋。”[①]

在这种形势下，就出现了徐敬业以匡复唐室为口号的扬州起兵。起义平息后，武则天乃“疑天下人多图己，又自以久专国事，且内行不正，知宗室大臣怨望，心不服，欲大诛杀以威之，乃盛开告密之门。……于是四方告密者蜂起，人皆重足屏息。”[②]

武则天盛开告密之门，出现了一个专掌告密之事、用非常残忍的手段帮助武氏镇压异己的酷吏集团，武氏豢养的这帮爪牙、鹰犬，网罗无辜，竞为讯囚酷法，惨无人道，甚于虎狼。任用酷吏的直接后果使武氏巩固了自己的政权，而由之带来的政治昏暗则与日剧增，到武则天统治的最后时期，即天授(690～692)之后，社会政治紧张的局面方趋缓和。天授初年，武氏急于培植拥护她的社会力量，取得士人支持，收天下之心，因而“大搜隐逸”，一时间官吏冗滥成灾。刘知几在天授二年(691)十二月，以刚直的态度，敏锐的政治眼光，上书请淘汰尸位素餐的官吏。他指出武氏临朝邪滥官员“比肩咸是，举目皆然”[③]，“至如六品以职事清官，遂乃方之士芥，比之沙砾。其有行无闻于十室，即厕朝流；识不反于三隅，俄登什伍。”[④] 既无德行，也无学识，“若遂不加沙汰，臣恐有累皇风。”[⑤] 知几主张沙汰尸禄谬官，是帮助武氏加强政权建设以端正政风的积极建议。同年，知几又上书建议“刺史非三岁以上不可迁官”，认

① 《资治通鉴》卷二〇三《唐纪》一九。

② 《资治通鉴》卷二〇三《唐纪》一九。

③ 《唐会要》卷六七。

④ 《唐会要》卷六七。

⑤ 《唐会要》卷六七。

为刺史之官，肩负着“移风易俗”、“求瘼字民”的重任，因而自秦汉已降迄乎魏晋，“方伯岳牧，临州按郡，或十年不易，或一纪仍留，莫不尽其化民之方，责以治人之术。既而日就月将，风加草靡，故能化行千里，恩渐百城。”而今的刺史就不同了。知几指出：他们“倏来忽往，蓬转萍流。近则累月仍迁，远则逾年必徙。将厅事为逆旅，以下车为传舍。或云来岁入朝，必应改职；或道今兹会计，必是移藩。”如是，“既怀苟且之谋，何暇循良之绩！”因此，知几建议：“臣望自今以后，刺史非三岁以上，不可迁官。仍以明察功过，精甄赏罚，冀宏共治之风，以赞垂衣之化。”①刘知几的意见无疑是正确的。做官为政必安心职守，兢兢业业，如果迁徙频繁，心怀苟且之谋，则决然搞不好治理。知几针对时弊，提出应让刺史相对稳定，安心政务；而朝廷也要“明察功过，精甄赏罚”，这样，才能造就“循良之绩”。知几虽官微位卑，却怀有治天下的方略，小小的一“疏”，显示了其为政的大才。

证圣元年(695)，知几针对当时赦宥无度的弊端，提出“节赦”的主张。他上书言事，历举古往对赦宥的慎重态度，借古人语批评赦宥无度是“小人之幸，君子不幸”，希望皇上“而今而后，颇节于赦”。②

同年，知几针对当时滥赐阶勋的弊端，上表建议赐阶勋应以德才为标准。其表文说：“臣闻君不虚授，臣无虚受，授受无失，是曰能官。又曰：妄受不为忠，妄施不为惠。皆圣贤之通论也。……今皇家始自文明，迄于证圣，其间不过十余年耳，海内

---

① 以上引见《唐会要》卷六八。

② 《唐会要》卷四〇。

具寮九品以上，每岁逢赦，必赐阶勋，无功获赏，徼倖实深。”结果呢，“每论说官途，规求仕进，不希考第取达，唯拟遭遇便迁”。既而如愿果谐，受之者也自谓己功，不以为惭，出现了朝野宴聚“绯服众于青袍，象板多于木笏”的局面。知几在表文的最后说：“望自今后，稍节私恩，使士林载清，人伦有叙。”[①] 可见，滥赐阶勋势必搞乱了吏治，破坏了传统的以德才授官的政策，也破灭了士林求仕的希望，败坏了儒家的人伦。从根本上也不利于武则天的政治统治。知几表文完全是从封建政府官吏的身份出发，从正直的知识分子的立场出发，向政府进奉忠言。

上述知几所言四事，无不切中时弊，由之可以看出他富有敏锐的政治洞察力和强烈的政治责任感。这四条，集中到一点，是批评武则天的用人政策和政治流弊。《旧唐书》本传说："知几上表陈四事，词甚切直。”“切直”二字概括了刘氏强烈的政治责任感和实事求是的态度。但“后嘉其直，不能用也。”[②] 本来，武则天于证圣元年(695)“令内外文武九品以上，各上封事，极言正谏。”[③] 知几应时上表，并不违背武氏意愿，只是她“诏九品以上陈得失”不过是“收人望”而已，并非要按大家的意见实行。

知几表陈四事，涉及于官吏的社会作用、选拔标准以及管理使用办法等诸方面的问题，而集中于对现实政治中妄授妄施等腐败现象的批判。在当时，“官爵僭滥，而法网严密。士类

① 《唐会要》卷八一。
② 《旧唐书》卷一〇二《刘子玄传》。
③ 《旧唐书》卷六《则天皇后本纪》。

竞为趋进，而多陷刑戮。”最高统治者为了维护自己的统治，重用酷吏，滥用人才，互相为用。知几上表已是武则天利用酷吏相对松懈之时，不然他也不敢批评时政。但现实教育了他，他是无法改变现实的。就在这个时期，他写了一篇《思慎赋》。

这篇赋既显露了刘知几的才华，也道出了他的苦闷，特别是抒发了他在苦闷之下经过冷静思考而痛下的志向。我们探讨刘知几的生活道路，探讨他的史学志趣，不能轻视这篇赋所表达的深层思想。

《资治通鉴》卷二〇五这样概括《思慎赋》的写作背景：“是时官爵宜得，而法网严峻，故人竞为趋进，而多陷刑戮，知几乃著《思慎赋》以刺时见志焉。”它是酷吏政治下的产物，通篇排列铺陈古今生死进退的事迹，规劝世人在仕途上谨慎小心。“凤阁侍郎苏味道、李峤见之，相顾而叹曰：‘陆机《豪士》所不及也，当今防身要道尽在此矣。’”[①]现将《思慎赋》略作分析。

刘知几在赋序中首先指出这样一个实情：人生道路并不平坦。他说：“历观自古，以迄于今，其有才位见称，功名取贵，非命者众，克全者寡。大则覆宗绝祀，堙没无遗；小则系狱下室，仅而获免。速者败不旋踵，宽者忧在子孙。至若保令名以没齿，传贻厥于后胤，求之历代，得十一于千百。”他列举古人事迹，发现他们之所以人生坎坷，就是“不知救死之有方”、“未识卫生之有术”。因为人们都生活在“地居流俗之境，身当名利之路”的环境里，“行高于人，众必非之；官大于国，主必恶之”。如果不加警觉而处之泰然，就像“卧于积薪之上，而不知火之将燃；巢于折苕之末，而不悟风之已至”，“自古所以多杀身亡

① 《文苑英华》卷九二载《思慎赋》前所引“国史云”。

族者，职由于此也。”因此，他提出了小心谨慎的处世办法。其基本精神就是牢记往哲古人吉凶成败的历史教训，去“驰竞之欲”，守“静退之心”。因为古今人物之吉凶成败验证，“贵不如贱，动不如静”。所以要“守愚养拙，怯进勇退，每思才轻任重之诫，智小谋大之忧，观止足于居常，绝觊觎于不次，是以度身而衣，量腹而食，进受代耕之禄，退居负廓之田，庶几全父母之发肤，保先人之丘墓，一生之愿，于斯足矣。”应该说，《思慎赋》所表达的思想感情是一种消极心态，它是对武则天酷吏政治的一种反抗。据《旧唐书·刘子玄传》载，《思慎赋》作于证圣元年(695)，联系他上表中的积极建议，可以看到思想上的矛盾状态。知几对现实政治的腐败现象向来持反对态度，但是当他感到无能为力，甚至遭杀身亡族之祸时，又持“守愚养拙，怯进勇退”的态度，这是容易理解的。其实，刘知几著《思慎赋》其本义是“刺时见志”，是对现实政治的一种反抗形式。“见志”就是宣布同世俗决不同流合污。怯进勇退，明哲保身并不是刘知几的性格，这里所反映的心理状态只是一种暂时的苦闷。这暂时的苦闷的背后却是刘知几对现实的冷静思考，从而加深了对史学的认识。这里试举一例。《史通·疑古》篇疑《尚书》之《尧典序》“将逊于位，让于虞舜”事，知几先以古代书证说明禅授可疑，进而他又以今证古的方法说明：“观近古有奸雄奋发，自号勤王，或废父而立其子，或黜兄而奉其弟，始则示相推戴，终亦成其篡夺。求诸历代，往往而有。必以古方今，千载一揆。斯则尧之授舜，其事难明，谓之让国，徒虚语耳。”现实社会的教育加深了刘知几对历史的理解，最关键的一条是提高了史识。知人论世，设身处地，在武则天时代，以知几之博学卓识之才，充任九品主簿，自然是大才小用，而且从弱冠之年入仕之始直到写《思慎赋》时已十五个春秋没有迁升，感到仕途前程渺茫，这“思慎”只能是对现实的抗争。在盛唐的政治舞台上，刘知几身居仕班，但他没有成为政治家，是社会没给他提供机遇。唯其如此，他的精力又集中在学术事业上去了。

三、史学同道

刘知几才识过人，抱负宏伟，性格介直，不附奸回，所以仕途坎坷，但是在生活的道路上，也找到了自己的知心朋友。他们言议见许，道术相知，所有榷扬，得尽怀抱，在学术发展史上作出了杰出贡献。这帮朋友，在武则天时代，实在是共创着一个史家的集体，一个史学流派，繁荣着当时的史学。是这个史家的集体启发着刘知几，充实着刘知几，因而与知几一生的史学事业关系密切。

《史通·自叙》说：

> 及年以过立，言悟日多，常恨时无同好，可与言者。维东海徐坚，晚与之遇，相得甚欢。虽古者伯牙之识钟期，管仲之知鲍叔，不是过也。复有永城朱敬则、沛国刘允济、义兴薛谦光、河南元行冲、陈留吴兢、寿春裴怀古，亦以言议见许，道术相知。所有榷扬，得尽怀抱。每云：“德不孤，必有邻。”四海之内，知我者不过数子而已矣。

徐坚、朱敬则等七人，两《唐书》都有传记其学行，现摘引其要者加以评述，由之考见他们同刘知几“学术相知”的亲密关系，研讨他们这个学派的学术特色以及在盛唐史坛的重要地位。

先说徐坚。

徐坚，湖州长城（今浙江长兴）人，字元固。生于高宗显庆四年(659)，卒于玄宗开元十七年(729)。《旧唐书》本传载：徐坚"少好学，遍览经史，性宽厚长者。举进士，累授太子文学。"武后圣历年间，太子左庶子王方庆善《三礼》之学，每有疑滞，常就徐坚质问，徐坚必能征旧说，训释详明，因此深得方庆善遇。王方庆又赞赏徐坚的文章典实，经常称赞他是"掌纶诰之选"。御史大夫杨再思也赞扬他"此凤阁舍人样，如此才识，走避不得。"

徐坚又与徐彦伯、刘知几、张说同修《三教珠英》。时张昌宗、李峤总领其事，广引文词之士，日夕谈论，赋诗聚会，历年未能下笔。"坚独与说构意撰录，以《文思博要》为本，更加《姓氏》、《亲族》二部，渐有条流。诸人依坚等规制，俄而书成"，知几同徐坚的友谊大概就是这时开始建立的。徐坚多识典故，前后修撰格式、氏族及国史，凡七入书府，深得时论赞美。"坚父子以词学著闻，议者方之汉世班氏。"有《初学记》三十卷遗世，卷二十一列有《史传》一项，颂扬良史直书之旨。

再说朱敬则。

朱敬则，字少连，亳州永城（今河南永城）人。生于贞观九年(635)，卒于景龙三年(709)，终年七十五岁。朱家是当地名门望族，"自周至唐，三代旌表，门标六阙，州党美之。"[1] 朱敬

---

① 《旧唐书》卷九〇《朱敬则传》。

则“倜傥重节义，早以辞学知名。”[①]历仕高宗、则天、中宗三朝，历官洹水尉、右补阙、正谏大夫兼修国史，后迁凤阁鸾台平章事，执行宰相职务。其一生为人正直，重孝义，颇有知人之鉴，为官清正，刚直不阿。晚年从庐州辞官归里，“无淮南一物，唯有所乘马一匹，诸子侄步从而归”。[②] 真是一身正气，两袖清风。

武后执政初期，天下颇多流言异议，至长寿年间既渐宁晏，敬则上书直言，劝武后“宜绝告密罗织之徒”，摈酷吏，用贤能。长安三年(703)擢为宰相，每以用人为先。时御史大夫魏元忠、凤阁舍人张说被张易之兄弟所构诬，将陷死罪，诸宰相无敢言者，独敬则抗疏申理，使元忠、张说得以减死。张易之、昌宗命画工图写武三思、李峤等十八人形象，号为“高士图”，每引敬则参与其事，皆固辞不受。其为官高洁守正如此。

长安三年，朱敬则兼修国史，奉诏与刘知几、李峤、徐坚、吴兢等撰本朝史，由此与刘知几等结下了友谊。在撰修《唐史》过程中，曾受到一些当朝贵臣的阻隔，知几颇感不能尽己意，吴兢亦以曲笔为憾，身为谏官的朱敬则于同年七月上《请择史官表》。表文说：“国之要者，在乎记事之官。是以五帝元风，资其笔削；三王盛业，藉以垂名。此才之难，其难甚矣！”接着举例谈史才重要，称引北齐神武帝对史官魏收说的一句话：“我后代声名，在于卿手。”又举周文帝重视直书。最后提出选择“良史之才”的办法。“董狐、南史，岂止生于往代，而独无于此时？在乎求与不求、好与不好耳。今若访得其善者，伏愿勖

① 《旧唐书》卷九〇《朱敬则传》。
② 《旧唐书》卷九〇《朱敬则传》。

之以公忠，期之以远大，更超加美职，使得行其道，则天下甚幸。"这就是说，只要"求"，只要"好"，良史之才就会出现。从措施上看，发现了良史之才，就应该采取扶植措施，"勖之以公忠，期之以远大"，是德的要求，要求用人者思想端正。"超加美职，使得行其道"，是要为良史之才创造客观条件，即是要破格提拔，委以重任，使他们得以实现自己的愿望。很清楚，此表有感于现实而上，意在为刘知几等"良史之才"不得重用而鸣不平。①

朱敬则曾采魏晋已来君臣成败之事，著《十代兴亡论》。《十代兴亡论》共有十一篇，即《魏武帝论》、《晋高祖论》、《宋武帝论》、《北齐高祖论》、《北齐文襄论》、《北齐文宣论》、《梁武帝论》、《陈武帝论》、《陈后主论》、《隋高祖论》、《隋炀帝论》。这些史论的特点就是以人物为主体，以历史为背景，评论一代政治得失。把历史人物放到社会发展的大势中去考察，因其时，度其势，察其心，穷其效。以此论其为人之正邪，立言之是非，行事之功罪。评论求其实事求是，全面公允。

在朱敬则的史学思想中，最为突出的一点就是"变通"的观点。长寿间上《请除滥刑疏》②，就是通过历史经验教训劝说武则天讲求变通，堵塞告密罗织之徒。他指出，李斯相秦时，"行申、商之法，重刑名之家，杜私门，强公室，弃无用之费，捐不急之官，惜日爱功，疾耕急战"，结果达到了"人繁国富，乃屠诸侯"的目的，不失为"救弊之术"。但"锋镝已销"，天下归一以后，情况变了，就应该改变政策："易之以宽大，调之以淳和，八

① 《请择史官表》全文载《唐会要》卷六三。

② 载《全唐文》卷一七〇。

风之乐以柔之,三代之礼以导之。”然“秦既不然,淫虐滋甚,往而不返”,其结果是“卒至土崩”。而汉高祖采陆贾建议“陈《诗》、《书》,说《礼》、《乐》”,颇知变通。他以秦未变通而速亡,汉高变通而昌盛的历史经验向武后讲谏,“伏愿览秦汉之得失,考时事之合宜,审糟粕之可遗,觉蘧庐之须毁,见机而作”,“改法制,立章程”,“下恬愉之辞,流旷荡之泽,去萋菲之牙角,顿奸险之锋芒,窒罗织之源,扫朋党之迹,使天下苍生坦然大悦”。由此可见,朱敬则在讲变通时,并非一概否定或抛弃已往的典章成规,而是根据历史发展的实际,与时事相合宜而保留之,已变为糟粕而抛弃之。这一思想是颇有价值的。

再说刘允济。

刘允济,洛州巩(今河南巩县)人。少孤,事母甚谨。博学善属文,早与绛州王勃齐名,且关系友善。弱冠本州举进士,累除著作佐郎。他曾经采摭鲁哀公以后十二代至于战国遗事,撰成《鲁后春秋》二十卷,后迁左史,兼直弘文馆。

长安二年(702),累迁著作佐郎,兼修国史。不久,擢拜凤阁舍人。正是这年,知几亦以著作佐郎兼修国史,寻迁左史,撰起居注,因与允济同馆共事,结为挚友。据《唐会要》卷六十三《史馆》上《修史官》条载:“长安二年,凤阁舍人修国史刘允济尝云:‘史官善恶必书,言成轨范,使骄主贼臣有所知惧,此亦权重理合,贫而乐道也。昔班生受金,陈寿求米,仆视之如浮云耳。但百僚善恶必书,足为千载不朽之美谈,岂不盛哉!’”对照知几关于直书的言论以及《曲笔》篇“班固受金而始书,陈寿借米而方传”等语,可知二人思想观点的相近。

知几另一位朋友是薛谦光。

薛谦光又名薛登,常州义兴(今江苏宜兴)人。生于贞观二十一年(647),卒于开元七年(719)。"谦光博涉文史,每与人谈论前代故事,必广引证验,有如目击。少与徐坚、刘子玄齐名友善。"① 按,谦光长知几十四岁,长徐坚十二岁。所谓"少与徐坚、刘子玄齐名友善"云云,起码应该在知几入仕前后、谦光而立之年前后。知几"少与兄知柔俱以词学知名,弱冠举进士,授获嘉县主簿。"② 可知知几成名在二十岁前,其兄知柔长知几十二岁,同薛谦光年岁相当。徐坚"少好学,遍览经史,性宽厚长者,进士举,累授太子文学。"③ 可知徐坚成名也在举进士前后。

武后天授中(691),薛谦光任左补阙,时选举颇滥,便上疏直谏。他认为:"国以得贤为宝,臣以举士为忠",选举关系到国家的治乱兴衰,"人主受不肖之士则政乖,得贤良之佐则时泰"。因此,"则士不可不察,而官不可妄授"。然"比来举荐,多不以才,假誉驰声,互相推奖,希润身之小计,忘臣子之大猷"。针对滥举之弊,他恳请皇上"降明制,颁峻科。千里一贤,尚不为少,侥幸冒进,须立堤防。断浮虚之饰词,收实用之良策,不取无稽之说,必求忠告之言。文则试以效官,武则令其守御,始既察言观行,终亦循名责实,自然侥幸滥吹之伍,无所藏其妄庸。"并提出"有称职者受荐贤之赏,滥举者抵欺罔之罪,自然举得贤行,则君子之道长矣。"④ 是年,知几上疏请沙汰尸禄谬官,同薛疏可谓异曲同工。

① 《旧唐书》卷一〇一《薛登传》。
② 《旧唐书》卷一〇二《刘子玄传》。
③ 《旧唐书》卷一〇二《徐坚传》。
④ 以上见《旧唐书》卷一〇一《薛登传》。

中宗景云年间，薛谦光拜御史大夫。当时僧惠范恃太平公主权势，逼夺百姓店肆，州县不能理。薛有心绳之以法，有人劝他应明哲保身，他理直气壮地说：“宪台理冤滞，何所回避，朝弹暮黜，亦可矣。”不怕丢掉乌纱，遂与殿中慕容珣奏弹，结果为太平公主构陷。为官刚正清廉，可见一斑。谦光一生勤于政事，政绩颇著，《旧唐书》作者赞他“吐忠说之言，补朝廷之失，有犯无隐，不愧古人，有唐之良臣也。”撰有《四时记》二十卷。

再说元行冲。

行冲名澹，以字显，河南人，是后魏常山王素连之后。生于永徽四年(653)，卒于开元十七年(729)。少孤，寄养于外祖父司农卿韦机的家里。博学多通，尤善音律及训诂之书。举进士，累转通事舍人，纳言狄仁杰非常器重他。行冲性不阿顺，多进规诫，曾向仁杰说：“下之事上，亦犹蓄聚以自资也。譬贵家储集，则脯腊膎胰以供滋膳，参术芝桂以防疴疾。伏想门下宾客，堪称旨味者多，愿以小人备以药物。”仁杰笑而谓人曰：“此吾药笼中物，何可一日无也！”①

行冲以本族出于后魏，而未有编年之史，乃撰《魏典》三十卷。事详文简，为学者所称。此外，还在开元九年(721)撰成《群书四录》奏上，凡二百卷。这是部大型目录书，元行冲担任通撰，毋煚、韦述等分部修检。玄宗又特令行冲为自注《孝经》作疏，列于学官，这就是《御注孝经疏》。

再说吴兢。

汴州浚仪(今河南开封)人，生于高宗咸亨元年(670)，卒于玄宗天宝八年(749)。《旧唐书》本传说他“励志勤学，博通经

① 《旧唐书》卷一〇二《元行冲传》。

史”，深受魏元忠、朱敬则的器重，及二人位居相辅，乃“荐兢有史才，堪居近侍，因令直史馆，修国史。”累月，拜右拾遗内供奉。神龙年间，迁右补阙，同韦承庆、崔融、刘知几等撰《则天实录》成，转起居郎。俄迁水部郎中，丁忧还乡里。开元三年(715)服阙，拜谏议大夫，依前修史。俄兼修文馆学士，历卫尉少卿、左庶子。居职殆三十年，“叙事简要，人用称之。”

吴兢一生著述甚富，所撰《唐史》是其功绩之一。长安三年(703)诏修唐史，“采四方之志，成一家之言，长悬楷则，以贻劝诫”[①]。参与其事者有武三思、李峤、朱敬则、徐彦伯、魏知古、崔融、徐坚、刘知几等人，但真正具体从事修史者，主要是刘知几、朱敬则、徐坚、吴兢等。知几曾说：“长安中，余与正谏大夫朱敬则、司封郎中徐坚、左拾遗吴兢奉诏更撰《唐书》，勒成八十卷。”[②]《旧唐书·刘子玄传》也说：“知几自负史才，常慨时无知己，乃委国史于著作郎吴兢，别撰《刘氏家史》十五卷、《谱考》三卷。”可见，吴兢当是《唐书》的主要作者。

吴兢自撰国史，颇历年岁，兢卒后，其子将吴兢所撰《唐史》八十余卷奏上。然事多纰缪，赶不上壮年之作。

此外，天宝初年，吴兢尝以梁、陈、齐、周、隋五代史繁杂，乃别撰《梁史》、《齐史》、《周史》各十卷，《陈史》五卷、《隋史》二十卷，但简则简矣，又伤于“疏略”。

特别值得一提的，是吴兢取贞观年间唐太宗与魏征、房玄龄、杜如晦等大臣的问答、大臣的诤议、奏疏，以及政治上的设施等，撰成《贞观政要》十卷。吴兢写是书的目的是“庶乎有国

① 修唐史诏见《唐会要》卷三六。

② 《史通·古今正史》。

有家者克遵前轨，择善而从，则可久之业益彰矣，可大之功尤著矣。”[1]也就是说，他希望唐统治者能够以太宗君臣为楷模，使国家长治久安。

吴兢居职期间，与知几合作较多，关系甚密。知几对吴兢非常信任，他“委国史于吴兢”，两相情愿。乃至知几卒后，吴兢仍然是满怀敬仰之情。这从他对张说删改实录要求的抵制一事就可看出。长安年间，张易之、张昌宗兄弟为加罪御史大夫魏元忠，乃赂以高官，使张说诬证魏氏谋反。张说开始应允，后在宋璟、张廷珪、刘知几等人劝阻下悔悟，证明魏元忠实未谋反。到玄宗时，吴兢、刘知几等重修《则天实录》，乃直书其事。张说为相，屡请吴兢删改，兢终不答应。《唐会要》卷六十三记载了此事的原委：

> 说拜黄门侍郎、同中书门下平章事。因至史馆，读《则天实录》，见论证对元忠事。乃谓著作佐郎兼修国史吴兢曰：“刘五修实录，论魏齐公事，殊不相饶假，与说毒手。”当时说验知是吴兢书之，所以假托刘子玄。兢自容对曰：“是兢书之，非刘公修述，草木犹在，其人已亡，不可诬枉于幽魂，令相公有怪耳。”同修史官苏宋见兢此对，深惊异之，乃叹曰：“昔董狐古之良史，即今是焉！”说后频祈请删削数字。兢曰：“若取人情，何名为直笔！”

由此可见吴兢良直品格，他的直书精神是中国史学史上

① 《贞观政要序》。

的宝贵遗产。

刘知几称道的知己朋友还有裴怀古。

裴怀古，寿州寿春（今安徽寿县）人，生卒年代不详。高宗仪凤年间（676～679）诣阙上书，授下邽主簿。武后长寿年间（692～694），累迁至监察御史。时有边族反叛，怀古奉诏安辑，由于他能"申明赏罚"，乃使叛者归附，且"蛮夷荷恩，立碑颂德。"①

怀古秉公执法，铁面无私。他受武后之命处理恒州鹿泉寺净满案，了解净满被人诬陷，并非"大逆不道"，因而据实处分，判为无罪。则天大怒，怀古上奏道："陛下法无亲疏，当与天下画一。岂使臣诛无辜之人，以希圣旨。向使净满有不臣之状，臣复何颜能宽之乎？臣今慎守平典，虽死无恨也。"②

圣历年间，阎知微充使往突厥，怀古监其军。突厥将授怀古伪职，如不从就杀头，怀古抗辞曰："宁守忠以就死，不毁节以求生，请就斩，所不避也。"③"乃禁锢随军，因挺身奔窜以归"。④

怀古为官，"所在为人吏所慕"。⑤ 神龙年间，复授并州长史，"吏人闻怀古还，老幼相携，郊野欢迎。"⑥ 怀古清介审慎，在幽州时，韩琬以监察御史监军，称赞他"驭士信，临财廉，国

① 《旧唐书》卷一八五下《裴怀古传》。
② 《旧唐书》卷一八五下《裴怀古传》。
③ 《旧唐书》卷一八五下《裴怀古传》。
④ 《旧唐书》卷一八五下《裴怀古传》。
⑤ 《旧唐书》卷一八五下《裴怀古传》。
⑥ 《旧唐书》卷一八五下《裴怀古传》。

名将”。[①]史书以“循吏”、“良吏”相许[②]，知几引为同好，完全可以理解。

根据史书记载，怀古于仪凤中授下邽主簿，任幽州都督时，当在景龙元年(707)。可知怀古开始从政的时间和知几差不多。知几一生结交，多文字挚友，独怀古乃一员武将。

上面简略地介绍了知几所称述的几位同好的生平事迹、思想风貌以及学术贡献，现在再作些综合分析。

从活动的时代来看，他们大都活动于七、八世纪之交的几十年间，即武后临朝称制至中宗和玄宗开元初年。这八位知己，以朱敬则(635～709)年岁最长，入仕最早，高宗于咸亨元年(670)中曾召见过他，“将加擢用”，为人所毁，乃授洹水尉。他的政治和学术活动则在武则天时代。谦光(647～719)、行冲(653～729)年岁相近，徐坚(659～729)、知几(661～721)年岁相仿，吴兢(670～749)最幼。允济、怀古生卒年代不详，但从其生平行事看，都主要在武则天统治时代和中宗、玄宗开元初年。

在这个时期，刘知几等人犹如灿烂的群星，交相映辉。

从他们生平活动来看，他们大都是才高一世、名重当时的史坛巨子，虽学行各有侧重，而论其大体，同是卓荦非常之人。他们不仅才高过人，而且品德高尚，为人则正直，为学则勤奋，为官则清廉，是德才兼备的时代精英。学识渊博是他们的共性，徐坚“少好学，遍览群史”，朱敬则“早以辞学知名”，刘允济“博学善属文”，薛谦光“博涉文史”，元行冲“博学多通”，吴兢

---

① 《新唐书》卷一九七《循吏传》。

② 《旧唐书》将怀古载入《良吏列传》，《新唐书》将怀古载入《循吏列传》。

“博通经史”，刘知几更是博学。品德高尚更是他们的共同特点，为人正直如刘知几、吴兢，为官清廉如朱敬则、裴怀古。其精神都是十分感人的。正是因为他们才德兼备，在史学事业上都做出了卓越贡献，且不说刘知几撰《史通》百世流芳，吴兢撰《贞观政要》至今熠熠生辉，就说他们于史馆共修实录、国史，都是不小的贡献。几次大的修史活动都是他们充当主力。比如则天长安三年(703)朱敬则、徐坚、刘知几、吴兢等，撰修唐史，刘知几、吴兢等续成《高宗实录》。中宗神龙元年(705)，刘知几、徐坚、吴兢等重修《则天实录》，次年书成。玄宗先天二年(开元元年，公元713年)，柳冲等撰成《姓族系录》，主力是知几、徐坚、吴兢。开元四年(716)，刘知几、吴兢等撰成《睿宗实录》、《则天实录》、《中宗实录》。此外，他们亦各自有自己的著述：朱敬则有《十代兴亡论》，徐坚有《初学记》，吴兢有《唐史》，元行冲有《魏典》，刘允济有《鲁后春秋》，刘知几有《刘氏家史》等。

从他们的史学观点来看，有着许多共同见解。比如，都强调史学劝善惩恶的社会作用；都主张直书、实录，都主张史家要具备才、学、识；他们学综文史，善叙事，颇有良史之才；在史馆里，都反对那些不学无术的权势们把握修史之权。

综上所述，刘知几等人在他们那个时代是一个正派的、有正义感的、进步的知识分子群体，以其学识渊博、学综文史，有志于史学事业，又多任职史官，从事修史，且志趣相投，观点一致，在史学领域里形成一个道术相知的学派。这是一个具有进步思想的学派。了解这一学派的特点，对于八世纪思想史的研究是有帮助的。鉴于本文是叙述知几的生平，有关这一学派的种种分析、研究，这里就不详论了。

我们不得不指出，由于封建统治势力的制约，具体说，由于武则天统治的用人不当和中宗、睿宗时代的政治昏暗，他们并没有充分展示自己的才能。诚如《旧唐书》的作者在刘知几、徐坚、元行冲、吴兢、韦述等人列传后所评论的：“刘、徐等五公，学际天人，才兼文史，俾西垣、东观，一代粲然，盖诸公之用心也。然而子玄郁结于当年，行冲彷徨于极笔，官不过俗吏，宠不逮常才，非过使然，盖此道非趋时之具也，其穷也宜哉！”

评论首先肯定了知几、徐坚等“学际天人，才兼文史”的学识，肯定他们“俾西垣、东观，一代粲然”的历史功绩，这是公允之论。《旧唐书》作者将知几、徐坚、吴兢等同列一卷之中，实为史学家列传。其他，朱敬则位居宰辅，薛谦光以良臣显，裴怀古入《良吏列传》，刘允济入《文苑列传》。知几、徐坚、吴兢、元行冲则是本色的史家。

评论对知几等史家的生活遭遇给予同情，他们“官不过俗吏，宠不逮常才”，原因就是他们从事的史学著述并非趋时之具，是一个无权无势的职业。

第二章“私撰史通”

一、史馆遭遇

武后圣历二年(699),三十八岁的刘知几在做了十九年获嘉县主簿这个九品芝麻官后,调任京师定王府仓曹。这是他人生道路上的一个重大转折。如果说,此前近三十年读史研史生涯使他打下了做学问的坚实基础,近二十年的仕宦阅历使他积累了丰富的政治识见的话,那末,以后的刘知几便是从事学术著述了。在他奔往京师的大道上,心情怎么样呢?

尽管刘知几在仕途上兢兢业业,但他既没有当朝权贵的引荐,也缺乏取悦当权者的升官之术,仅凭着一颗效忠之心是决然无望的。何况他又是那样的认真,切直无隐地给武则天提了那么多意见,“后嘉其直,不能用也”,这就决定了他升不了官。凭知几的见识,他对未来的仕途并不会抱过高的希望。

这次调职，有两个因素在起作用。其一，此时的刘知几已经是闻名全国的学者。青少年时代已以文学知名，主簿任上多次上表，也展示了他的才华。其二，则天诏修《三教珠英》，以为刘知几是个人选。据《旧唐书·徐坚传》载：“坚又与给事中徐彦伯、定王府仓曹刘知几、右补阙张说同修《三教珠英》。”时在圣历二年(699)。编修《三教珠英》的动机何在？《新唐书》卷一〇四《张昌宗传》所提供的是一种偶然性而且是相当低下的答案，说张易之兄弟及诸武杂侍后宫，“摴博争道为笑乐，或嘲诋公卿，淫蛊显行，无复羞畏”，“后知丑声甚，思有以掩覆之，乃诏昌宗即禁中论著，引李峤、张说、宋之问、富嘉谟、徐彦伯等二十有六人撰《三教珠英》。”我们固然不必排除这种动机的可能，但武后诏修的根本动机还是推广她的文化政策，以加强统治。这就是她对儒、道、佛三教态度的反映。

我们说过，太宗、高宗颇重儒学。但到则天时期，由于佛学盛行，使儒学显得有几分冷落。光宅二年(685)，陈子昂上疏说国家太学之废，积以岁月久矣。“学堂芜秽，略无人踪，诗书礼乐，罕闻习者。”[①] 圣历二年十月，凤阁舍人韦嗣立上疏说：“国家自永淳以来，二十余载，礼乐废散，胄子弃缺，时轻儒学之官，莫存章句之选。”[②] 但从大体上说，武后虽崇佛抑道，对儒学并未加贬损。

道教在唐初交过好运。道教尊始祖老子，老子姓李，皇帝也姓李，把老子说成唐室的祖先，自然就为皇权套上了神圣的光环。贞观十一年(637)太宗下诏：“自今以后，斋供行立，至于

① 《唐会要》卷三五。

② 《唐会要》卷三五。

称谓,其道士女冠,可在僧尼之前。”[1] 高宗时,曾尊老子为老君太上玄元皇帝。武后当权,想变李氏天下,对道教也就不那么尊重了,因下诏,“释教宜在道法之上,缁服处黄冠之前。”[2] 其后,曾倡言“僧道并重”,但总是先佛而后道。中宗、睿宗时期,道教地位开始上升,及玄宗即位,发展到极盛。

至于佛教,由于李唐建国之初,奉行崇儒、尊道、礼佛的原则,因而,并未受到轻视。李渊称帝不久便舍宅立寺,写经造象,建立道场。太宗支持建寺度僧,译写佛经。贞观十九年(645),玄奘自印度回国,太宗对他优礼备至,不仅资助他译经,还亲自撰《大唐三藏圣教序》。高宗之初崇道礼佛,晚年受武后挟制而近乎于佞佛。则天推重佛教有其政治意图,既然李唐皇室自称是道教始祖老子之后,抑道自然有助她在帝后党争中的声威。在当时,抑道之方莫过于崇佛。又有僧徒怀义伪造《大云经》,陈符命,说武后是弥勒下生,合作人间人主,可见佞佛是为武周制造舆论。因之她“铸浮屠,立庙塔,役无虚岁。”[3] 以致“里闬动有经坊,阛阓亦有精舍”[4],唐代佛教在武则天时代达到鼎盛。

综上所述,唐初儒、佛、道三教并兴。其客观效果是冲击了传统的是非观念,活跃了当时的思想界。三教思想的精义在相互排斥中相互融合,形成一种新的、富有批判综合精神的社会思潮。武则天诏修《三教珠英》正是这一时代风气的反映。反

① 《全唐文》卷六。
② 《全唐文》卷九五。
③ 《新唐书》卷一二五《苏瓌传》。
④ 《唐会要》卷四九。

过来,《三教珠英》的修撰,也推动着这一社会思想的发展。

但是,在修撰时,总领张昌宗、李峤,广引文学之士,日夕谈论,赋诗聚会,弥年不下笔,还是徐坚与张说“专意撰综,条汇粗立,诸儒因之,乃成书。”① 其中贡献最多的,徐、张之外,还有徐彦伯、刘知几。尽管该书以《文思博要》为本,但“更加佛、道二教,及亲属、姓氏、方域等部”,② 说明预修诸人采撰渊博。

这里需要补充说明的,当修成《三教珠英》时,崔融集修书诸学士诗成《珠英学士集》五卷,内收知几诗三首。刘诗尚存,其第一首《旅泊》诗,当是已自获嘉来仕京都,自京至洛纪程诗。“川路虽未遥,心期顿为阻。”据诗可见知几上调京师的情绪未必就是欢快。

《三教珠英》于长安元年(701)修成,次年知几出任著作佐郎。时年四十二岁。适如他自己所说:

> 长安二年,余以著作佐郎兼修国史,寻迁左史,于门下撰起居注。

从此开始了他的史官生涯。

著作佐郎是著作局里的职任。著作局设有著作郎和著作佐郎,佐郎六人,秩位从六品上。著作郎掌撰碑、志、祝文、祭文,与佐郎分判局事。魏太和年间,开始设置著作郎,职隶中书。晋元康初,又职隶秘书,著作郎一人,谓之大著作,专掌史

① 《新唐书》卷一九九《徐坚传》。

② 《唐会要》卷三六。

任，又置佐著作郎八人。宋齐已来，改佐著作郎为著作佐郎。“佐郎职知博采，正郎资以草传，如正、佐有失，则秘监职思其忧。其有才堪撰述，学综文史，虽居他官，或兼领著作。亦有虽为秘书监，而仍领著作郎者。”① 到了齐、梁二代，又置修史学士。元北魏始于秘书置著作局，后别置修史局。北齐改修史局为馆，周、隋亦然，其史官以大臣统领者，谓之监修。到了唐代，由著作郎主管著作局，其责任是撰写碑志、祝文等，并不参与修史。

知几说以著作佐郎兼修国史，寻迁左史，于门下撰起居注。这个“左史”也叫“起居郎”、“起居舍人”。“贞观二年，移起居舍人于门下省，改为起居郎。显庆三年十二月十五日，又改为中书省。起居舍人两员，品同起居郎。龙朔三年，改为左右史。咸亨元年，复为起居舍人。天授元年，又改为左右史。神龙元年，复为起居舍人焉。”载于《唐会要》卷五十六《起居郎、起居舍人》条这段文字之后，又引苏冕编会要的旧文说：“贞观中，每日仗退后，太宗与宰臣参议政事，称为毕备。及高宗朝会，端拱无言，有司唯奏辞见二事。其后许敬宗、李义府用权，多妄论奏，恐史官直书其短，遂奏令随仗便出，不得备闻机务，因为故事。”可见左史记注，至是时已难毕备了。但不管怎样，知几出任左史记注之官，负责记载天子言行，却是一项光荣的职务。知几前半生与世沉浮，仕途宦海，默默无闻。他潜心史传，期以述者自命，至此荣任史官，可谓如其夙愿。

《史通·自叙》说：

---

① 《史通·史官建置》。

> 昔仲尼以睿圣明哲，天纵多能，睹史籍之繁文，惧览者之不一，删《诗》为三百篇，约史记以修《春秋》，赞《易》道以黜八索，述《职方》以除九丘，讨论坟、典，断自唐、虞，以迄于周。其文不刊，为后王法。自兹厥后，史籍逾多，苟非命世大才，孰能刊正其失？嗟予小子，敢当此任！其于史传也，尝欲自班、马已降，讫于姚、李、令狐、颜、孔诸书，莫不因其旧义，普加厘革。……既朝廷有知意者，遂以载笔见推。

刘知几怀有宏伟抱负，志拟《春秋》，厘定群史，而朝廷又以载笔相推，主观愿望和客观环境符合了。他身居史职，以撰述为任，正是他施展才华实现宏伟抱负的大好时机。

我们说知几怀有宏伟抱负，其一是说他学孔子修《春秋》的榜样，“其文不刊，为后王法”。写出不刊之典，作为后世标准、楷模，这是一个很高的要求。应该说这样的宏伟抱负是逐步树立起来的。知几并不怀疑自己的能力，但他担心的是会受到世俗的攻击，“将恐致惊末俗，取咎时人。徒有其劳，而莫之见赏。所以每握管叹息，迟回者久之。非欲之而不能，实能之而不敢也。”[①] 这里如实地表露了刘知几当时矛盾的心态：既意识到厘定群史的历史使命责无旁贷，又担心遭受世俗白眼，劳而无赏。刘知几终于冲破压力，勇敢地担当起历史重任，实际上这是一种可贵的自觉，他体会到时代的历史使命，厘定群史的工作已经是刻不容缓了。其二，他也选中了自己的位置，或者说找到了自己事业的突破口。他是站在史学领域里，对古

① 《史通·自叙》。

代史学作系统的理论总结。于此，这个宏伟抱负就落到实处。知几献身于史学事业，对于他自己，对于社会，无疑都是一个良好的选择。

唐初修史，盛况空前。究其原因，“多识前古，贻鉴将来”是其一，史学自身发展的必然趋势是其二，借修史为李唐皇室歌功颂德是其三。贞观年间，不仅修前代史，也修当代史，成果累累。仅从唐初史学编修实践而论，必然需要做出理论的总结。从某种意义上说，没有唐初丰富的修史实践，也就没有刘知几的史学总结。刘知几面临的时代使命，就是总结修史实践经验，探讨史学自身规律，建立史学理论、史学批评体系。如果刘知几不走这条路，只有走如徐坚、吴兢等认定的路，当名史官，撰实录，修国史；或者回溯古代，像元行冲撰《魏典》，刘允济撰《鲁后春秋》。贞观时代编前代正史的任务已完成了。史官们最大的任务就是在监修大臣的主持下集体撰实录、修国史。刘知几出任史官，当然是一件有意义的事，三十年的史学积累，培养成一位博学卓识的史学家，也确立了他的宏伟志愿。那么，实现志愿的道路是康庄大道还是崎岖小径呢？

问题还要回到刘知几任职的史馆上来。前已言之，唐初史馆修史主要有两个方面的任务，一是修前代史，一是修国史，包括皇帝实录。前一项任务是在武德年间开始，但主要是在贞观时期已顺利完成，高宗显庆年间收尾，这就是唐初八部纪传体前代史的修撰。后一项任务从贞观年间起也有作为，这就是高祖、太宗实录的编撰。

贞观十七年(643)七月，房玄龄、许敬宗、敬播等人所撰高祖、太宗实录各二十卷；高宗永徽元年(650)，史官太尉长孙无忌等修《贞观实录》毕，起于贞观十五年至二十三年，二十卷，同前《太宗实录》相衔接；高宗显庆元年(656)七月，无忌等修成国史，凡八十一卷，起义宁(617)尽贞观末，是记述高祖、太宗两朝的历史；显庆四年(659)二月，许敬宗等撰贞观二十三年后至显庆三年(658)实录，成二十卷，添成一百卷。参撰诸人，多受封赏。以上是知几出生前有唐政府诏修实录、国史的大体情况。

咸亨四年(673)，高宗检验以往实录，发现许敬宗所纪“多非实录”，因责成监修国史刘仁轨等“穷微索隐，原始要终，盛业鸿勋，咸使详备”①。刘仁轨等于是引左史李仁实专掌其事，将加刊改。垂拱元年(685)仁轨以八十四岁高龄卒于任上，修改国史之事又停顿了下来。到了长安三年(703)正月，武后诏修唐史。这时，四十三岁的刘知几，身为史官，第一次参加了修国史的工作。这是自贞观以来修国史实录的继续。

参加这次修史的有特进武三思、纳言李峤、正谏大夫朱敬则、司农少卿徐彦伯、凤阁舍人魏知古、崔融、司封郎中徐坚、左史刘知几、直史馆吴兢等。② 知几亦云：“长安中，余与正谏大夫朱敬则、司封郎中徐坚、左拾遗吴兢，奉诏更撰《唐书》，勒成八十卷。”③ 可见，这次修唐史，阵容颇强，知几及其志同道合的朱敬则、徐坚、吴兢等，都是当时第一流的学者。其他诸人，大都堪称其选。李峤以文学词彩获武后器重，“朝廷每有大手笔，皆特令峤为之。”④ 徐彦伯少以文章得名，在官有善政，

---

① 《唐会要》卷六三。

② 《唐会要》卷六三。

③ 《史通·古今正史》。

④ 《旧唐书》卷九四《李峤传》。

修史能直笔。魏知古性方直，早有名，弱冠举进士，累授著作郎，兼修国史，执政颇能举荐贤才，时论以为有知人之鉴。崔融为文典丽，当时罕有其比，朝廷每有大手笔，多手敕付融。由上述可知，参与本次撰修国史者，绝大多数是德才兼备的知名学者。但李峤、崔融尽管颇富才学，却依附于有权势的二张。“时张易之兄弟颇招集文学之士，融与纳言李峤、凤阁侍郎苏味道、麟台少监王绍宗等俱以文才降节事之。”①这个苏味道与李峤同乡，少俱以文辞知名，时人谓之苏、李。《旧唐书》作者评论说：“观其章疏之能，非无奥赡；验以弼谐之道，罔有贞纯。故狄仁杰有言曰：‘苏、李足为文吏矣。’”②

分析长安三年修唐史的写作班子，可以这样说：论才学，皆堪称其选，集中了当时颇有声望的大家手笔；论德行，却可以一分为二。其中，朱敬则、徐坚、吴兢、刘知几、魏知古等德才兼备，而李峤、崔融等“文虽堪高，义无可则”。在正常情况下，也不能把他们的缺点看得过重了，但趋炎附势在关键时刻定会误人误己。此次修史，李峤为监修之一，知几受到排挤。在当时，担任监修的武三思则是个缺德少才的不学无术之辈。他凭借后族出身飞黄腾达，则天称帝，封梁王，拜天官尚书。证圣元年(695)，转春官尚书，监修国史。圣历元年(699)，检校内史。二年，拜特进、太子宾客，仍并依旧监修国史。“三思略涉文史，性倾巧便僻，善事人，由是特蒙信任。则天数幸其第，赏赐甚厚。时薛怀义、张易之、昌宗皆承恩顾，三思与承嗣每折节事之。……三思又以则天厌居深宫，又欲与张易之、昌宗等扈

① 《旧唐书》卷九四《崔融传》。

② 《旧唐书》卷九四《苏味道等传“史臣曰”》。

从驰骋,以弄其权。”[1]这样的一个武三思掌握着监修大权。

知几进入史馆后,面对着无数难以克服的矛盾,他简直处于进退维谷的境地之中。知几在《史通·自叙》中回顾自己在史馆修史的往事,不无感慨地说:

> 长安中,会奉诏预修《唐史》。及今上即位,又敕撰《则天大圣皇后实录》。凡所著述,尝欲行其旧议,而当时同作诸士及监修贵臣,每与其凿枘相违,龃龉难入。故其所载削,皆与俗浮沉。虽自谓依违苟从,犹大为史官所嫉。

“凿枘相违,龃龉难入”,语出《楚辞·九辩》:“圜凿而方枘兮,吾故知其钽铻而难入。”圜凿,凿成圆孔。方枘,方的榫头。钽铻同龃龉,言矛盾不相配合。知几的修史主张同世俗之见有着尖锐的矛盾。按知几的主张,写史应根据已变化的情况从实而书。但这种正确的意见往往不被采纳。《史通·邑里》知几原注云:“时修国史,予被配纂《李义琰传》。琰家于魏州昌乐,已经三代。因云:‘义琰,魏州昌乐人也。’监修者大笑,以为深乖史体,遂依李氏旧望,改为陇西成纪人。既言不见从,故有此说。”按照知几的观点,“三王各异礼,五帝不同乐,故传称因俗,易贵随时。况史书者,记事之言耳。夫事有贸迁,而言无变革,此所谓胶柱而调瑟,刻船以求剑也。”[2]因此,他主张“国有

① 《旧唐书》卷一八三《武三思传》。
② 《史通·因习》。

弛张，乡有并省，随时而载，用明审实。”[①]这是一种用变化发展的观点对待事物的实事求是的态度。但有的史家因习成性，不管“州郡则废置不恒，名目则古今各异”等变化的事实，而“皆取旧号，施之于今”，在这种情况下，“欲求实录，不亦难乎？”[②]知几同监修和某些史家的意见分歧，是两种历史观点的分歧。一种意见是因俗随时之义，一种意见因仍旧贯，袭用不改。汉魏已降，士人多以族望相矜，而自晋迁江左，侨立州县，南人北籍，虚引旧号，这是一种门阀制度下的思想观念和做法，如此对待历史，致使版籍混乱，邑里难详。如“近代史为王氏传，云‘琅琊临沂人’；为李氏传，曰‘陇西成纪人’之类是也。非惟王、李二族久离本居，亦自当时无此郡县，皆是晋、魏已前旧名号。”[③]

然而正确的意见不被采纳，反而遭到耻笑。像李义琰家于魏州昌乐，已经三代，还要写成陇西成纪。真是“积习相传，寝以成俗，迷而不返”，“千载遵行，持为故事，而一朝纠正，必惊愚俗”。[④] 传统习惯势力实在大啊！

知几与监修的矛盾如果仅仅是一些具体认识问题，通过疏导还有解决的希望。自然，由于知几自负、介直的个性，一旦正确的意见遭到拒绝，甚至嘲笑，那是无法容忍的。当时他“委国史于著作郎吴兢，别撰《刘氏家史》十五卷、《谱考》三卷”，[⑤]就是对史馆监修的消极反抗。

---

① 《史通·邑里》。

② 《史通·邑里》。

③ 《史通·邑里》原注。

④ 《史通·邑里》。

⑤ 《旧唐书》卷一〇二《刘子玄传》。

知几与史馆监修的矛盾并非是在一些具体问题上的意见不合，而是对史馆监修大臣的工作及其修史思想的不可调和。

自长安以来，至景龙年间，先后担任史馆监修大臣的有武三思、张易之、张昌宗、韦巨源、纪处讷、杨再思、宗楚客、萧至忠等。武三思与张易之兄弟都是“专横骄纵，图为逆乱”的政治野心家。韦巨源等都是武韦集团的主要成员：韦巨源于神龙年间附入韦后三等亲，叙为兄弟，编在属籍。佞媚官爵，鱼肉百姓；杨再思为人巧佞邪媚，善于随风转舵，为了取得武后信任，多方讨好二张。历事三主，知政十余年，未尝有所荐达；宗楚客为则天从父姊之子，以拥戴则天称帝，累迁内史。后迹附韦氏，与纪处讷共为朋党；纪处讷，娶武三思妻之姊，由是累迁太府卿；萧至忠趋附武三思，神龙间，代韦巨源为侍中，寻迁中书令。宗、楚“潜怀奸计，自树朋党，韦巨源、杨再思、李峤皆唯诺自全，无所匡正。至忠处于其间，颇存正道”。[①] 后因参与宫廷政治斗争被杀。用这些人监修国史，史馆成了一个官僚主义的衙门，成了权贵结党营私的场所。刘知几揭露说：“凡居斯职者，必恩幸贵臣，凡庸贱品，饱食安步，坐啸画诺，若斯而已矣。夫人既不知善之为善，则亦不知恶之为恶。故凡所引进者，皆非其才，或以势利见升，或以干祈致擢。”[②] 史馆可以“养拙”、“藏愚”，成了一个“素餐之窟宅，尸禄之渊薮”[③]。这样，史馆又怎么能承担起修史的重任呢？

在修史的指导思想上，刘知几与史馆监修大臣也有着矛

① 《旧唐书》卷九二《萧至忠传》。
② 《史通·辨职》。
③ 《史通·辨职》。

盾。

《唐史》之成，在长安三年(703)。中宗神龙元年(705)，知几奉令与徐坚、吴兢等重修《则天实录》，期年而毕。知几说到这次撰修，“虽言无可择，事多遗恨，庶将来削稿，犹有凭焉。”① 知几所谓“遗恨”，盖指载削多不能如意，因为开始知几修《武后实录》，“有所改正，而武三思等不听”。② 知几的好友吴兢预修《唐书》，亦深以曲笔为憾。故后来他在担任地方官期间重修《唐书》和《唐春秋》。开元十四年(726)他上奏说：“臣往者长安、景龙之岁，以左拾遗起居郎兼修国史。时有武三思、张易之、张昌宗、纪处讷、宗楚客、韦温等，相次监领其职。三思等立性邪佞，不循旧章，敬饰虚词，殊非直笔。臣愚以为国史之作，在乎善恶必书。遂潜心积思，别撰《唐书》九十八卷、《唐春秋》三十卷，用藏于密室。”③ 是直书还是曲笔是知几同监修大臣们在修史指导思想上的根本分歧。

刘知几侧身史官，怀有踵武前修的志愿，“凡所著述，常欲行其旧义。”而当时同作诸士及监修贵臣与他格格不入。在这种不可调和的矛盾中，使知几深切感受到：“虽任当其职，而吾道不行，见用于时，而美志不遂。”④ 知几的“道”和“美志”就是做一名真正的史官，坚持史家善恶必书的直书原则，写出能劝善惩恶的史书来。他认为修史是一项不朽的事业，“史之为用，其利甚博，乃生人之急务，为国家之要道。”⑤ 其基本宗旨在善

① 《史通·古今正史》。

② 《新唐书》卷一三二《刘子玄传》。

③ 《唐会要》卷六三《史馆上·在外修史》。

④ 《史通·自叙》。

⑤ 《史通·史官建置》。

恶必书，劝善惩恶。苟史官不绝，竹帛长存，可使后人见贤而思齐，见不贤而内自省。但是当时的史馆违背善恶必书，也不能起到“劝善惩恶”的作用。这使刘知几的修史理想与现实史馆的矛盾达到无法解决的境地。

史馆是当时社会的一个缩影。伴随着刘知几修史理想与史馆的矛盾还有刘知几的仕途追求与现实社会的矛盾。作为封建社会一名知识分子的刘知几，他也有着自己的人生追求，即自己的人生观。这就是通过自己的努力求得功名富贵，以留名青史，光照千秋。他说：

> 夫人寓形天地，其生也若蜉蝣之在世，如白驹之过隙，犹且耻当年而功不立，疾没世而名不闻。上起帝王，下穷匹庶，近则朝廷之士，远则山林之客，谅其于功也、名也，莫不汲汲焉、孜孜焉。夫如是者何哉？皆以图不朽之事也。何者而称不朽乎？盖书名竹帛而已。①

浦起龙《史通通释》在这段话后加了一个解释：“原史之所为作也。史者，千秋金镜，只从名心落想，故曰庸浅。”其后又加按说：“其举意出辞，颇浅庸近俗，宜可芟薙。”果然，到乾隆时纪昀的《史通削繁》便把上面这段话连同下面的我们经常引用的“史之为用”的论述一并作为“芜蔓”而“芟薙”了。浦起龙、纪昀自以为高雅，实际上他们掩盖了实质，所谓千秋金镜的史学也就失去了现实基础。对封建时代的知识分子来说，希望书

① 《史通·史官建置》。

名竹帛，并非是一种消极的庸浅的心态，而是一种积极的向上的追求。他们沿着古代圣贤所规划的“修身、齐家、治国、平天下”的路径，建立功名，这其中既包括了他们自己的功名富贵，也包括了献身国家建功立业。两者互为一体，追求功名，就是孔夫子也如是想如是做。“疾没世而名不称焉”原是孔子的话，司马迁在《史记·伯夷列传》中引用了孔子“君子疾没世而名不称焉”这句话，亦暗示太史公立名著述之美。

但是，现实社会并没有给刘知几的仕途铺平道路，中宗时期，“韦武弄权，母媪预政。士有附丽之者，起家而绾朱紫，予以无所傅会，取摈当时。”① 在当时的昏暗的政治统治下，知几深切感到“于是小人道长，纲纪日坏”，故“仕于其间，忽忽不乐”。由于他“守兹介直，不附奸回”② 的儒家知识分子的刚烈的本性所决定，又决然不会放弃自己的信仰而随波逐流，与世浮沉，因此他也摆脱不了“郁怏孤愤，无以寄怀”③ 的苦闷境地。然而又恐没世之后，“谁知予者”④，不甘心默默无闻地离开这个世界。在这里，追求功名的强烈愿望同“取摈当时”的遭遇无办法调和，因而苦闷也无法解脱。

刘知几自长安二年(702)进入史馆，至中宗景龙四年(710)，九年之中，“三为史臣，再入东观”。“长安二年以著作佐郎兼修国史，寻迁左史，于门下撰起居注。”这是一为史臣，一

① 《史通·忤时》。

② 《史通·忤时》。

③ 《史通·自叙》。

④ 《史通·自叙》。原注：则天朝为著作佐郎，转左史。今上初即位，又除著作。长安中，以本官兼修国史。会迁中书舍人，暂罢史职。神龙元年，又以本官兼修国史，迄今不改。今之史馆，即古之东观也。

入东观(史馆)。中宗即位之后,“除著作郎、太子中允、率更令,其兼修史皆如故。”这就是二为史臣。中宗还京不久,“驿征入京,专知史事,仍迁秘书少监。”[①]这就是三为史臣,再入东观。这些年,他参与修《唐史》,重修《则天实录》等。但是,修史并没有给刘知几的功名追求带来多少帮助。比如神龙二年(706),武三思、魏元忠及史官太常少卿徐彦伯、秘书少监柳冲、国子司业崔融、中书舍人岑羲、徐坚等修上《则天实录》二十卷,“赐物各有差”,知几实预其事,盖以官卑未列名受赐。对此,知几自然感到不平。他援古自况,说刘炫仕隋,为蜀王侍读,尚书牛弘问他:“君王待子,其礼如何?”他说:“相期高于周、孔,见待下于奴仆。”牛弘不悟其言,请闻其义。刘炫解释说:“吾王每有所疑,必先见访,是相期高于周、孔。酒食左右皆餍,而我余沥不霑,是见待下于奴仆也。”知几说,“求史才则千里降追,语宦途则十年不进。”“朝廷厚用其才,竟不薄加其礼。……傥使士有澹雅若严君平,清廉如段干木,与仆易地而处,亦将弹铗告劳,积薪为恨。况仆未能免俗,能不蒂芥于心者乎!”[②]言为心声。知几这番话道出了一个正直知识分子的内心苦闷。没有比对自己事业价值的承认更重要的,但知几没有,隶名修史,却赏不见名。如果说受赏者皆功劳卓著,遗漏者贡献颇少,知几也不会难过。问题在于名实不副,功赏不副。他揭露当时的实情说:“而近代趋竞之士,尤喜居于史职,至于措辞下笔者,十无一二焉。既而书成缮写,则署名同献;爵赏既行,则攘袂争受。遂使是非无准,真伪相杂,生则厚诬当时,死

① 以上引《史通原序》。

② 《史通·忤时》。

则致惑来代。而书之谱传,借为美谈,载之碑碣,增其壮观。”[①] 这正是“小人道长,纲纪日坏”的具体体现。

知几身居史职,希望在“勒成国典,贻彼后来”[②],如此既可为国家建功立业,又可使自己书名竹帛,所谓兢兢业业献身于史职的史志、史道,全在此矣。然而,小人当道,是非无准,真伪相杂,直道不存。在这种情况下,刘知几只有一个选择:退出史馆,走自己的路!

二、商榷史篇

事物的发展是由多方面的因素构成的。上面我们叙述了刘知几在史馆的遭遇,揭示他的史志,他的刚烈的个性与史馆无法调和的矛盾,因而毅然决定辞退史职,走自己的路。

这是一条一定要走的路吗?任何人都有自己特殊的情况,特殊的思考,我们也必须就知几特殊的情况和思考,做具体的分析。

知几早在青少年时代就逐步养成了独立思考和爱憎分明的性格,而且非常自负,有时过执己见,关于这些问题,我们在分析知几的学术见解时将会论及。在现实生活中,这种性格有时会把知几引入孤芳自赏的境地。当他走向社会,这种强烈的个性果然影响着他人生的旅程。《自叙》云:“及年以过立,言悟日多,常恨时无同好,可与言者。”“四海之内,知我者不过数子而已矣。”这就预示了一种信号,知几在处世待人方面势必遇

① 《史通·史官建置》。

② 《史通·忤时》。

到麻烦。

诚然，知几是是非分明的。在他同知心朋友“言议相许，道术相知，所有榷扬，得尽怀抱”的交往中，相互启发，更提高了他为史学献身的积极性，坚定了为史的宗旨：善恶必书，劝善惩恶。长安二年(702)，身为凤阁舍人的刘允济说过“史官善恶必书，言成轨范，使骄主贼臣有所知惧，此亦权重，理合贫而乐道也”①的话，实际上亦是刘知几的思想。次年，朱敬则上书请择史官，希望皇上访得良史，“超加美职，使得行其道”②，反映了正直史家的共同心声。同年，知几同礼部尚书郑惟忠有过一次影响深远的关于史才的对话，它同朱氏《请择史官表》可以说异曲同工，足以说明我们的史家共同感受到时代的呼唤和需求了。知几关于史才三长的议论，得到时人的赞许，它表明有关史学理论问题，知几已经有了较深入系统的思考。

也是这年，社会上出现了一件轰动全国的魏元忠案。御史大夫兼知政事太子右庶子魏元忠遭到张昌宗的诬陷，说他欲图谋反，有凤阁舍人张说作证。情况是这样的：张易之、张昌宗在女皇武则天的偏袒下，竞相豪奢，有恃无恐，横行无阻，权倾朝野，他们趁女皇尚在，图谋除掉隐患，以便保持既得权势，便首先阴谋陷害宰相魏元忠。魏元忠是位忠臣名相，自然是二张控制朝野的障碍。因此他们诬陷元忠与司礼丞高戬潜谋，曾说“主上老矣，吾属当挟太子而令天下”。这编造的谎言，使则天受惑，乃下元忠入狱，召太子、相王及诸宰相，令昌宗与元忠等殿前参对，反复不决。昌宗又收买凤阁舍人张说出面作证。

① 《唐会要》卷六三《史馆上·修史官》。
② 《新唐书》卷一一五《朱敬则传》。

张说屈服于二张权势，只好违心地答应作证。

在这个关键时刻，凤阁侍郎宋璟担心张说阿意奉承，诬赖好人，便晓以大义："大丈夫当守死善道。"殿中侍御史张廷珪则说："朝闻道，夕死可矣。"起居郎刘知几也说："无污青史，为子孙累。"张说是位饱读诗书、才华横溢的学者，是年只有三十七岁，有着他锦绣的前程，这时宋璟、张廷珪、刘知几等人义正辞严的规劝对他是一次深刻的教育。第二天张说作证说："魏元忠实不反，总是昌宗令臣诬枉耳。"当是时，百寮震惧，后经朱敬则等巧妙周旋，方保全了元忠性命。①

从知几答郑惟忠史才三长到规劝张说"无污青史"，反映了刘知几以善恶必书、劝善惩恶为重要内容的史学观，以及劝善惩恶的是非观、价值观和处世为政的正直立场。"无污青史"，这首先是基于一种坚定的认识，善则善，恶则恶，历史自有公论。这也是对一种人生价值的追求，人生在世，坐得要正，站得要稳，给子孙后代留下好影响。这种立场、观点是对优良史学传统的继承，也是刘知几学派的共同特点。

沿着这样的思路，知几提出退出史馆是非常自然的，这不是一时的意气用事，而是经过深入的思考。

《唐会要》卷六十四《史馆杂录下》记载说：

> 景龙二年四月二十日，侍中韦巨源、纪处讷、中书令杨再思、兵部侍郎宗楚客、中书侍郎萧至忠，并监修国史。其后，史官太子中允刘知几以监修者多，甚为国史之弊，于是求罢史职，奏记于萧至忠。

---

① 《唐会要》卷六四《史馆杂录下》。

《新唐书》卷一三二《刘子玄传》说“时宰相韦巨源、纪处讷、杨再思、宗楚客、萧至忠皆领监修，子玄病长官多，意尚不一，而至忠数责论次无功，又仕偃蹇，乃奏记求罢去。因为至忠言五不可，……至忠得书，怅惜不许。”

刘知几写给监修国史萧至忠等诸官求退书，概述自己自幼好读史传，年长之后，尤喜博览群史，探讨其渊源流别、优劣得失，从而确定撰著史书的志趣。然而自担任史官以来，“竟不能勒成国典，贻彼后来”，也就是未能满意地完成修史任务，原因何在呢？静言思之，有五个方面的原因。

原因之一：

> 古之国史，皆出自一家，如鲁、汉之丘明、子长，晋、齐之董狐、南史，咸能立言不朽，藏诸名山。未闻藉以众功，方云绝笔。唯后汉东观，大集群儒，著述无主，条章靡立。……今者史司取士，有倍东京。人自以为荀、袁，家自称为政、骏。每欲记一事，载一言，皆阁笔相视，含毫不断。故头白可期，而汗青无日。

此言古代国史，皆出一家，因而立言不朽，今史馆修史，藉以众功，人浮于事，必然观望相延，旷废时日。应该说，这一批评是切中时弊的。这里他古今对比，一个最基本的论点就是史为专家之学，要成一家之言。只有一家之言，才能立言不朽。史馆修史在一定程度上禁锢了学术争鸣和发展，限制了史家的独立思考，只能唯统治者意志行事，这一点确实是私修和官修史书的原则区别。至于批评史馆“藉以众功”，这要具体分析。

藉以众功，处理得好，便能集思广益，取诸家之长，成书快，质量亦高；处理不好，便矛盾重重，造成内耗。更有甚者，监修大臣嫉贤妒能，信用庸才。

原因之二：

> 前汉郡国计书，先上太史，副上丞相。后汉公卿所撰，始集公府，乃上兰台。由是史官所修，载事为博。爰自近古，此道不行。史官编录，唯自询采，而左、右二史，阙注起居，衣冠百家，罕通行状。求风俗于州郡，视听不该；讨沿革于台阁，簿籍难见。

这一批评便不大准确。史馆修史有时材料缺略，这并非史馆本身带来的。一般说，在征集资料方面，史馆比私家有较多的方便条件。史馆可以运用国家各种文献档案，政府也运用行政手段，责成有关部门征集史料，并限期送报史馆。唐、五代都订有《诸司应送史馆事例》的规定，据《唐会要》、《五代会要》所记，其搜集史料的范围非常广泛，征集的办法也相当具体。这对提供史料和保证史料的真实程度起了不少作用。自然，搜集史料是一个相当艰苦的工作，史官修史，一靠文献档案，二要靠亲自询采，古今是一样的。

原因之三，古时良史，秉直公朝，书法无隐。而近代史局，皆通籍禁门，深居九重，欲人不见。然人多嘴杂，难以保密。史官生怕得罪“权门”、“贵族”，心有顾虑，不敢直言。

原因之四，古人修史，“纂成一家，体统各殊，指归咸别”，是非进退可自作主张，而今史馆，“多取禀监修”，而监修者意见不一，十羊九牧，一国三公，遂使修史者无所适从。

原因之五，既设监局，“宜明立科目，审定区域”，“今监之者既不指授，修之者又无遵奉，用使争学苟且，务相推避，坐变炎凉，徒延岁月。”

以上五点，除个别论点不甚确切外，大都切中要害，道出了隋唐以来尤其是武后、中宗时期史馆修史的弊端。五条意见，综合看来，集中在以下几个方面：其一，设馆修史多取禀监修，即是说以长官意志、以最高或直接当权者的利害为标准，从而扼杀了史家的一家之言。其二，设馆修史丢掉了直笔的优良传统。其三，设馆修史责任不专。所有这些，都是对史馆监修制度之腐朽作风的具体揭露，其本质意义乃是对封建王朝史馆监修制度之专制主义实质的深刻批判。

唐代史馆修史制度的确立是修史制度官府化的表现，是统治者垄断修史大权以加强思想统治的重要标志。唐代政府控制了修史大权，凡正史或本朝史都由史馆垄断；其次是加强了修史的严格控制，确立了宰相监修和皇帝审正的制度，史学遂成为最高统治者的工具。与上述两点相关的，曲笔讳饰成了通病。史官多是帝王权贵的亲信，他们或遵从亲旨，或维护权贵，或徇私舞弊，或尸位素餐，颠倒黑白，混淆是非。史学求真的品格遭到无情践踏，史学惩恶劝善、鉴诫垂训的作用堕落为当权统治者辩护的工具。当然，设馆修史是中国历史一个影响深远的制度，它的出现和发展，自有其历史的根据。从本质上，它自然是封建文化专制主义的产物，是应该批判的。不过，它也具有两面性。我们应该肯定其好的一面，批评其坏的一面。它也有一个发展过程。社会大环境好时，史馆内部也好些，社会大环境坏时，史馆内部问题就多些。贞观时期政治清明，史馆也呈现生气勃勃的景象，那时人才济济，办事效率高，做了不少成绩。武后、中宗时期,政治较为混乱,史馆问题成堆,正是刘知几所感受的。这里关键有二,一是监修大臣的素质,二是政策的落实,尤其是前者。清代学者章学诚对刘知几的遭遇,颇多感慨。他说:“每慨刘子玄以不世之才,历景云、开元之间,三朝为史,当时深知徐坚、吴兢辈,不为无人,而监修萧至忠、宗楚客等,皆痴肥臃肿,坐啸画诺,弹压于前,与之锥凿方圆,柢牾不入,良可伤也!”[①]问题就出在当权者、监修者身上。的的确确,史坛上涌现出一批有才有识的史家,刘知几、徐坚、吴兢诸人是其佼佼者。这批史才,较之贞观年间的史家也毫不逊色。

刘知几的求退书是他在学术事业和仕宦道路上的一次果断抉择,他“乞已本职,还其旧居,多谢简书,请避贤路”[②],认真地要退职还家了。而“至忠得书大惭,无以酬答,又惜其才,不许解史任”。[③] 而宗楚客等“恶其言诋切,谓诸史官曰:‘是子作书,欲致吾何地!’”[④]

知几辞去史任之后,出任太子中舍人,又为修文馆学士。辞退史职,走自己的路。这条路就是私撰《史通》。

刘知几在其一生中贡献最大的是留给后人一部不朽的史学评论著作《史通》,撰写《史通》也是知几生命旅途中最值得记录的光辉的一页。

刘知几撰写《史通》的动机,或者说撰写《史通》的构思,恐

---

① 《章学诚遗书》卷二二《侯国子司业朱春甫先生书》。

② 《史通·忤时》。

③ 《史通·忤时》。

④ 《新唐书》卷一三二《刘子玄传》。

怕是酝酿很久了。这要从时代的需要、刘知几的认识以及他本人所具备的主观条件去寻找。这里我们所要把握的,是他在担任史官之后写作《史通》的过程。有关《史通》的诸多观点,将在下篇各章加以评述。

唐中宗景龙四年(710),刘知几完成《史通》一书的写作。这年二月,他为该书作序,回顾他自武后长安二年(702)以著作佐郎兼修国史以来的史官生涯和撰写《史通》的动机。他说:

> 自惟历事二主,从宦两京,遍居司籍之曹,久处载言之职。昔马融三入东观,汉代称荣;张华再典史官,晋朝称美。嗟予小子,兼而有之。是用职思其忧,不遑启处,尝以载削余暇,商榷史篇,下笔不休,遂盈筐箧。于是区分类聚,编而次之。[①]

刘知几身任史职而忧心史事无成,坐立不安,因而“尝以载削余暇,商榷史篇”。“载削余暇”,透露了刘知几写《史通》的时间是在担任史官之后,从其《史通·序》的精神看,就是从长安二年(702)开始。在此之前,他当然会早有厘定群史因而撰写《史通》的想法,从《史通·自叙》中可以看得出来。“商榷史篇”就是评论历代史书,就是写《史通》。《史通·自叙》更具体地叙述了他撰《史通》的想法和动机。知几自述夙好史学,自幼及长,深思博考,比较异同,多有发明。另外,他自叙其远大志向,上继孔子《春秋》,为不刊之典,给后世立法。具体说:“其于史传也,尝欲自班、马已降,讫于姚、李、令狐、颜、孔

① 《史通·序》。

诸书，莫不因其旧义，普加厘革。"① 这就预示着，知几一生规划了一项宏伟工程，就是写一部史学评论的专著。非唯《自叙》，知几在多处提到撰写史学评论专著的打算。《史通·叙事》篇说："自汉已降，几将十载，作者相继，非复一家，求其善者，盖亦几矣。"《浮词》篇说："嗟乎！自去圣日远，史籍逾多，得失是非，孰能刊定？假有才堪厘革，而以人废言，此绕朝所谓'勿谓秦无人，吾谋适不用'者也。"看来知几时有厘定前史之意，亦自信能担此重任。刘知几之所以成了我们认识的史学理论家的刘知几，正是因为他深切感受到时代所赋予的历史使命，矢志不渝地去完成它，从来没有放弃这个志愿。

不过，"既朝廷有知意者，遂以载笔见推"，摆在知几面前的首当其冲的任务，就是尽一名史臣的任务。这个任务就是"勒成国典，贻彼后来"，即是写出劝善惩恶、启发来世的国史。他说："每惟皇家受命，多历年所，史官所编，粗惟纪录。至于纪传及志，则皆未有其书。长安中，会奉诏预修唐史。及今上即位，又敕撰《则天大圣皇后实录》。凡所著述，尝欲行其旧议。"但是，由于史馆的现状，知几"虽任当其职，而吾道不行，见用于时，而美志不遂"，无法实现其"勒成国典"的愿望，在这种情况下，才有了"比者布怀知己，历抵群公，屡辞载笔之官，愿罢记言之职"② 的想法和行动，才有了"退而私撰《史通》"之举。

如果史馆的状况好一些，知几会顺利地完成两种任务，一是勒成国典，二是撰成《史通》。既然勒成国史受阻，那么，他把希望则更多的寄托于撰写《史通》上了。所谓"退而私撰《史

① 《史通·自叙》。
② 《史通·忤时》。

通》，以见其志”，这个志，既是他厘定群史、商榷史篇之志，也是作为一名史臣记事载言，劝善惩恶，以图书名竹帛之志。清代学者浦起龙把刘知几的这两大任务说成是“衡史”和“职史”。他说：“衡史本于识定，识定故论定。《史通》作，而识寓焉。职史期于道行，道行故直行。《史通》成，而道存焉。”①

虽说知几于长安二年开始了《史通》的写作，但他至少在长安年间的载削余暇里，并未投入主要精力。他在长安四年(704)曾作了《刘氏家史》十五卷和《谱考》三卷。神龙二年(706)中宗还京师，知几逗留东都。《史通·忤时》回顾了当时的情景：“会天子还京师，朝廷愿从者众。予求番次，在大驾后发日，因逗留不去，守司东都。杜门却扫，凡经三载。或有谮予躬为史臣，不书国事，而取乐丘园，私自著述者。由是驿召至京，令专执史笔。”“驿召至京”在景龙二年(708)。自神龙元年至景龙二年，知几“一为中允，四岁不迁”，但他“守司东都，杜门却扫，凡经三载”，定是集中精力撰写《史通》的三年。有人说他躬为史臣，不书国事，私自著述，就是指撰写《史通》一事。

知几于景龙二年(708)被驿召至京，专领史事，迁秘书监。就在这时提出求退史职的要求。其实，他至少已集中三年的精力撰写着《史通》，至景龙四年(710)二月，全书完工，凡二十卷。

《史通》撰成后，他的知己朋友徐坚为之赞叹，说：“为史氏者，宜置此座右也。”②给予了很高的评价。但是有些人不以为意，互言其短。因此，他以汉代的学者扬雄自况，特作《释蒙》来

① 《史通通释·忤时》篇末按语。

② 《新唐书》卷一三二《刘子玄传》。

回答时人的批评。他说自己与扬雄相比有四条相似之处："扬雄尝好雕虫小伎，老而悔其少作，余幼喜诗赋，而壮都不为，耻以文士得名，期以述者自命。"这是一。"扬雄草《玄》，累年不就，当时闻者，莫不哂其徒劳。余撰《史通》，亦屡移寒暑。悠悠尘俗，共以为愚。"这是二。"扬雄撰《法言》，时人竞言其妄，故作《解嘲》以训之。余撰《史通》，见者亦互言其短，故作《释蒙》以拒之。"这是三。扬雄少为范踆、刘歆推重，及闻其撰《太玄经》，则加讥诮。"余初好文笔，颇获誉于当时。晚谈史传，遂减价于知己。"这是四。《释蒙》之文不传，从情理中去看，知几定会申述《史通》的用意及其价值。

千秋功罪，待由后人评说。

刘知几自比扬雄，"持以自慰"，然"抑犹有遗恨"，就是担心自己的书找不到知音：

> 雄之《玄经》始成，虽为当时所贱，而桓谭以为数百年外，其书必传。其后张衡、陆绩果以为绝伦参圣。夫以《史通》方诸《太玄》，今之君山，即徐、朱等数君是也。后来张、陆，则未之知耳。嗟乎！倘使平子不出，公纪不生，将恐此书与粪土同捐，烟烬俱灭。后之识者，无得而观。此予所以抚卷涟洏，泪尽而继之以血也。①

其实，刘知几的顾虑是多余的。千余年来，《史通》找到了很多的知音，随着时光流逝而愈增光辉。这里并不是分析《史

① 以上皆引自《史通·自叙》。

通》在后世的影响，只想说明，知几这样看重《史通》的历史命运，正是图书名竹帛的不朽之业。它既是知几的理想，也是知几的精神支柱。

第三章　著述传家

一、修史论经

唐中宗景龙四年(710)的仲春之月，刘知几撰成《史通》，这年他整整五十周岁。这部著作是在初唐历史上政治最为昏暗的中宗时期完成的。这个时期，知几用“小人道长，纲纪日坏”几个字相当切实地概括了它。

此后的道路怎么走，知几无法预料。政治风波此起彼伏，今日权倾朝野，明天身首分离，各树朋党，更相诋毁。不过事情糟到了极点，也就有转好的希望。在唐王朝的政治斗争中，经过刀光剑影、喋血宫廷的多次回合，李隆基登上皇帝宝座。他励精图治，力求有所作为，因而出现了一个可与贞观时代相比美的“开元盛世”。刘知几没有想到，在他知命之年又逢上了好时候。

神龙以来，刘知几一面当着史官，撰写《史通》，一面观察着政治的变迁。

长安年间权倾朝野的张易之、张昌宗，经过充分表演之后，被张柬之等率羽林军诛杀了。其后中宗即位，韦氏为皇后，勾结武三思，形成“韦武弄权，母媪预政”之势。但不过一年，太子重俊率羽林骑兵诛杀了武三思。景龙之岁，韦后、安乐公主与宗楚客等结为死党，干预朝政，终在景龙四年鸩杀中宗，继之是李隆基政变，诛杀韦后及武氏残余，拥立睿宗复位。后太平公主因拥立之功权倾人主，遂与太子李隆基相争，隆基即位后，太平公主等谋反，被赐死，党羽或杀或诛，混乱政局至此结束。先天二年(713)十二月，改元开元。

时光流逝，人事变迁。结党跋扈的，大都死于残酷的政治斗争中，宗楚客、纪处讷、韦巨源等便是。萧至忠晚年附于太平公主，也身首异处。知己朋友中，朱敬则早归道山；刘允济被召为修文馆学士，兴奋不已而英年谢世。余下的，同知几一块任职史馆的，当推徐坚、吴兢等人。

刘知几在景云元年(710)迁太子左庶子，兼崇文馆学士。仍兼修国史，并加银青光禄大夫。太子左庶子是东宫官，东宫有左春坊，置左庶子二人，正四品上。掌侍从赞相，驳正启奏。总司经、典膳、药藏、内直、典设、宫门六局。崇文馆也是东宫设置的。贞观十三年置崇贤馆，上元二年避太子名，改名崇文馆。崇文馆学士二人，掌经籍图书，教授诸生，课试举送如弘文馆。银青光禄大夫的封号在官秩上相当于从三品。这年，李隆基立为东宫太子，因为刘知几的“几”字同李隆基的“基”字同音，为避太子名讳，知几便废名而以字行，因称刘子玄。上述情况可知，知几在玄宗为太子时便得到提升，在政治上有了积极性。

景云二年(711),皇太子李隆基将亲释奠于国学,主管部门草拟仪注,决定让随从官员都乘马著衣冠,刘知几以为不可,上议驳斥。《旧唐书》本传载其进议全文,今摘录于次:

古者自大夫以上,皆乘车而以马为騑服。魏、晋已降,迄乎隋代,朝士又驾牛车。历代经史,具有其事,不可一二言也。至如李广北征,解鞍憩息;马援南伐,据鞍顾盼。斯则鞍马之设,行于军旅;戎服所乘,贵于便习者也。……自皇家抚运,沿革随时。至如陵庙巡谒,王公册命,则盛服冠履,乘彼辂车。其士庶有衣冠亲迎者,亦时以服箱充驭。在于他事,无复乘车,贵贱所行,通用鞍马而已。臣伏见比者銮舆出幸,法驾首途,左右侍臣,皆以朝服乘马。夫冠履而出,只可配车而行,今乘车既停,而冠履不易,可谓唯知其一而未知其二也。何者?褒衣博带,革履高冠,本非马上所施,自是车中之服。必也袜而升镫,跣以乘鞍,非唯不师古道,亦自取惊今俗。……又传称因俗,礼贵缘情。殷辂周冕,规模不一;秦冠汉佩,用舍无常。况我国家道轶百王,功高万古,事有不便,理资变通,其乘马衣冠,窃谓宜从省废。

从知几一生行事而言,这衣冠乘马之议当然是件微不足道的小事。我们之所以不厌其烦地大段摘引上议的原文,是为了显示这位史家的本色。从这篇议文看,其学识之渊博,议论之精详,使人叹服不止。尤其值得指出的是,融化其字里行间的史家的闪光思想,说明刘知几贯彻始终的思想品格。其一是他的实事求是的精神。他实事求是地阐述了历史的传统，揭示出事情的真相。但他并不要求人们去循规蹈矩，死抱着老传统不放，而是根据变化的形势有沿有革，这就是“沿革随时”，“传称因俗，礼贵缘情”之义。这就是我们要肯定的第二点，即主张变通的思想。乘马衣冠之议全面而辩证，很有说服力，皇太子看了便“手令付外宣行，仍编入令，以为常式。”

玄宗先天元年(712)，刘知几奉诏与柳冲等改修《氏族志》。为了说明此次改修的意义，有必要扼要追述一下改修的历史背景。

重视谱学是自魏晋以来的历史传统。魏晋南北朝时期，由于门阀豪族势力发展的需要和统治者的利用、提倡，谱系之作大盛，“人尚谱系之学，家藏谱系之书。”[①] 这是门阀制度在史学上的反映。它辨氏族之贵贱，门第之高低，以为门阀士族服务。适如唐代谱学家柳芳所说：“魏氏立九品，置中正，尊世胄，卑寒士，权归右姓已。其州大中正、主簿，郡中正、功曹，皆取著姓士族为之，以定门胄，品藻人物。晋、宋因之，始尚姓已。然其别贵贱，分士庶，不可易也。于是有司选举，必稽谱籍，而考其真伪。故官有世胄，谱有世官，贾氏、王氏谱学出焉。由是有谱局，令史职皆具。”[②]

经过隋末农民大起义，魏晋以来的士族势力遭到很大的打击，有唐的统治者也采取了一系列抑制士族的措施，但门第观念是一个顽固的历史传统，仍然得到人们的重视，甚至成为人们思考问题的重要价值尺度。高祖李渊称帝伊始，同内史令

① 《通志·氏族略序》。

② 《新唐书》卷一九九《柳冲传》。

窦威有一段关于门第的对话。高祖说:"昔周朝有八柱国之贵,吾与公家,咸登其职。今吾已为天子,公为内史令,本同末异,无乃不可乎?"窦威则说:"臣家昔在汉朝,再为外戚,至于后魏,三处外家。今陛下龙兴,复出皇后,臣又阶缘戚里,位忝凤池,自惟叨滥,晓夕兢惧。"高祖笑曰:"比见关东人崔卢为婚,犹自矜伐,公世为帝戚,不亦贵乎?"[①]双方历述其门第出身之贵,引以自豪,并以此联络感情。可见在武德年间,讲求门第阀阅仍然是一个相当重要的思想观念。

唐太宗即位后,采取抑制旧士族势力的政策,命令吏部尚书高士廉等主编《氏族志》。在评定族姓的标准上,一改以前的门第等级,而为皇姓第一,外戚第二,其余仍旧。全书百卷,录二百九十三姓,计一千六百五十一家,分为九等。这样,唐初新贵与魏晋以来的旧望世家,尽收其中。不久,太宗下令:"今定氏族者,诚欲崇树今朝冠冕,……不论前代已前,只取今日官品、人才作等级。宜一量定,用为永则。"[②]这种以当朝官品高低重新评定等级的做法,就否定了传统的门阀制度,表明了太宗抑制旧士族势力、建立以皇帝为首的新门阀集团的决心。

显庆四年(659),高宗诏改《氏族志》为《姓氏录》。这部《姓氏录》突出了武氏及朝廷新贵的地位。

神龙年间,柳冲任左散骑常侍、修国史,考虑贞观时期《氏族志》后"门胄兴替不常",请求改修。中宗诏魏元忠、张锡、萧至忠、岑羲、崔湜、徐坚、刘宪、吴兢和柳冲等共取"德、功、时

---

① 《唐会要》卷三六《氏族》。

② 《贞观政要》卷七。

望、国籍之家，等而次之。夷蕃酋长袭冠带者，析著别品。”① 柳冲精谱学，所上之表，深思熟虑，只是同修诸人魏元忠等相继物故。所以到了先天元年，复诏柳冲同徐坚、吴兢、魏知古、陆象先、刘子玄等改修。先天二年(713)，柳冲奏所修《姓族录》成，凡二百卷。据《旧唐书·玄宗本纪》载：“开元二年七月丙午，昭文馆学士柳冲，太子左庶子刘子玄刊定《姓族系录》二百卷，上之。”盖《姓族系录》成书后屡有增订，刘知几是重要的定稿人之一。

开元四年(716)十一月，知几与友人吴兢撰成睿宗、则天、中宗三朝实录，奏于执政，请援例恩赏。这是知几在修史任上卓有成效的国史、实录修撰。其中《睿宗实录》二十卷、《则天实录》三十卷、《中宗实录》二十卷。宰相姚崇奏曰：

> 今史官刘子玄、吴兢等，撰《睿宗实录》，又重修则天、中宗实录，并成，进讫。准撰《太宗实录》例，监修官以下，加爵及赐。今子玄援引古今，欲臣闻奏，臣谨寻故实，例有恩赏，事属当时，不可为准。子玄等始末修撰，诚亦勤劳，叙事纪言，所录虽重，承恩赐命，固不在多。子玄等请名赐物五百段。许之。

刘知几与吴兢合作主修了三朝实录凡七十卷，这是他撰成《史通》之后在史学上的又一重大贡献。除上述与吴兢合修三朝实录外，还曾单独撰修过《睿宗实录》及《太上皇实录》。还有同吴兢合修的《高宗后修实录》。这样，刘知几实际上参与了

① 《旧唐书》卷一八九下《柳冲传》。

高宗、武后、中宗、睿宗四朝实录的修定工作。四朝实录保存了大量的唐代前期的史料,《旧唐书》乃大抵抄撮唐代史料成书,包括吴兢、韦述等人相继撰述的《唐书》和各朝实录。可见,刘知几对唐前期的正史史料得以详细地记载,做出了极大贡献。仅从这方面的成就而论,刘知几也不愧为一名称职的史官。朝廷奖励其修史之功,封他为"居巢县子",实现了他多年的愿望。

原先,"知几每云若得受封,必以居巢为名,以绍司徒旧邑。"[①] 按照知几对其祖先世系的考证,以为彭城丛亭里诸刘,出自汉宣帝子楚孝王嚣曾孙居巢侯般,不承楚元王交。居巢般为司徒,故知几有"以绍司徒旧邑"的说法。"乡人以知几兄弟六人进士及第,文学知名,改其乡里为高阳乡居巢里。"[②] 笔者赴徐州考察彭城丛亭里遗迹,一时难以觅寻丛亭里的居处。

刘知几不仅博学于史,而且渊深于经,是一位造诣很深的经学家。不过他是以史家的立场对待经学的,以为经书不过是古代史料,而孔子是史学家。从这一立场出发,他分析《尚书》、《春秋》是史之两家,以史料求真之严格的史家直书立场检验经书记载,因有"疑古"、"惑经"之论,又有《左氏》三长、二传五短之言[③]。在我国经学今古文学家二派对立中,知几显然主古文。

玄宗开元七年(719)三月一日,皇帝下诏让诸儒论证《孝经》、《尚书》古文本孔、郑注之得失,并访后进达解者质定,奏

① 《旧唐书》卷一〇二《刘子玄传》。

② 《旧唐书》卷一〇二《刘子玄传》。

③ 参看《史通》外篇《疑古》、《惑经》、《申左》诸篇。

闻。同月六日，又诏令儒官论次《孝经》孔、郑注，子夏《易传》和《老子》王注诸书长短。诏曰："《孝经》者，德教所先。自顷以来，独宗郑氏。孔氏遗旨，今则无闻。又子夏《易传》，近无习者。辅嗣注《老子》，亦甚甄明。诸家所传，互有得失。独据一说，能无短长？其令儒官详定其长，令明经者习读。若将理等，亦可并行。其作《易》者，并帖子夏《易传》，共写一部，亦详其可否？奏闻。"①

诏书三月六日草成，十日颁布，刘知几于四月七日上《孝经注议》，他的意见是：《孝经》请求废除郑注而用孔注；《老子》请求停止河上公注而用王弼注；《易传》并非子夏所撰。政府处理的意见是："知几博识，诚则纯儒，全非众家，亦则未可。"且《孝经》郑注、《老子》河上公注已流行多时，并子夏《易传》文不折于片言。"望并付所司，令诸儒与知几对质定。必须理胜义成，不得饰词争辩，论定，奏闻。"②

其后，博士司马贞上书驳辩，知几又上《重论孝经老子注议》，争论甚是激烈。一场关于经书的学术争论就这样开始了。现依时间线索，简述这场讨论的过程及其结果。

知几上《考经注议》说："谨案今俗所行《孝经》，题曰郑氏注。爰自近古，皆云郑即康成。而魏晋之朝，无有此说。至晋穆帝永和十一年，及孝武帝太元元年，再聚群臣，共论经义。有荀昶者，撰集《孝经》诸说，始以郑氏为宗。自齐梁以来，多有异论。陆澄以为非玄所注，请不藏于秘省。王俭不依其请，遂得见传于时。魏齐则立于学官，著在律令。盖由肤浅无识，故致斯

① 《唐会要》卷七七《论经义》条。
② 《全唐文》卷九六四。

讹舛。”①

为了证明己见，知几列举十二条验证以论定《孝经》郑注之伪妄。

他说：郑玄自序，皆明言注《礼》、《古文尚书》、《毛诗》、《论语》、《周易》，但“都无注《孝经》之文。”郑玄死后，他的弟子们追论老师的著述和应对，说郑所注，“惟有《毛诗》、《三礼》、《尚书》、《周易》，“都不言郑注《孝经》。”且《郑志》目录，记载郑的著述甚详，寸纸片札，莫不悉载，但独独没有《孝经注》。《郑志》记载郑玄同诸弟子论经之语，亦言不及《孝经》。且赵商作郑先生碑铭，具称郑之所注笺驳论，也不言郑注《孝经》。史家为郑玄作传，载其所注书，皆无《孝经》。王肃著书，发扬郑短，而于《孝经》注，王氏也无致一言。魏晋朝贤，辩论时事，郑氏诸注，无不撮引，但未有一言引《孝经》注者。

知几以确切而详细的证验论定《孝经》郑注之伪。“而世之学者，不觉其非，乘彼谬说，竞相推举，诸解不立学官，此注独行于世。”他认为该注“言语鄙陋，义理乖疏，固不可以示彼后来，传诸不朽。”

他站在古文家的立场上，肯定孔注：“至如古文孝经孔传，本出孔氏壁中，语其详正，无俟商榷。而旷代亡逸，不复流行。至隋开皇十四年，秘书学士王孝逸于京市陈人处置得一本，送与著作郎王劭，以示河间刘炫，仍令校定，而更此书无兼本，难可依凭。炫辄以所见，率意刊改，因著《古文孝经稽疑》一篇。劭以为此书经文尽在，正义甚美，而历代未尝置于学官，良可惜

① 《唐会要》卷七七《论经义》条。

也。”因而他认为“行孔废郑，于义为允。”[①]

国子祭酒司马贞站在今文经学的立场上对刘说予以驳难。他指出：“《今文孝经》，是汉河间王所得颜芝本，刘向以此本参校古文，省除烦惑，定为此一十八章。其注相承，云是郑玄所注。而《郑志》及《目录》等不载，故往贤共疑焉。唯荀昶、范煜以为郑注，故昶集解《孝经》，具载其注。而其序云：‘以郑为主。’是先达博选，以此注为优。且其注纵非郑氏所作，而义旨敷畅，将为得所。其数处小有非稳，实亦非爽经传。”当他论及《古文孝经》时说它原出孔壁，先是安国作传，缘遭巫蛊，世本未行。“荀昶集注之时，尚有孔传，中朝遂亡其本。近儒欲崇古学，妄作孔传，假称孔氏，辄穿凿改更，又伪作《闺门》一章。刘炫诡随，妄称其善。”最后他尖锐指出：“今议者欲取近儒诡说，残经缺传，而废郑注，理实未可。”[②]

关于《老子》注的问题也发生争论。

知几认为：传说的河上公故事是“不经之鄙言，流俗之虚语”，是注家假造的。况“其言鄙劣，其理乖讹”，哪如王弼注“义旨为优”，因此他的意见是“必黜河上公，升王辅嗣，在于学者，实得其宜。”[③]

司马贞则认为：承认河上公凭虚立号，汉史实无其人。但认为其注“以养神为宗，以无为为体”，辞近理宏，小足以修身絜诚，大可以宁人安国。而王注“雅善玄谈，颇深道要”，理畅旨微，“在于玄学，颇是所长。至若近人立微，修身宏道，则河上为

① 《唐会要》卷七七《论经义》。

② 《唐会要》卷七七《论经义》。

③ 《唐会要》卷七七《论经义》。

得。”因此他主张：“今望请王河二注，令学者俱行。”[1]

关于子夏《易传》，知几称为伪托，司马贞指其错谬，意见较为一致。

知几担心自己的意见不被采纳，又上《重论孝经老子注议》。其中说：

> 臣才虽下劣，而学实优长。窃自不逊，以为近古已来，未之有也。尝以郑氏《孝经》、河上公《老子》二书，讹舛不足流行。孔王两家，实堪师授。每怀此意，其愿莫从。伏见去月十四日敕，令所司详定四书得失，具状闻奏。臣草议请行孔王二书，牒礼部讫。但今庸儒浅识，闻见不周，可与共成，难与虑始。……臣辄以愚识，上符睿旨。伏望明恩，曲垂炤察，如将为允，请即颁行。不可使随流腐儒，参论其义。[2]

双方争论可谓激烈。不难看出，争论中也带有某些门户之见。尽管刘知几有充足的根据，但学术争论中带有强烈的感情色彩，讲自己则“学识优长”，是近古未有，说别人则是“庸儒浅识，闻见不周”，“随流腐儒”，这就缺乏虚心的态度。刘知几的考辨工作至为精彩，但辩论中的感情色彩却直接影响了其建议的结果。

五月五日，玄宗下诏：“其河、郑二家，可令依旧行用。王、孔所注，传习者稀，宜存继绝之典，颇加奖饰。《子夏传》逸篇既

① 《唐会要》卷七七《论经义》。

② 《全唐文》卷二七四。

广，前令帖《易》者停。”[①] 皇帝未因知几而废郑注，亦未因司马贞而废孔注，而采取了折中办法，使二注并行。这是因为对这场争论的双方态度有些看法：“间者诸儒所传，颇乖通议。敦孔学者，冀郑门之息灭；尚今文者，指古传为诬伪。岂朝廷并列书府，以广儒术之心乎？”[②]

诏书的下达结束了这场经书之辩。诏书的决定大体上采纳了司马贞的意见，否定了知几废郑行孔、停河行王的主张。自然，知几的建议不被采纳，并不意味着他的看法错了，即使在当时，他的看法也颇为人称道。《大唐新语》卷九说刘知几“引古今为证”，“子玄争论，颇有条贯，会苏宋文吏，拘于流俗，不能发明古义，竟摈斥之，深为识者所叹。”

需要特别指出的，知几列举的论《孝经》郑注之伪妄的十二条证验，实在是学识渊博，洞察入微。不仅仅是“颇有条贯”，而且是实实在在，显示了一个史学家求真的本色。历史考据学于清代达到极盛，但它并不始于清代，它是中国学者的源远流长的优良传统之一。刘知几当是唐代著名的考据学家、辨伪学家。如果我们将这十二条证验同明代学者胡应麟在《四部正讹》中归纳的考察伪书的八个方法相对照，同近代学者梁启超在《中国历史研究法》中所提出的辨识伪书的十二条公例相对照，就会发现，他们三人的论证有惊人的相似之处。十二条证验所体现的方法论较之其证验的结论可信程度、意义要深远多了。

---

① 《唐会要》卷三六。

② 《唐会要》卷三六。

二、著述传家

玄宗开元九年(721),知几的长子刘贶任太乐令,触犯法律而判罪流放。为此事,知几"诣执政诉理"①,皇帝听到十分震怒,于是贬授他为安州都督府别驾。安州治在安陆县,就是今湖北安陆县北,已是远离京师。别驾,较之左散骑常侍,降级一品。旅途的辛劳,贬官的苦闷,一齐向这位六十多岁的学者袭来,他到了安州不久就去世了。

《旧唐书·刘子玄传》概括知几的一生,这样说过:"子玄掌知国史,首尾二十余年,多所撰述,甚为当时所称。……子玄至安州,无几而卒,年六十一。自幼及长,述作不倦,朝有论著,必居其职。预修《三教珠英》、《文馆词林》、《姓族系录》,论《孝经》非郑玄注,《老子》无河上公注,修《唐书》、《实录》,皆行于代,有集三十卷。后数年,玄宗敕河南府就家写《史通》以进,读而善之,追赠汲郡太守;寻又赠工部尚书,谥曰文。"这是对知几一生的一个朴素无华而实事求是的总结。

知几去世的时候,他的哥哥刘知柔仍然健在,年已七十三岁。知柔是在开元十一年(723)去世的。

知几虽死,而事业有继,他有子六人,皆知名于时。

长子刘贶,字惠卿,博通经史,明天文、律历、音乐、医算之术,终于起居郎、修国史。曾撰《六经外传》三十七卷、《续说苑》十卷,《太乐令壁记》三卷、《真人肘后方》三卷、《天官旧事》

① 《旧唐书》卷一〇二《刘子玄传》。

一卷。[①]

《新唐书·刘子玄传》也说刘贶"好学,多所通解。子玄卒,有诏访其后,擢起居郎。历右拾遗、内供奉"。其《续说苑》"以广汉刘向所遗,而刊落怪妄"。"贶尝以《竹书纪年》序诸侯列会皆举谥,后人追修,非当时正史",因著《六经外传》。

可知刘贶继承了其父博通的、求真的史家本色。

次子刘餗,字鼎卿,天宝初历集贤殿学士,兼知史官,终右补阙。著《史例》三卷、《传记》三卷。《传记》,一作《国史异纂》,[②]载齐梁以来杂事。另有《国朝旧事》四十卷。[③]

玄宗开元十三年(725),改丽正修书院为集贤殿书院,五品以上为学士,六品以下为直学士,掌刊辑经籍。史例曾经是刘知几十分注意的课题,《史通》一书曾穷究史书体例。他曾经强调史例的重要性:"夫史之有例,犹国之有法。国之无法,则上下靡定;史之无例,则是非莫准。"[④]刘餗继承其父关于史例的理论的阐述及实践的经验,撰了《史例》三卷。《史例》一书现已不存,《新唐书·刘子玄传》说:"父子三人,更莅史官,著《史例》,颇有法。"王应麟也说:"刘餗《史例》三卷,以前史详略,由于无法,故隐括诸凡,附经为例。"[⑤]可见其书颇为当时所称。王应麟以刘餗的成就,把他同其父知几紧密联系起来,同历史上的司马谈、司马迁父子,刘向、刘歆父子,班彪、班固父子,王铨、王隐父子,姚察、姚简父子,以及李大师、李延寿父子

① 《旧唐书》卷一〇二《刘子玄传》。
② 《新唐书》卷五九《艺文志三》。
③ 《新唐书》卷五八《艺文志二》。
④ 《史通·序例》。
⑤ 《玉海》卷四九《艺文类论史门》之《唐史例》条引《中兴书目》云。

相提并论。说明他们“继世汗简”、父子世业的相承关系。[①]

三子刘汇，历任给事中、尚书右丞、左散骑常侍，荆南长沙节度，有《集》三卷。

四子刘秩，字祚卿，曾任给事中、尚书右丞、国子祭酒，撰《政典》三十五卷，《止戈记》七卷、《至德新议》十三卷、《指要》三卷。[②] 刘秩的《政典》对后世产生了积极影响，杜佑《通典》一书乃是在《政典》的基础上“因而广之”而成。《旧唐书》卷一四七《杜佑传》载：

> 开元末，刘秩采经史百家之言，取《周礼》六官所职，撰分门书三十五卷，号曰《政典》。大为时贤称赏，房琯以为才过刘更生。佑得其书，寻味厥旨，以为条目未尽，因而广之，加以开元礼、乐书成二百卷，号曰《通典》。

《新唐书》卷一六六《杜佑传》亦云：“刘秩摭百家，侔周六官法，为《政典》三十五篇，房琯称才过刘向。佑以为未尽，因广其阙，参益新礼为二百篇，自号《通典》。”

从《杜佑传》可以得出这样几点认识：一、《政典》成书于开元末年，一经问世，大为时贤称赏。二、《政典》的编写体例是以六官所职，分门撰写。三、《通典》是在《政典》的基础上推广而成。因此《政典》虽亡佚，它的积极成果已被《通典》吸收了。《政典》乃《通典》之源。

① 《玉海》卷四六《艺文类正史门》。

② 《旧唐书》卷一〇二《刘子玄传》。

五子刘迅，字捷卿，历京兆功曹参军事。“迅续《诗》、《书》、《春秋》、《礼》、《乐》五说。书成，语人曰：‘天下滔滔，知我者希。’终不以示人云。”①

刘迅的才学品行颇被时人称举。陈郡殷寅以知人见称，他对刘迅的评价是当今的黄叔度，刘晏每闻其论，说“皇王之道尽矣。”② 李华《三贤论》论刘迅说：“名儒史官之家，兄弟以学著称，乃述《诗》、《书》、《礼》、《乐》、《春秋》五说，条贯源流，备古今之变。推是而论，则见刘之深矣。”③

六子刘迥，“以刚直称，第进士，历殿中侍御史，佐江淮转运使。时新更安、史乱，迥馈运财赋，力于职。大历初，为吉州刺史，治行尤异。累迁给事中。”④ 有集五卷。

上述可知，知几六子，皆有文名，博通经史，擅于著作，且性格刚直，颇类乃父。

知几之孙也颇传家学，见称于时。

长子有子名滋，字公茂。少以门荫，调授太子正字，历涟水令。吏部侍郎杨绾荐滋堪为谏官，累授左补阙。后以司勋员外郎判南曹，勤于吏职，孜孜奉法，累拜给事中。兴元元年(784)任吏部侍郎，贞元二年(786)，迁左散骑常侍、同中书门下平章事。在相位无所启奏，但多谦退，廉谨畏慎而已。刘滋“有经学，善持论，性廉洁，刻苦，嫉恶，掌选多所发擿更代，诈伪者尤畏之。”⑤

---

① 《新唐书》卷一三二《刘子玄传》。
② 《新唐论》卷一三二《刘子玄传》。
③ 李华论见《文苑英华》卷七四四。
④ 《新唐书》卷一三二《刘子玄传》。
⑤ 《旧唐书》卷一三六《刘滋传》。

长子另一子名浃，有学称。生子敦儒，奉母至孝，时谓刘孝子。后为起居郎，“达礼好古，有祖风云。”[①]

刘汇有子刘赞，少以资荫补吏，累授鄂县丞。杨炎以赞名儒之子加以推荐，授侍御史、浙江观察判官。杨炎为相，提拔刘赞为歙州刺史，以勤干闻名。韩滉入相，以刘赞为宣州刺史、兼御史中丞、宣歙池都团练观察使。“赞不知书，但以强猛立威，官吏畏之，重足一迹”。“子弟皆亏庭训，虽童年稚齿，便能侮易骄人”[②]，这在刘氏家族之中，确实是个例外。

综合观之，刘知几这一家族，世为儒宗，光耀史牒。其从祖胤之有儒学，曾预修国史。从父延祐刀笔吏能，为畿邑当时之冠。其父藏器有学行。其兄知柔以善文词知名。知几有子六人，代以述作名其家，其孙如刘滋等，通经学，善持论，曾位居宰辅。入唐以来，从胤之起，彭城刘氏五世相承，著述传家，在有唐的学术史上，谱写了光辉的篇章。

---

① 《新唐书》卷一三二《刘子玄传》。
② 《旧唐书》卷一三六《刘滋传附传》。

下　篇

刘知几的思想

第一章　学术思想渊源

一、学术渊源概观

历史上每个思想家的产生，都有使他得以诞生的思想材料，这些材料是从以前的各代人的思维中独立形成的，并且在这些世代相继的人们的头脑中经过改造、丰富和发展。刘知几自然也不例外。

刘知几的学术思想深受其学术前辈的影响，对此，知几自有明言，史家也多有论述。

《史通·自叙》表彰《淮南子》"牢笼天地，博极古今"，"错综经纬，兼于数家"。又列举扬雄《法言》、王充《论衡》、应劭《风俗通》、刘劭《人物志》、陆景《典语》和刘勰《文心雕龙》六家，明言"自《法言》已降，迄于《文心》而往，固以纳诸胸中，曾不蒂芥者矣。"尤其是王充《论衡》这部批判哲学著作成了刘知几《史通》之批判史学的榜样。知几指出："昔王充设论，有《问孔》之篇，虽《论语》群言，多见指摘，而《春秋》杂义，曾未发明。是用广彼旧疑，增其新觉，将来学者，幸为详之。"[①] 可以说，他的《惑经》就是《问孔》的续篇。上述诸家，就知几所言，所受的启发各有侧重。从《淮南子》那里，他吸取了牢笼天地、博极古今的思想。他说："自淮南已后，作者无绝，必商榷而言，则其流又众。"[②] 于是他阐述各家著书背景、意义所归。比如他说：

> 盖仲尼既殁，微言不行；史公著书，是非多谬。由是百家诸子，诡说异辞，务为小辨，破彼大道，故扬雄《法言》生焉。儒者之书，博而寡要，得其糟粕，失其菁华。而流俗鄙夫，贵远贱近，传兹牴牾，自相欺惑，故王充《论衡》生焉。民者，冥也，冥然罔知，率彼愚蒙，墙面而视。或讹音鄙句，莫究本源，或守株胶柱，动多拘忌，故应劭《风俗通》生焉。[③]

浦起龙注概括诸家特点，说《法言》主谈理，《论衡》主征据，《风俗通》主博洽，《人物志》主辨材，《典语》主评品，《文心雕龙》主文章体裁[④]，各书皆有标举，这些都对知几有所启发。

学者就知几学术思想渊源曾作过较为深入的探索。这里可举出有代表性的两家。傅振伦先生在《刘知几年谱》[⑤] 中指

---

① 《史通·惑经》。

② 《史通·自叙》。

③ 《史通·自叙》。

④ 《史通通释》卷十《自叙》。

⑤ 傅振伦《刘知几年谱》，中华书局 1963 年 4 月第 1 版。

出:孔子因鲁史旧闻,据行事,仍人道而作《春秋》。司马迁究天人之际,通古今之变,撰《史记》,成一家之言。刘安牢笼天地,博涉古今,以著《淮南子》。知几自谓其书有与夺、褒贬、鉴诫、讽刺,上穷王道,下掞人伦,总括万殊,包吞千有,盖《史通》实继承孔子、司马迁之传统,而采用《淮南子》之形式而作者也。他又指出:"《史通》一书,即就《文心·史传篇》意推广而成。"[①]"知几之书多出于刘勰,故其书亦全模拟之,立意亦多取之也。两氏史学思想,亦多相同。"[②]因列举十七点,以见二氏相同史学思想之大端。

许冠三先生在《刘知几的实录史学》[③]一书中专设"探源"一章,重点探讨《史通》同《左传》、《论衡》、《文心雕龙》、《齐志》诸书的关系。他指出:"说及知几之师承,实遍及于经、史、子、集四部。在史部,首推《左传》、《史记》、《汉书》与《三国志·裴注》;在子部,包括《庄子》、《荀子》、《吕氏春秋》、《淮南子》与《论衡》;在集部,则为《楚辞》、《文选》与《文心雕龙》;在经部中,《春秋》和《尚书》的影响,亦是无可置疑的。在前列各书中,《左传》、《论衡》与《文心》这三者尤具决定性。"[④]

近年来,史学界在论及知几学术思想渊源时,也比较多的注意了《论衡》和《文心雕龙·史传》对《史通》的影响。这些意见都是值得重视的。在我看来,知几在其一生的学术活动中,博极群书,广泛涉猎了古人的学术思想成果,这是无容置疑

① 《刘知几年谱》第21页,中华书局1963年4月(北京)第1版。以下引同。
② 《刘知几年谱》第22页。
③ 许冠三《刘知几的实录史学》,香港中文大学出版社1983年出版。
④ 《刘知几的实录史学》第21页。

的。但是，他对古人的学术思想成果决非无目的的兼收并蓄，其弃取之间，自有个基本的原则，基本的标准。自然这个原则、标准也不是天生就有和固定不变的，它就是逐步形成的刘知几的历史观、人生观。

统治阶级的思想在每一时代都是占统治地位的思想。在中国封建社会，儒家的经学曾经作为地主阶级的统治思想。著名的马克思主义史学家、经学家范文澜指出："'五四'运动以前二千多年里面，所谓学问，几乎专指经学而言。学人以名列儒林为荣，著述以敷赞圣旨为贵，派别繁杂，训解浩瀚"①。这种训解或阐述儒家经典的经学，自西汉武帝罢黜百家，独尊儒术后，遂逐渐成为中国封建文化的正统。其沿革变迁、盛衰消长，同整个封建社会政治思想、学术文化的发展密切相关。汉代经学家们保存和整理的儒家著作也成为后世重要的思想资料。

从上述这一大的思想背景看，探讨刘知几学术思想之渊源，首先需要弄清他的学术思想与儒家经学的关系。

众所周知，经学并非铁板一块，在其内部，派别繁杂，正是派别之争成为推动经学发展变化的原因之一。两汉今文经学与古文经学的区别，表面看只是书籍抄本的不同，实质上是对经义理解有重大分歧。今文学家视《六经》为孔子"托古改制"之作；古文学家则不然，以为《六经》是孔子整理保存下来的古代史料。对《六经》看法不同，对孔子的认识也不同。今文学家认为孔子是教育家、哲学家、政治家，甚至是受命的"素王"，孔

---

① 《范文澜历史论文选集》，中国社会科学院出版社 1979 年 4 月第 1 版第 265 页。

子把《六经》作为发挥自己思想的躯壳。古文学家则认为孔子是教育家、史学家，是儒家的先师，孔子的精神就在《六经》本身。今文学家重在阐发《六经》的微言大义，重视《春秋公羊传》，古文学家重在考察史实，重视《周礼》和《左传》。今文经学同阴阳五行、谶纬迷信结合，表现出浓厚的神学色彩，古文经学专讲古代典章制度，表现出比较朴实的学风。今文经学在西汉取得统治地位，而古文经学在西汉末年崛起，形成经学内部对立的两大派。

从西汉末到东汉末今古文经学经过了多次重大较量，其争论内容始终以《左传》为中心，争论《左传》与《公羊传》的优劣问题。今文学派因处官学地位，多方压制古文学派，古文学派为取得立于学官，便同今文学派展开斗争。从发展趋势看，古文学派势力日趋壮大，东汉一代涌现了诸如郑众、杜林、桓谭、贾逵、马融等古文大家。至郑玄出，古、今兼采，遂使今、古文经学趋于融合。魏晋时代，今文学式微，古文学反日趋发展，后来六朝的南、北学，隋、唐的义疏派，其基本立场却同古文学相距不远。

在这一经学发展的路径上，刘知几表示赞同的大抵上是古文学派的立场。他对孔子的态度，对《六经》的态度，对两汉以来经学家的态度，都表明他倾向古文经的立场。

傅振伦先生在《刘知几年谱》中指出："知几深于史学，其学说近古文学派。"他从史料中归纳出知几为古文学家的四条证据：第一是知几"以经为古代史料，尊孔子为史学家"。第二是知几"申左氏而斥公、谷，于公羊尤甚"。第三是在开元年间关于《孝经注》之辩中，知几主古文。第四是据《旧唐书·王元感传》载，元感表上其所撰《尚书纠缪》、《春秋振滞》及所注《孝经》、《史记》草稿，知几每为元感申理其义，接连上表推荐。这些看法都是对的。

知几以经为古代史料，尊孔子为史学家，这是表明他的学说近古文学派的最关键的一条。在中国历史上，最早全面而较为科学的评价孔子及其学说的是西汉著名史学家司马迁，他写了《孔子世家》及《仲尼弟子列传》，又在《太史公自序》中高度评价了《春秋》的历史价值。《报任安书》中所言"亦欲以究天人之际，通古今之变，成一家之言"，意即步孔子后尘，写出第二部《春秋》。要而言之，司马迁高度评价孔子对学术文化的贡献，他是以历史家的实事求是的科学态度对待孔子的。在他的笔下，孔子是位伟大的学者，而不是神。这同董仲舒"罢黜百家，独尊儒术"的态度并不一致。

两汉之际，谶纬迷信思潮泛滥，它是今文经学合乎逻辑的发展结果。站出来批评谶纬迷信的主要代表人物是扬雄、桓谭和王充。从刘向、刘歆父子到扬雄、桓谭，可以看出一种受过古文经学的熏陶而反对谶纬思想的新思潮的演进和发展的轨迹。而王充对经学、谶纬等虚妄之言的批评，写下了两汉思想史上辉煌的篇章。

从宏观的角度去考察，刘知几的学术思想渊源可以这样概括：他继承了孔子、司马迁以来的优良的史学传统，继承了扬雄、桓谭、王充以来批判哲学的战斗风格，也继承了前人著作，尤其是王充《论衡》和刘勰《文心雕龙》的撰述形式，在史学领域里进行了一次系统的批判性的理论总结，写出了战斗性的史学批评专著《史通》。

二、继承司马迁的史学传统

刘知几深受司马迁学术思想的影响，学术界对此探讨较少，这里想重点分析一下。

司马迁继《春秋》之业写出了一部贯通古今的通史巨著《史记》，这对刘知几的史学事业产生了深远的影响。其荦荦大者，有以下数端。

第一，司马迁继《春秋》之业撰写《史记》启发了刘知几继《春秋》之业撰写《史通》。

据《史记·太史公自序》载，司马迁出身于史官世家，其父司马谈早有撰著一部通史的愿望。他在临终之际拉着儿子的手说："余死，汝必为太史；为太史，无忘吾所欲论著矣。"司马谈非常赞叹孔夫子"修旧起废，论《诗》、《书》，作《春秋》，则学者至今则之。"他说："自获麟以来四百有余岁，而诸侯相兼，史记放绝。今汉兴，海内一统，明主贤君忠臣死义之士，余为太史而弗论载，废天下之史文，余甚惧焉，汝其念哉！"可见司马谈就有继《春秋》之业的宏大志愿。司马迁俯首流涕表示"小子不敏，请悉论先人所次旧闻，弗敢阙。"及至出任太史不久，便着手编撰。他说："先人有言：'自周公卒五百岁而有孔子。孔子卒后至于今五百岁，有能绍明世，正《易传》，继《春秋》，本诗书礼乐之际？'意在斯乎！意在斯乎！小子何敢让焉。"司马迁非常明确自己的历史责任。他感到汉兴以来，"天子至明，泽流罔极"，主上明圣而德不布闻，是有司之过，自己身为史官，"废明圣盛德不载，灭功臣世家贤大夫之业不述，堕先人所言，罪莫大焉。"[①]因而历尽艰辛，发愤著书。司马迁的榜样大大启发了刘知几。他的思路同司马氏父子大为相似。《史通·自叙》说："昔仲尼以睿圣明哲，天纵多能，睹史籍之繁文，惧览者之不一，删《诗》为三百篇，约史记以修《春秋》，赞《易》道以黜八索，述《职方》以除九丘，讨论坟、典，断自唐、虞，以迄于周。其文不刊，为后王法。自兹厥后，史籍逾多，苟非命世大才，孰能刊正其失？嗟予小子，敢当此任！其于史传也，尝欲自班、马已降，讫于姚、李、令狐、颜、孔诸书，莫不因其旧义，普加厘革。但以无夫子之名，而辄行夫子之事，将恐致惊末俗，取咎时人，徒有其劳，而莫之见赏。"这里也是表明自己继《春秋》之业。在史学领域，司马氏父子实际上继《春秋》之后完成了一部伟大的纪传体通史《史记》，但司马迁并不敢将自己的书同《春秋》相比。他说："余所谓述故事，整齐其世传，非所谓作也，而君比之于《春秋》，谬矣。"[②]刘知几也不敢说自己就合格上继《春秋》，因而他说"虽无夫子之名，辄行夫子之事。"司马迁与刘知几所不同者，一是撰史，一是评史，历史条件使然。

第二，在史学思想上，司马迁最突出的贡献一是尊重史实的科学态度，即"实录"精神，二是"通古今之变"的观点和方法。尊重史实表现在他对史料的处理上，也表现在历史事件与历史人物的评价上。司马迁总是忠实于客观历史实际，敢于"直书"。刘向、扬雄、班固都承认《史记》的最大特点是"实录"。按照班固的解释，就是"不虚美，不隐恶"。司马迁可贵之处就在于他始终坚持了"实录"的态度，比较如实地反映了客观实

---

① 以上引文，皆引自《史记》卷一三〇《太史公自序》。

② 《史记》卷一三〇《太史公自序》。

际的复杂情况，反映了历史的真实。这种实录的精神，是司马迁现实主义的基本出发点，充分体现了他的唯物主义态度。另外，司马迁总是重视历史的发展变化，把历史看成不断发展变化的过程，从历史发展变化的过程中揭示出历史事件的因果关系。这就是“通古今之变”的观点和方法。“通古今之变”作为一种史学观点，闪耀着辩证法的火花，是中国古代史学思想的精华。“通古今之变”作为一种方法，是中国传统史学的最优良的方法。司马迁正是在“通古今之变”的观点指导下为中国古代史学史建立了里程碑。这是他成功的原因之一。正是上述两点，深深影响了刘知几。从史学领域看，作为刘知几史学之根本精神的“实录”“直书”之义，正是对我国史学优良传统的继承和发展，他在《直书》篇表彰古来坚持直书之为数不多的优良史家中就有司马迁。至于刘知几的史学“通识”，更是“通古今之变”思想和方法的继承和发展。通变的思想，自然不原于司马迁。《周易》中有关事物变化过程的历史观念，是变通观的源头，也深深影响了刘知几。知几经常引用《周易》变通的观点来论证史学问题。比如他说：“盖闻三王各异礼，五帝不同乐，故传称因俗，《易》贵随时。况史书者，记事之言耳。”[①] 又说：“《易》以六爻穷变化，《经》以一字成褒贬，《传》包五始，《诗》含六义。故知文尚简要，语恶烦芜，何必款曲重沓，方称周备。”[②]“《易传》曰：知进退存亡者，其为圣人乎！”[③]先秦诸子如韩非的历史进化观也给刘知几提供了丰富的思想营养。如《史

① 《史通·因习》。

② 《史通·表历》。

③ 《史通·浮词》。

通·模拟》云:“世异则事异,事异则备异。必以先王之道持今世之人,此韩子所以著《五蠹》之篇,称宋人有守株之说也。”但作为史学家的刘知几还主要是从司马迁那部“通古今之变”的《史记》中得到了更多的启迪,也只有司马迁向他展现了贯通古今、包罗万象的历史画卷。它扩大了刘知几的眼界,启发了刘知几的思路,并为刘知几提供了作史范例。《史通》评史,显示了一种大家器度,“其书虽以史为主,而余波所及,上穷王道,下掞人伦,总括万殊,包吞千有”,如果刘知几没有“通古今之变”的气魄当然是不行的。《六家》、《二体》、《史官建置》、《古今正史》诸篇就是通古今之变的具体体现。刘知几的治史道路是司马迁所开创的通史家的道路。

第三,司马迁的《史记》为刘知几的《史通》提供了丰富的史评资料。几乎贯穿《史通》全书、占有关乎全局地位的,是关于纪传史的评论。在纪传史评论中,知几尤其注重对《史记》的评论。这当然是因为《史记》在史学史上、在纪传史中占有特别重要的地位的缘故,此外也因为刘知几特别熟悉特别注重《史记》所致。从《史通》中完全可以归纳出一部《史记评》来,抽出刘知几对《史记》的评论,《史通》就不成为《史通》了。刘知几博极群书,《史通》广征博引,但知几读得较熟、征引较多的却集中在几部书中,那就是《尚书》、《春秋》、《左传》、《史记》、《汉书》等。诚然,知几对司马迁及其《史记》,在赞扬与肯定的同时,也有许多批评和否定的地方,但这丝毫不意味着他不受司马迁的影响。《史记》为刘知几的史学评论提供了基础,从某种程度上说,他是在研究《史记》的史学实践的基础上建立了他的史学理论的。

在中国古代史家观察历史的过程中,视野有所不同,有的强调会通，有的则注重断代。强调会通的，如司马迁“通古今之变”，他考察政治兴衰得失之故，考察典章制度和社会风气演变，考察历史进程的联系以及考察历史文献的搜求、整理，都能从广阔的视野着眼，弄通它们的发展变化。注重断代的，如班固著《汉书》，强调“汉绍尧运，以建帝业”，不赞成把西汉皇朝的历史编于百王之末的做法。知几推崇断代为史，对通史的批评有点片面性。尽管如此，他在《史》、《汉》二者中，还基本上走了一条由《史记》开辟的通史家的路子，即史学会通的路子。刘知几看到了《汉书》已降的史书多受《史记》影响，也看到了自《汉书》已降，“自尔迄今，无改斯道”[①]，断代成风，他自然高度评价了断代为史，殊不知他本人也深受司马迁的影响。历史的选择，包括历史思想、历史观点的选择，并非是简单的非此即彼，而且往往不是由某些人的主观愿望所能决定的。我们不必要这样提出问题：刘知几是通史家，还是断代史家？这样就把复杂的历史简单化了。

三、发扬王充的战斗风格

刘知几的思想颇受王充学说的影响，这是学术界的共识。尤其是刘知几在《惑经》篇中说的那几句话：“昔王充设论，有《问孔》之篇，虽《论语》群言，多见指摘，而《春秋》杂义，曾未发明，是用广彼旧疑，增其新觉。将来学者，幸为详之。”成为历代学者认为刘知几是效法王充的最显明的证据。明代学者胡应麟便据此指出刘知几之“讥诋圣人”，乃步王充之后尘，“至尧、

---

① 《史通·六家》。

舜、禹、汤弗能免，犹李斯之学荀况也。”① 近代学者梁启超也说：“刘氏事理缜密，识力锐敏。其勇于怀疑，勤于综核，王充以来一人而已。其书中《疑古》、《惑经》诸篇，虽于孔子亦不曲徇，可谓最严正的批评态度也。”② 当代史家翦伯赞指出：“刘知几的思想，颇受王充学说的影响，他不迷信圣经贤传，不迷信灾祥符瑞。即因他不迷信圣经贤传，所以他就富有怀疑的精神；即因他不迷信灾祥符瑞，所以他就具有唯物的思想。他就在这种怀疑的精神与唯物的思想上，展开他的历史观。”③ 可见，说刘知几的思想深受王充学说的影响，这是史家的共识。

那末，王充哪些方面深深影响了刘知几？我以为主要在下述两点：一是实事求是的态度，二是怀疑和批判精神。

《论衡》何为而作？王充说道：

> 《诗》三百，一言以蔽之曰：思无邪。《论衡》篇以十数，亦一言也，曰：疾虚妄。④
>
> 是故《论衡》之造也，起众书并失实，虚妄之言胜真美也。故虚妄之语不黜，则华文不见息；华文放流，则实事不见用。故《论衡》者，所以铨轻重之言，立真伪之平，非苟调文饰辞，为奇伟之观也。⑤

可见，主实事和疾虚妄是《论衡》的根本宗旨，凡实事皆加

---

① 《少室山房笔丛》卷二八《九流绪论》。

② 《中国历史研究法》第二章。

③ 《论刘知几的史学》，见吴泽主编《中国史学史论集》(二)第25页。

④ 《论衡·佚文篇》。

⑤ 《论衡·对作篇》。

以肯定，凡虚妄，务必予以排斥，这便是王充的根本态度。显然，这是一种唯物的、实事求是的态度。王充是这样说的，也是这样做的。这一态度贯穿于王充的全部著作，以之衡量前贤往哲，以之衡量圣经贤传，以之评论世俗之说。

在王充的时代，思想舆论界颇受今文经学和谶纬迷信的虚妄之言所左右，一些世俗之见很有市场，他们或迷信圣贤，或崇信灾祥符瑞，是古非今，谬种流传。王充指出："世信虚妄之书，以为载于竹帛上者，皆贤圣所传，无不然之事，故信而是之，讽而读之。"[①] 他认为这种盲目崇拜的态度是十分错误的，然而"世儒学者，好信师而是古，以为贤圣所言皆无非专精讲习，不知难问。"[②] 因此，他郑重指出："凡学问之法，不为无才，难于距师，核道实义，证定是非也。问难之道，非必对圣人及生时也。世之解说说人者，非必须圣人教告乃敢言也。苟有不晓解之问，造难孔子，何伤于义？诚有传圣业之知，伐孔子之说，何逆于理？"[③] 这种实事求是的态度和怀疑批评精神密切结合，是王充的最可贵的思想品格。王充既能做到不迷信前贤往哲，也不迷信圣经贤传，对人世间的一切事物，敢于放在理性的天秤上加以衡量，充分展现了王充之唯物主义的战斗风格。

正是在这些根本点上，王充的思想大大影响了刘知几。他继承王充重实事疾虚妄的精神，在史学领域坚持直书、实录，反对曲笔阿时。他继承王充《问孔》、《刺孟》的批判精神，写了

---

① 《论衡·书虚篇》。
② 《论衡·问孔篇》。
③ 《论衡·问孔篇》。

《疑古》、《惑经》两篇批判儒家经典的文章。批评《尚书》矛盾错误，“理有难晓”[①]。批判《春秋》“真伪莫分，是非相乱”[②]，“动皆隐讳”[③]，而后人又变本加厉地“虚美”。类似这种批判文字贯通《论衡》、《史通》两书。可以说怀疑和批判精神是王充、刘知几共同的思想风格。所不同者，乃是一人见诸于哲学，一人见诸于史学，《论衡》是批判哲学的著作，《史通》则是批判史学的著作。

《史通·自叙》有言：“儒者之书，博而寡要，得其糟粕，失其菁华。而流俗鄙夫，贵远贱近，传兹牴牾，自相欺惑，故王充《论衡》生焉。”看来他对王充《论衡》精神的把握是相当准确的。它批判的对象是儒者之书，是流俗鄙夫的种种错误观点。

那末，王充为什么走上了一条与流俗世儒截然不同的道路，对古代儒学遗产采取了实事求是的批判态度？而刘知几在博极群书中又那样倾注于王充的《论衡》，并甘愿步其后尘？回答这个问题当然主要到他们各自的时代背景中去寻找。从思想发展的渊源来看，不能不指出，在两汉的历史上，同以董仲舒为代表的公羊春秋学以及同谶纬迷信思潮相结合形成统治思想的神学思想相对立的，有一个反神学的思潮，其代表人物如扬雄、桓谭、王充等。一般说来，他们受古文经的熏陶，有实事求是的学风。刘知几便受了这一思潮的影响。

对《左传》的看法问题是两汉经学斗争的重要部分。抛开经学古今文的门户之见，从史家的立场言，《左传》确实是一部

① 《史通·疑古》。
② 《史通·惑经》。
③ 《史通·疑古》。

优秀的历史书。知几幼年熟读并喜爱《左传》,《左传》成了知几史学启蒙之书。这对其一生的史学事业可以说是受益匪浅。《左传》本是部古文经,知几在《疑古》、《惑经》之后专志《申左》,发表他对春秋三传的看法。因有"《左氏》之义有三长,而二传之义有五短"之论。赞美《左传》的态度是显而易见的。其言《左氏》,传孔子教,故能成不刊之典,著将来之法,又博总群书,广包它国,每事皆详,且以同圣之才,而膺授经之讬。知几以为《春秋》之经,"盖是周礼之故事,鲁国之遗文,夫子因而修之,亦存旧制而已。至于实录,付之丘明,用使善恶毕彰,真伪尽露。向使孔《经》独用,《左传》不作,则当代行事,安得而详者哉?盖语曰:仲尼修《春秋》,逆臣贼子惧。又曰:《春秋》之义也,欲盖而彰,求名而亡,善人劝焉,淫人惧焉。寻《左传》所录,无愧斯言。此则传之与经,其犹一体,废一不可,相须而成。"知几对《左传》给予了高度的评价,并着重从善恶并书之实录着眼肯定了《左传》的历史价值。许冠三先生指出知几效法并继承前贤则首推《左传》,可谓卓识。

四、刘勰史传篇的启迪

刘知几的《史通》亦深受刘勰《文心雕龙·史传篇》的影响,这种影响似可归纳为两点:一是刘勰史学思想的影响,二是《文心雕龙》编纂形式的启发。

知几本人明确指出他的《史通》同《文心雕龙》的血缘关系。《自叙》明言:"自《法言》已降,迄于《文心》,而往因以纳诸胸中,曾不蒂芥者矣。"其论《文心》,着眼文章体裁:"词人属文,其体非一,譬甘辛殊味,丹素异彩,后来祖述,识昧圆通,家有诋诃，人相掎摭，故刘勰《文心》生焉。”《史通》之为书，“盖伤当时载笔之士，其义不纯，思欲辨其指归，殚其体统”[①]，着眼讨论历史编纂学，所受《文心雕龙》影响，明矣。

历代学人颇察觉二刘关系。黄庭坚曾说：“论文则《文心雕龙》，评史则《史通》，二书不可不观；实有益于后学焉。”[②] 胡应麟也说：“《史通》之为书。其文刘勰也，而藻绘弗如；其识王充也，而轻讦殆过。”[③] 当代学者傅振伦讨论二刘关系，颇多发明。他说：

> 《文心雕龙》为文史类之书，然《史传》一篇，则论史之功用、源流利病、史籍得失及撰史态度，实为史评之先河。《史通》一书，即就《文心·史传篇》意推广而成。其全书亦即就《史传篇》“寻繁领杂之术，务信弃奇之要，明白头讫之序，品酌事例之条”诸义，而详加发挥者。《史通》各篇，亦多仿《文心》。一论文学，一论史学，并具卓识。[④]

诚然，知几的《史通》深受刘勰《文心雕龙·史传》的影响。表现在史学思想上，知几也颇受刘勰的启发。

比如关于修史的宗旨、态度，刘勰提出“彰善瘅恶，树之风声。表征盛衰，毁鉴兴废。使一代之制，共日月而长存，王霸之

---

① 《史通·自叙》。

② 转引自王惟俭《史通训故序》。

③ 《少室山房笔丛·史书占毕》。

① 《刘知几年谱》第21页。

迹，并天地而久大”的修史宗旨，强调以史为鉴的功能。主张“直笔”，提倡“信史”，赞扬“直归南董”，表彰司马迁“实录无隐之旨”。

再如评论历代史书得失，赞《左传》“实圣人之羽翮，记籍之冠冕”，赞扬《汉书》“十志该富，赞序弘丽”。批评袁山松《后汉书》和张莹《后汉南记》“偏驳不伦”，薛莹《后汉记》和谢承《后汉书》“疏谬少信”，表彰司马彪和华峤的《后汉书》“详实”、“准当”。上述观点，则全部为知几所继承。

表现在编撰上，《文心》也给刘知几以启发。《文心雕龙》论文，全书五十篇，据《序志》所示，可分三部分：《原道》至《辨骚》五篇为“文之枢纽”，是全书的总论及理论体系。《明诗》至《书记》二十篇为“论文叙笔”，是文体论。《神思》至《程器》二十四篇为“割情析采”，是创作论、批评论。这种布局启发了刘知几，《史通》一书内篇讨论历史编纂学，外篇叙述史籍源流，杂评古人得失。主要是关于史书体裁、史书编纂的内容，如同《文心》主要是关于文体和文学创作的内容一样。

但是，平心而论，知几受刘勰的影响还是有一定限度的。就从编纂来看，说“知几之书多出于刘勰，故其书亦全模拟之”，未免言过其实。知几之书虽受《文心》启发，但并非刻意模仿，因为各自研究对象不同，且不说全模拟是无法实现，也不是刘知几的品格，即以二书篇目而论，亦很少有相同之点。

傅先生指出《史传篇》对《史通》的深刻影响，是非常正确的，但夸大了这种影响，甚至说“《史通》一书，即就《文心史传篇》意推广而成”，又失之于偏颇。从中国史评发展史看，《史传篇》对南北朝以前的史学进行了简明总结，并深深影响于后世，是中国史评发展史上一个承上启下的重要环节。随着中国史学史研究的深入开展，学术界越来越重视《史传篇》在史学史上的价值。把它视为史评发展史上的一个承上启下的重要环节，差不多成了人们的共识。是重要环节，而不是“史评之先河”，因为中国的史评绝不是自《史传篇》才开始的。如果追本溯源的话，战国时代的孟子评论《春秋》说：“世衰道微，邪说暴行有作，臣弑其君者有之，子弑其父者有之。孔子惧，作《春秋》。《春秋》，天子之事也。”又说：“孔子成《春秋》而乱臣贼子惧。”[①] 这是对中国史书作出的最早的评论。此后，司马迁对《春秋》的评论以及他对《史记》的自我评论，内容就相当丰富了。如《十二诸侯年表序》云：“孔子明王道，干七十余君莫能用，故西观周室，论史记旧闻，兴于鲁而次《春秋》，上记隐，下至哀之获麟，约其辞文，去其烦重，以制义法。王道备，人事浃。七十子之徒口受其传指，为有所刺讥褒讳挹损之文辞，不可以书见也。鲁君子左丘明惧弟子人人异端，各安其意，失其真，故因史记具论其语，成《左氏春秋》。”这里评论了《春秋》的指导思想，并阐述了《春秋》的历史影响。《史记·太史公自序》司马迁对《史记》的自我评价也相当精彩。是后，评史蔚成风气。刘向、扬雄、班氏父子对《史记》都有详细评论。特别值得指出的是班彪的史评专论《略论》，它叙述了史学源流，并评论《史记》之史学思想及体例书法，有褒有贬。溯源流时，从唐虞以来，以至司马迁书，按照时代顺序一路说来，颇有条贯。评《史记》时，阐述了它记载的内容、历史的观点、创始的体例、叙事的才华，以及治史的态度，也指出了《史记》的缺点[②]。班彪《略论》早于

① 《孟子·滕文公下》。

② 参见《后汉书》卷七〇《班彪传》。

《史传》约五百年，其价值不能低估。

班固的《汉书·艺文志》及《司马迁传》，《晋书》卷八十二的史学家传，《隋书·经籍志》的史部叙录，都对刘知几的史学总结产生了影响。特别是唐人所撰，知几受影响更深。也许由于知几对唐初史家多持批评态度，史学界不大留意他们对知几的影响。其实，这是不能忽视的。比如，《晋书》卷八十二具载有晋一代史学家的生平及其学术贡献，并且加以评论，犹如一篇晋代的史学史。再如，《隋书·经籍志》史部叙录，内容详备，脉络清晰，从上古到隋末的史学发展情况都谈到了。知几撰《史通》，皆深受其益。如果我们把《汉书·艺文志》、《隋书·经籍志》同知几《史通》的《史官建置》和《古今正史》等篇比较一下，自然就会发现它们之间的继承关系，尽管刘知几对《隋志》提出了许多批评，他还是从中吸收了丰富的营养。

第二章　政治伦理思想

生活在初唐的刘知几，在其人生的旅途中，为人、为政、为学，同社会现实以及历史文化发生了各式各样的关系，产生了各式各样的看法和观点。他从现实和历史中所感受到进而理解到的这些看法、观点都是非常具体的。历史同现实交织在一起，难解难分。历史传统的认识自然主要来自书本，但它往往以多少改变过的样式存在于现实社会中。在刘知几的各式各样的看法观点之中，有着一个决定其一生行程趋向和判断是非标准的思想支柱。这个思想支柱不是别的，就是儒家的政治伦理观。

刘知几的政治伦理思想是其全部思想的核心，是刘知几史学思想的灵魂。刘知几的政治伦理思想不是孔子政治伦理思想的照搬，而是吸收儒家伦理思想的优秀成果，可以说是刘知几理解的儒家政治伦理思想。为了说明这个问题，这里想谈谈刘知几对儒家学派创始人孔子的看法，对儒家政治伦理观的理解、把握以及他在政治伦理思想上的主要贡献。

一、孔子观

因为孔子学说和儒家思想在中国历史上的崇高地位和深远影响，历代学人无不有自己对孔子的看法，即孔子观。这种孔子观绝不仅仅是一个历史人物的评价问题，也是人们对传统思想态度的深刻体现。古往今来，人们对孔子及其学说发表过许多意见，好像都在力求寻找一个真孔子，实际上，褒贬议论之间，都寄托着自己的愿望，反映着自己的历史认识。

刘知几不是孔子及儒学的“异端”和“叛逆”，而是一个本色的儒家知识分子和孔子学说的信徒。这是刘知几的基本立场。

首先，孔子在刘知几的心目中是一个高大的形象，是他自己立身行事的光辉榜样。《史通·惑经》中有这样的表白：

> 昔孔宣父以大圣之德，应运而生，生人已来未之有也。故使三千弟子、七十门人，钻仰不及，请益无倦。……嗟夫！古今世殊，师授路隔，恨不得亲膺洒扫，陪五尺之童，躬奉德音，抚四科之友。而徒以研寻蠹简，穿凿遗文，菁华久谢，糟粕为偶，遂使理有未达，无由质疑。是用握卷踌躇，挥毫悱愤。倘梁木斯坏，魂而有灵，敢效接舆之歌，辄同林放之问。

刘知几不仅如孟子一样认为孔子是自有生民以来未之有的大圣人，而且“恨不得亲膺洒扫，陪五尺之童，躬奉德音，抚四科之友”，做孔夫子的一名及门弟子。这种感情是相当真诚的。然而，孔子久已离去，后之学者认识孔夫子只能是“研寻蠹简，穿凿遗文”，“理有未达”的情况所在多有，对儒家经典提出疑问也是正常之事。知几认为：“斯则圣人设教，其理含宏，或援誓以表心，或称非以受屈。岂与夫庸儒末学，文过饰非，使夫问者缄辞杜口，怀疑不展，若斯而已哉！”① 尊重孔子和对圣人之教献疑并不矛盾，而且是真正的尊重，那些庸儒末学，对孔子及儒学采取文过饰非的态度，并不是真正的正确的态度。

知几崇敬孔子，更要效法孔子，以孔子为自己光辉的榜样。他私撰《史通》，就是学习孔子整理典籍为不刊之典的榜样。他指出孔子以“睿圣明哲，天纵多能”的聪明才智，面对史籍之繁文，删《诗》、《书》，修《春秋》，为不刊之典，为后王立法，充分肯定孔子整理文化典籍的伟大历史功绩。并决心继孔子之后，志拟《春秋》，厘定群史，做孔子的继承人。诚然，他没有孔子那样大的名声，而作夫子的事业，不免会受到时人的攻击。但是他要继承孔子的事业，足见其宏伟抱负和对史学事业的高度责任感和自信心，也可以看出对孔夫子事业的深刻理解和无限崇敬。如果说孔子开创私人讲学和私家著述之风，大有利于史学之进一步发展的话，那末，刘知几之“商榷史篇”则是对唐以前的古代史学之系统性的总结。他们的事业是前后相继，心是彼此相通的。

其次，刘知几对孔子的学术和思想，尤其是对孔子的史学事业，曾给予高度的评价。

他十分赞扬和高度评价孔子整理古代文化典籍的历史功

① 《史通·惑经》。

绩，其中尤其重视孔子删《诗》、《书》，次《春秋》。他论述《春秋》"属辞比事之言"，《尚书》"疏通知远之旨"，"意复深奥，诂训成义，微显阐幽，婉而成章，虽殊途异辙，亦各有美焉。"因此他肯定二书"谅以师范亿载，规模万古，为述者之冠冕，实后来之龟镜。"又说："既而马迁《史记》，班固《汉书》，继圣而作，抑其次也。故世之学者，皆先曰五经，次云三史，故经史之目，于此分焉。"[①] 这对孔子整理的古代文化典籍，特别是《尚书》、《春秋》，是多么高的评价啊！当然，我们并不认为这个评价是完全符合实际的。刘知几又把儒家经典同传世的史书作比较，以为经犹如太阳，史犹如星辰，当"杲日流景，则列星寝耀；桑榆既夕，而辰象粲然。"[②] 所以他说《史记》之文当乎《尚书》、《春秋》之世，则"其言浅俗，涉乎委巷"，战国已降，去圣弥远，然后方能露其锋颖，倜傥不羁。故知人才有殊，相去若是。因此他得出这样的结论："班、马执简，既《五经》之罪人，而晋、宋杀青，又《三史》之不若。"[③]

知几上述议论，颇不合历史实际。由于儒家思想在中国思想界长期占据统治地位，儒家经典被奉若神明，视为不刊之典，好像任何好东西经书里都已经有了。我们古代的史学家，其中包括富有批判精神的史学家如司马迁、刘知几等，也不能完全摆脱这种传统观点的影响。通过刘知几上述的议论，我们可以看出他推崇《五经》，褒美孔子之才的儒家知识分子的立场。

---

① 以上引自《史通·叙事》。

② 以上引自《史通·叙事》。

③ 以上引自《史通·叙事》。

复次，刘知几还从史意、史法上大力肯定孔子及其儒家经典的成就。

《探赜》篇云："古之述者，岂徒然哉！或以取舍难明，或以是非相乱，由是《书》编典诰，宣父辨其流；《诗》列风雅，卜商通其义。夫前哲所作，后来是观，苟失其指归，则难以传授。而或有妄生穿凿，轻究本源。是乖作者之深旨，误生人之后学，其为谬也，不亦甚乎？"此言为史必辨流通义，明其指归，不能妄生穿凿，轻究本源。这是刘知几重要的史学观点。他讨论历史编纂，并非就体例论体例，而是以治史宗旨、历史观为根本出发点。比如他论"六家"、"二体"，便考镜源流，揭示史体的发展变化，"古往今来，质文递变，诸史之作，不恒厥体"，"时移世异，体式不同"。又根据史体形成和源流派别，展示了史体发展的历史过程。在这里，刘知几说孔子能辨流通义，就是肯定孔子在治史宗旨上的成就。

至于在具体的史法上，刘知几对孔子及儒家经典更是多方赞扬。他特别表彰儒家经典在叙事方面的成就。《叙事》篇说："夫国史之美者，以叙事为工；而叙事之工者，以简要为主。简之时义大矣哉！历观自古，作者权舆，《尚书》发踪，所载务于寡事；《春秋》变体，其言贵于省文。斯盖浇淳殊致，前后异迹。然则文约而事丰，此述作之尤美者也。"这是肯定经典叙事简要，文约事丰。进而指出，夫子深懂用晦之道，能略小存大，举重明轻，一言而巨细咸该，片语而洪纤靡漏。既而丘明受经，师范尼父。经以数字包义，而传以一句成言。言近而旨远，辞浅而义深。叙事简要，是刘知几衡量史书优劣的重要原则之一。在他看来，唯经书能够做到这一点，而两汉已降，国史之文，日伤烦富，芜音累句，云蒸泉涌，这不仅弥漫重沓，而且浮华违实。

此外，从体例而言，刘知几以为《尚书》记言，《春秋》记事，以日月为远近，年世为先后，条理分明，“用使阅之者雁行鱼贯，皎然可寻。”明确肯定了春秋纪年之体。

总之，从写史宗旨到史书价值，从内容到形式，对儒家经典都做了充分肯定。由此不难看出，刘知几是一个典型的孔子学说和儒家思想的继承者。他把“服孔门之教义”看成“行夏时之正朔”一样，“虽地迁陵谷，时变质文，而此道常行，终莫之能易也。”[①] 这就是说，陵谷可变，质文可变，以孔门教义为指导思想则不能变。

刘知几的本色是一个史学家，他以“商榷史篇”为己任，在他的著作里不是全面评论孔子，而是重点研究孔子的史学。在他的笔下，孔子是作为史学家的面貌而出现的，换言之，他是以史学家的见识来看待孔子的。这是考察刘知几的孔子观所应予注意的。

然而，刘知几还有另外的一面，而且是不可忽视的一面，这就是他对儒学及传统思想的批判态度。这正是当今学术界给予充分重视的。

诚然，刘知几具有我国优秀思想家批判创新的优良品格，批判地继承，勇敢地创新，正是刘知几史学的基本精神。刘知几对孔子及儒家经书的批评比较集中地记录在《史通》的《疑古》、《惑经》篇中。《疑古》重点探讨《尚书》，《惑经》重点探讨《春秋》，集中点是批评《尚书》《春秋》对史实“爱憎由己”，多方讳饰以及后人对二书的虚美之辞。

---

① 《史通·本纪》。

刘知几从直书实录的宗旨出发，揭露孔子及儒家经典对历史的讳饰。他指出，《春秋》一书是避讳的典型："外为贤者，内为本国，事靡洪纤，动皆隐讳。"[①] 不唯《春秋》，六经皆是如此。如说："观夫子之刊《书》也，夏桀让汤，武王斩纣，其事甚著，而芟夷不存；观夫子之定《礼》也，隐、闵非命，恶、视不终，而奋笔昌言，云鲁无篡弑；观夫子之删《诗》也，凡诸《国风》，皆有怨刺，在于鲁国，独无其章；观夫子之论《语》也，君娶于吴，是谓同姓，而司败发问，对以'知礼'。斯验世人之饰智矜愚，爱憎由己者多矣。"[②] 他对《春秋》一书，提出了许多质疑、批评，《惑经》篇集中列举十二条"未谕"，并指出"凡所未谕，其类尤多"，又进而批评历代学者为《春秋》虚美，他们共同的问题是对孔夫子盲目崇拜而缺乏独立思考。比如，孔夫子次《春秋》，多采古史旧文，"因其成事，就加雕饰，仍旧而已"，这是事情真相，而太史公则说："夫子为《春秋》，笔则笔，削则削，子夏之徒不能赞一辞。"定然是虚美之辞。诸如此类，"征其本源，良田达者相承，儒教传授，既欲神其事，故谈过其实。"[③] 违背了直书实录的宗旨。

刘知几对《尚书》之讳饰亦多有揭露，如《尚书》谓尧禅位于舜，他根据《汲冢琐语》的记载，证明舜先废尧而立其子丹朱，继又废丹朱而夺帝位，并非尧舜禅让。再如，《尚书》说夏桀、商纣都是罪大恶极之人，知几不以为然。他说："称周之盛也，则云三分有二，商纣为独夫；语殷之败也，又云纣有臣亿万

① 《史通·疑古》。
② 《史通·疑古》。
③ 《史通·惑经》。

人,其亡流血漂杵。斯则是非无准,向背不同者焉。"[1] 武王为泰誓,数纣过失,欲加之罪,何患无辞!后来诸子,承其伪说,竞列纣罪,有倍五经。而天下恶者,皆以桀纣为先。

春秋以前,《尚书》之世,作者述事不见得全都正确,"理有难晓"者在在有之,而"诸子异说,义或可凭,参而会之,以相研核",所以刘知几说:"夫远古之书,与近古之史,非唯繁约不类,固亦向背皆殊。何者?近古之史也,言惟详备,事罕甄择。使夫学者睹一邦之政,则善恶相参;观一主之才,而贤愚殆半。至于远古则不然。夫其所录也,略举纲维,务存褒讳。寻其终始,隐没者多。"[2] 由此从总体上得出结论:"远古之书,其妄甚矣。"他赞成孟子的态度:"尽信书,不如无书,武成之篇,吾取其二三简。"这种不盲目迷信古书而加以分析的态度无疑是可取的。

由上述可知,刘知几对孔子及儒家经典的批评完全是从维护史书实录精神出发的,丝毫不涉及尊孔、反孔的问题。这种摆事实讲道理的批评,充分体现了其史学家实事求是的严肃的科学态度。

需要指出,知几批评儒家经典的讳饰并不彻底。其一,在实录与名教发生矛盾时,他坚持直书的原则立场便有所退让。比如他说:"肇有人伦,是称家国。父父、子子、君君、臣臣,亲疏既辨,等差有别。盖子为父隐,直在其中,《论语》之顺也。略外别内,掩恶扬善,《春秋》之义也。自兹已降,率由旧章,史氏有

① 《史通·疑古》。
② 《史通·疑古》。

事涉君亲，必言多隐讳。虽直道不足，而名教存焉。”[①] 又说：“夫臣子所书，君父是党，虽事乖正直，而理合名教。如鲁之隐、桓戕弑，昭、哀放逐，姜氏淫奔，子般夭酷，斯则邦之孔丑，讳之可也。”[②]

这里所谓“名教”，就是指的儒家“序君臣父子之礼，列夫妇长幼之别”的伦理纲常，这是维系宗法封建制度的根本思想和制度，它同直书当然是有矛盾的。在这矛盾面前，刘知几仍然把名教放在第一位，由之可以看出他儒家知识分子的立场。

其二，他对孔子的批评还是有顾虑的。他肯定孔夫子以大圣之德，应运而生，生人已来未之有，已如上述。但他也指出：“尺有所短，寸有所长”，在圣人同其门弟子切磋酬对中，“颇亦互闻得失”。这并没有什么奇怪，斯则圣人之设教，其理含弘，或援誓以表心，或称非以受屈。并非同庸儒末学之辈，文过饰非，使问者缄辞杜口，怀疑不展。这里充分赞扬圣人不文过饰非。他在历数《春秋》之未谕后说：“凡所未谕，其类尤多，静言思之，莫究所以。岂‘夫子之墙数仞，不得其门’者欤？将‘丘也幸，苟有过，人必知之’者欤？如其与夺，请谢不敏。”[③] 果真刘知几“莫究所以”吗？很难确论。但对夫子尊而敬之，谨而慎之之心情溢于言表。他在《惑经》篇终又云：“昔王充设论，有《问孔》之篇，虽《论语》群言，多见指责，而《春秋》杂义，曾未发明，是用广彼旧疑，增其新觉，将来学者，幸为详之。”再三致意，以表心迹。刘知几对孔子及其儒家经典如此谨慎，当然可以相信

① 《史通·曲笔》。
② 《史通·惑经》。
③ 《史通·惑经》。

他对圣人的崇敬之情，相信他对经书的批评是在维护经书的尊严。但是同知几对诸家史书“莫不因其旧义，普加厘革”的果断的批评态度相较，判若两人，我们不难发现，他对孔子及经书的批评还是颇有顾虑的，这不难理解。如果以为在刘知几的笔下，孔子圣人和至圣先师的地位已经动摇，他摆脱儒家传统思想的束缚对历来盲目崇拜古代迷信圣人的观念进行一次总的批判，这是抬高了刘知几，不符合历史实际。

对历史事件和人物或全盘肯定或全盘否定的简单做法之非科学性，人们越来越清楚了。即使古代的学者，也没有采取这种简单的做法，特别是刘知几，他“商榷史篇”不仅在实践上能对古代史家、史书作系统的、一分为二的评价，而且在理论上对这种方法进行了概括。

历史传统和时代精神铸造了刘知几的思想，探讨刘知几孔子观的思想根基便只能从历史传统和时代精神上去寻找。当然也要分析刘知几具体的成长道路。这里我们不打算做全面的阐述，只是想撷取那些与史学家的刘知几有关的部分。

刘知几从古代思想遗产中汲取了“善恶必书，斯谓实录”这样一种思想的精华，并且成了他从事史学事业的宗旨，脚踏实地地贯彻执行，毅力甚强，自觉性甚高。

在中国古代，周王室及各诸侯国的史官，在记事时都有一定的书法，褒善贬恶就是其书法之一。《左传》庄公二十三年载：“君举必书，书而不法，后嗣何观？”这里就透露了古代史官恶善必书的消息。善恶必书当然是为了劝善戒恶的需要。为了发挥历史知识之鉴往知来、垂训鉴戒的作用，首先要求的便是历史记载的真实性及丰富性。没有真实的及足够的历史记载，就无法了解过去，借鉴历史。孔子是深刻了解这个道理的。

他说："夏礼吾能言之，杞不足征也；殷礼吾能言之，宋不足征也。文献不足故也！足，则吾能征之矣。"[①]这是认识到历史记载是能够正确了解过去的根据。孔子也知道历史记载真实性是发挥历史之垂训鉴戒作用的关键。所以说："董狐，古之良史也，书法不隐。"[②]孔子表彰董狐"书法不隐"，认识历史记载真实性的重要作用。这一重要认识便得到刘知几的肯定和继承。

但是，孔子直书其事的传统和其《春秋》以道名分的政治意图发生矛盾时，并未坚持到底。所谓"外为贤者，内为本国，事靡洪纤，动皆隐讳"，"苟涉嫌疑，动称耻讳"等等，便是指孔子违背了直书的宗旨。刘知几认为孔子实开曲笔恶例。他对孔子开的这个头并不满意，《疑古》、《惑经》是对孔子曲笔的批评，《曲笔》专篇更直陈曲笔恶习源于孔子。他在古代史书中找出了《左传》，以为唯《左传》才真正做到"善恶必彰，真伪尽露"，从而给予高度赞扬。他说，《春秋》劝善惧淫之义，"寻《春秋》所书，实乖此义。而《左传》所录，无愧斯言"。[③] 设使世人习《春秋》唯取《公》、《谷》两传，则当其时二百四十年行事，茫然缺如，使后来学者，代成聋瞽。知几比较三传，认为《左传》有三长，一是笔削发凡，皆得周典，二是博总群书，广包他国，三是上询夫子，下访其徒。中心点是记事详备有根有据。而《公》、《谷》有五短，一是地隔时违，传自委巷，材料可信程度差，二是语乃龃龉，文皆琐碎，三是理甚迂僻，无所准绳，四是重述经文，无所发明，五是奖进恶徒，疑误后学。中心点是说二传依经

---

① 《论语·八佾》。
② 《左传·宣公二年》。
③ 《史通·申左》。

为主，“求其本事，太半失实”，刘知几对三传的评论大体符合实际。他接受自班固以来关于《春秋》与《左传》关系的传统解释，特别强调了如下二点：其一，孔子与丘明同时，如周观书，归而修《春秋》之经，丘明为之传，共为表里。其二，左丘明为“膺授经之托”，“传孔子教”，恐孔氏弟子各持异端，失夫子真义，故因孔氏史记，具论其语，成《左氏春秋》，以持释经。这是肯定唯丘明乃是孔子真正的传人，《左传》乃是解经的定本。知几肯定《左传》的成就当然也是对孔夫子的崇敬，而同时，知几批评《春秋》而肯定《左传》也是认为对史家直书精神的坚持。按知几的理解，夫子修《春秋》，“亦存旧制而已，至于实录，付之丘明”，“向使孔经独用，《左传》不作，则当代行事，安得而详者哉？”①

综上所述，刘知几对历史传统有着比较深刻的认识和理解，对孔子和儒家思想能一分为二。他把孔子学说看成一个有机的整体，有优点，亦有缺点，不是百分之百的正确。他的态度是“爱而知其丑，恶而知其善”，从方法论上说，这比较科学。当然刘知几并非主张一切皆书，这里有个选书的标准：“书之有益于褒贬，不书无损于劝诫。但举其宏纲，存其大体而已。非谓丝毫必录，琐细无遗者也。”②这个看法是十分可取的。我们强调直书，亦并非把所见到的历史资料记录无遗，这是不可能的，也是没必要的。实事求是是绝对必要的，也有个主观选材的标准。评价孔子及其学说，如能举其宏纲，存其大体，优点缺点并存，这便是最基本的态度和做法，而褒崇则善无可加，贬

① 《史通·申左》。

② 《史通·杂说下》。

黜则罪不容责，是一种片面的形而上学的看法。

统观《史通》全书，刘知几反复申明要正确对待历史遗产，对待文化传统。他认为继承传统是创新的基础。他说："夫述者相效，自古而然。故列御寇之言理也，则凭李叟；扬子云之草玄也，全师孔公。符朗则比迹于庄周；范晔则参踪于贾谊。况史臣注记，其言浩博，若不仰范前哲，何以贻厥后来？"[①]效法前贤，仰范前哲，是创新的基础。但是学习古人，继承历史传统，决不是生吞活剥，决不是形式主义的模拟，而是要求"取其道术相合，义理互同"。形式主义的模拟之法是求其形似，而不管世事的变化。或模拟古人之书法，或模拟古人之文字，结果是"貌同而心异"，造成笑话百出。明识之士则不然，他们学习古人，则学习其精神实质，求其神似，所谓"貌异而心同"，刘知几对待孔子的学说和思想便采取了这种态度，因此他能把继承与创新结合起来。这是刘知几的孔子观的特点与优点。

又是崇敬，又是批判，这是知几孔子观的两个方面。崇敬而效法之，批判而创新之。因此他在史学领域真正继承了孔子的事业，是一位本色的儒家知识分子和孔子学说的信徒。

二、对儒家政治伦理观的认识

知几尊重孔子，尊重儒家思想，其最根本的一条是信奉儒家政治伦理学说，并把它的一些基本思想作为指导自己一生言行的准则。

知几信奉的儒家政治伦理学说，其核心是儒家纲常名教

---

① 《史通·模拟》。

的思想和规范。知几撰《史通》,“其书虽以史为主,而余波所及,上穷王道,下掞人伦,总括万殊,包吞千有。”论史之际也要涉及“王道”、“人伦”的大问题。故《史通》不仅仅是部史评的书,也是一部阐述知几关于“王道”、“人伦”认识的书。

“王道”是儒家的政治理想。他们倡导通过实行仁义道德、推行仁政来平治天下的政治方案。“人伦”指人与人之间的道德关系和应当遵循的行为规范,即儒家的人伦学说。孔子讲人伦,要求处理好君臣父子等各方面的人际关系,达到“君君,臣臣,父父,子子”的局面,于是提倡“仁”。仁的第一层意思是“爱人”,这个爱人不是一种普遍的人类之爱,而是有范围的差等爱。用来调整君臣、父子关系,使君臣之间、父子之间彼此相爱。仁的第二层意思是“克己复礼”。注重自我的道德修养,把自我的道德修养作为治国平天下的起点,又把治国平天下作为自我道德修养的归宿。这就是作为儒家政治伦理思想之基本内容的“内圣外王”,其基本路数是修身、齐家、治国、平天下。一则修己,一则安人。修己以仁,安人以礼。仁的另一层意思是指各种道德品质的修养。通过学习提高人的道德修养水平和文化知识素质。

封建统治阶级一贯重视儒家所倡导的人伦学说,并把它作为封建礼教的主要内容,成为维护封建政治统治的思想和制度。儒家政治伦理学说,就其本质来说,它是封建社会的意识形态,但是第一,它本身是可以一分为二的,有精华,也有糟粕;第二,它自身也有一个变化过程。孔孟所讲的政治伦理和后世封建社会各个历史时代所讲的政治伦理并不完全一致。因此,我们不能笼统地讲儒家政治伦理,必须具体地分析刘知几对儒家政治伦理的认识。

知几在谈到人时，总是首先考虑人的道德品质，并且作出善恶、邪正的区分，判定是君子还是小人。比如他说："夫人禀五常，士兼百行，邪正有别，曲直不同。若邪曲者，人之所贱，而小人之道也；正直者，人之所贵，而君子之德也。"①"人禀五常"，就是说，人之为人，要具备仁、义、礼、智、信的道德修养。为人正直，就是具备了君子的道德。什么是正直呢？就是"不避强御"，敢于"彰善瘅恶"。因此，他特别表彰南、董："彰善贬恶，不避强御，若晋之董狐，齐之南史，此其上也。"②刘知几牢记孔子"汝为君子儒，无为小人儒"的教导，联系到自己从事的史学工作，感到"儒诚有之，史亦宜然"，左丘明、司马迁，君子之史，吴均、魏收，小人之史。两者，"薰莸不类"，相去甚远③，在知几看来，像史官魏收，"曲笔诬书"，假手史臣，以复私门之耻，"恶直丑正"④，书为秽史，人为小人。而司马迁等，敢于好善嫉恶。知几说："史者固当以好善为主，嫉恶为次。若司马迁、班叔皮，史之好善者也；晋董狐、齐南史，史之嫉恶者也。必兼此二者，而重之以文饰，其唯左丘明乎！"⑤这都是从为人说到治史。

关于君臣关系，知几一方面坚持君臣之间的名分，君是君，臣是臣，不能"君臣相杂，升降失序"⑥，另一方面他也认为君、臣都是可以区分的。君有明君、贤主和淫君、乱主之分，臣

① 《史通·直书》。
② 《史通·辨职》。
③ 《史通·杂说下》。
④ 《史通·曲笔》。
⑤ 《史通·杂说下》。
⑥ 《史通·世家》。

有忠臣和乱臣之别。如他有时说“贼臣逆子，淫君乱主”①，有时讲“忠臣义士”。他说：

> 盖霜雪交下，始见贞松之操；国家丧乱，方验忠臣之节。若汉末之董承、耿纪，晋初之诸葛、毌丘，齐兴而有刘秉、袁粲，周灭而有王谦、尉迥，斯皆破家殉国，视死犹生。而历代诸史，皆书之曰逆，将何以激扬名教，以劝事君者乎！古之书事也，令贼臣逆子惧；今之书事也，使忠臣义士羞。若使南、董有灵，必切齿于九泉之下矣。②

这里表彰的东汉的董承、耿纪，西晋的诸葛诞、毌丘俭，刘宋的刘秉、袁粲，北周的王谦、尉迟迥，都是忠于本朝的忠臣，而《三国志》、《晋书》、《宋书》、《隋书》等追叙其事皆目为叛逆，知几认为这实有违于封建名教，且不合史法。

知几所讲的君臣伦理比较符合儒家伦理的精神。孔子主张“君使臣以礼，臣事君以忠”③，要求君臣之间忠诚相待。他并不要求臣下绝对地服从君主，“所谓大臣者，以道事君，不可则止。”④说明忠君是有原则的，不是盲从。这个原则就是“道”。孔子的忠君思想往往以孝悌为前提，带有浓厚的宗法色彩，“孝慈则忠”⑤，就反映了宗法伦理的特点。荀子忠君思想

---

① 《史通·直书》。
② 《史通·曲笔》。
③ 《论语·八佾》。
④ 《论语·先进》。
⑤ 《论语·为政》。

深得孔夫子正传，不过时移世异，其忠君思想更多地体现了封建社会的时代特点。他专门论证过为君之道和为臣之道。作为君，要“平政爱民”、“隆礼敬士”、“尚贤使能”，认为这三者是“君人者之大节”[①]；作为臣，要“以礼待君，忠顺不懈”[②]。按照道德之高下，他把君区分为圣君、中君、暴君三种，把臣区分为态臣、篡臣、功臣、圣臣四类。[③] 作为一个忠臣要“内一民，外距难”，“上忠君，下爱民”，“民亲之，士信之”，如果君有过，则谏，谏不听，则争，“从道不从君”。在这里，忠君的涵义已超出了忠于君主个人的范围，已推广到忠于国家、爱护人民。

荀子的学生韩非首次提出了三纲的思想。他说：“臣事君，子事父，妻事夫，三者顺则天下治，三者逆则天下乱。此天下之常道也。”[④]以韩非子为代表的法家强调了君臣伦理中那种绝对服从、专制的因素。这思想也被儒家吸收到“三纲五常”的名教思想之中，这是封建专制主义中央集权制度的意识形态。司马迁谈论六家要旨，肯定儒家“序君臣父子之礼，列夫妇长幼之别，不可易也。”也肯定法家“正君臣上下之分，不可改矣。”[⑤]“序君臣父子之礼”、“正君臣上下之分”都谈了君臣关系，不过一者强调是礼，一者是明分职，有所区别。后世封建社会统治者所强调的尊主卑臣的绝对专制主义，倒是来源于法家的主张，而明君忠臣的道德要求，则是受到先秦儒家思想的熏陶。刘知几所理解的儒家政治伦理思想则是先秦儒家思想。

---

① 《荀子·王制》。
② 《荀子·君道》。
③ 《荀子·臣道》。
④ 《韩非子·忠孝》。
⑤ 《史记·太史公自序》。

刘知几是儒家政治伦理学说的信奉者和贯彻者，他的贡献不在于对儒家政治伦理学说之理论的阐释上，而在于他紧紧结合史学领域的理论和实践，认真付诸实行。唯其如此，他在儒家政治伦理学说和史学编撰、史学评论两者之间建构了一座桥梁。史学和政治、史学和儒学的关系，由此达到了理论的升华。这里指出几点：

其一，儒学是史学的灵魂。

儒家政治伦理思想是知几进行历史评论的是非标准和价值尺度。表现在对历史人物和历史事件的评论上，也表现在对史学编撰的要求上。他说：

> 马迁撰《史记》，项羽僭盗而纪之曰王，此则真伪莫分，为后来所惑者也。自兹已降，讹谬相因，名讳所施，轻重莫等。至如更始中兴汉室，光武所臣，虽事业不成，而历数终在。班、范二史皆以刘玄为目，不其慢乎？①

这显然是站在封建正统的立场上对《史》、《汉》等书提出的批评。在刘知几的思想上，历史撰述，尤其是纪传体史书，要贯彻儒家政治伦理观念，反映封建等级制度。“以天子为本纪”，以诸侯为世家，以人物为列传。纪者编年，传者列事。“编年者，历帝王之岁月，犹《春秋》之经；列事者，录人臣之行状，犹《春秋》之传。《春秋》则传以解经，《史》、《汉》则传以释

① 《史通·称谓》。

纪。"[1] 纪传史体例之纪、传之分是封建等级制度在史学上的投影，尤其是封建社会君臣关系的反映。《史记》五体的体制结构，形象地反映了大一统的封建等级秩序。纪传之关系，犹如北辰与众星，车毂与辐条一般，具有统属关系。刘知几高度赞赏司马迁"列天子行事，以本纪名篇"的贡献，严厉批评司马迁有时违背了原则，造成"疆域不分"、"君臣相杂"的毛病。比如，他说"项羽僭盗而死，未得成君"，且名曰西楚，号止霸王，是个诸侯，而称本纪，"求名责实，再三乖谬"[2]。又说"陈胜起自群盗"，不应以世家相称。

儒家政治伦理思想也是知几史学评论的重要内容。刘知几在《史通·书事》中讨论了史书记事的范围，提出了"征五志之所取""更广以三科"的看法：

> 昔荀悦有云："立典有五志焉：一曰达道义，二曰彰法式，三曰通古今，四曰著功勋，五曰表贤能。"干宝之释五志也，"体国经野之言则书之，用兵征伐之权则书之，忠臣烈士孝子贞妇之节则书之，文诰专对之辞则书之，才力技艺殊异则书之。"于是采二家之所议，征五志之所取，盖记言之所网罗，书事之所总括，粗得于兹矣。然必谓故无遗恨，犹恐未尽者乎？今更广以三科，用增前目：一曰叙沿革，二曰明罪恶，三曰旌怪异。何者？礼仪用舍，节文升降则书之；君臣邪僻，国家丧乱则书之；幽明感应，祸福萌兆则书之。

---

① 《史通·列传》。

② 《史通·本纪》。

于是以此三科，参诸五志，则史氏所载，庶几无阙。求诸笔削，何莫由斯？

荀悦立典五志，申明其撰《汉纪》的宗旨，在于宣扬封建主义的伦理、典则，总结历史成败的经验，表彰统治阶级的代表人物。《汉纪》一书以西汉为正统，"极为治之体，尽君臣之义"，并通过史论反复申明鉴戒之意，全书贯穿着浓厚的封建正统思想，是史学为封建政治服务的典型代表。而干宝之释五志，同荀悦五志的精神大体符合。知几在五志基础上，广以三科，更强调了史书彰善罚恶的作用。可见，儒家道义、人伦是史书要大书特书的内容，也是史家评论史书的是非标准。知几便以上述五志三科去衡量历代史书，检验诸史书事在政治态度、学术思想和辨别事理的认识水平方面的表现，尤其是检验它们是否体现了儒家政治学术思想和封建伦理道德观念。比如，他说：班固批评司马迁，"论大道则先黄老而后《六经》，序游侠则退处士而进奸雄，述货殖则崇势利而羞贫贱。"傅玄批评班固，"论国体则饰主阙而折忠臣，叙世教则贵取容而贱直节，述时务则谨辞章而略事实。"知几认为，班马上智，犹有此失，何况庸庸之辈，魏晋已降史书，"论王业则党悖逆而诬忠义，叙国家则抑正顺而褒篡夺，述风俗则矜夷狄而陋华夏"[①]。这些都是违背儒家政治伦理观念的。

其二，史家的责任在于彰善瘅恶。

刘知几经常强调史家的责任，要"申以劝诫，树之风声"，彰善瘅恶。他说：向使世无竹帛，时阙史官，则善恶不分。如果

① 以上均引之《史通·书事》。

史官不绝，竹帛长存，则善恶事迹如在，使后人“见贤而思齐，见不贤而内自省”，就如同“《春秋》成而逆子惧，南史至而贼臣书”，起到“劝善惩恶”的作用。因此，他认为史的功用博大，“乃生人之急务，为国家之要道。”[①] 史家的责任在于彰善瘅恶，表彰明君圣主忠臣孝子，批评淫君乱主贼臣逆子，这是实现儒家王道人伦理想的实际行动。

史家“记功司过，彰善瘅恶”[②]，则必须加强自身修养，提高自己的识见，因为“识有通塞，神有晦明，毁誉以之不同，爱憎由其各异”。[③] 如果一个史臣，“既不知善之为善，则亦不知恶之为恶”[④]，又怎么能彰善瘅恶呢？知几非常重视史家自身素质的修养，其中特别强调史家的道德修养，以为这是良史的必备条件。这实际上是儒家政治伦理学说中修齐治平思想的具体贯彻。

① 《史通·史官建置》。
② 《史通·曲笔》。
③ 《史通·鉴识》。
④ 《史通·辨职》。

第三章　历史观和方法论

刘知几的《史通》及其流传下来的几篇文赋，都是他对唐代社会政治、学术的认识，尤其是他对史学的认识。这些认识也都是在一定的立场、观点和方法指导之下而获得的。在这里，刘知几观察、分析和评论各种史学问题的方法论，是同他对社会、人生、史学的根本观点相一致的。上章言及，儒家的政治伦理观是刘知几的思想支柱。正是在这一思想指导下，刘知几有着对社会历史的基本看法，与之相适应的，有着自己的史学方法论。

一、历 史 观

在中国历史上，天人关系一直是思想领域论争的一个中心问题。哲学史家根据人们对这一问题的观点分歧大抵归纳为两派，一是认为“天”是没有人格意志、不能主宰“人事”的自然实体，把“天道”解释成为客观存在的自然规律。持这些看法的人是唯物主义和无神论者。一是把“天”看作是有人格意志，且能主宰人世间一切“人事”的至上神。这些看法的人是唯心主义和有神论者。自然还有一些人游离于两者之间，态度不十分明朗。

人寓形天地之间，天人自然发生关系，这就是人同自然的关系。按照我们的看法，人类的生活依赖自然、利用自然，改造自然，使之造福人类。说人同自然没有关系是不对的。但是说，那个本来是物质实体的自然之“天”是个天神，主宰着人世间的一切，那就大错特错了。

神学历史观有一部漫长的历史。它有人类认识的局限，也有社会政治的原因。本来，自从有了人类历史，就有了人类对历史的认识，但是，在相当悠久的岁月里，人类对自身历史的认识是一种被颠倒了的认识。在远古时代，人们所意识到的世界，是一个神的世界，是为神所统治并且是神在那里活动着的世界。那时，氏族部落的领袖，同时也是氏族部落的神。殷商时期，祖先一元神的宗教支配着殷人的思想，它同以前不同的地方，其氏族领袖死后才能成神。随着历史的演进，人们也经常修改着这个神的世界。殷周之际，至上神即上帝成了各氏族共同的最崇高的神，而且上帝要选择好儿子赐福给他，作为上帝的儿子也要以好的表现争取福泽。于此，人的主观能动性露了个头，神的世界被冲破了一个缺口，历史要挤到人间来了。这是在天人关系认识上的一大变革。

在此之前，人们的历史观是个“宗教史观”或“神意史观”，人们意识中的神有着绝对的权威。而周人的历史观却发生了微妙的变化，这就是“天命史观”。天命史观的出现正是因为出于“天命靡常”的认识而需要统治者“自求多福”所致。所谓周人的“殷鉴”思想与此俱来。《诗·大雅·文王》云：“维此文王，小心翼翼，昭事上帝，聿怀多福，厥德不回，以受方国。天监在下，有命既集，文王初载，天作之合。”又云：“无念尔祖，聿修厥德。永言配命，自求多福。殷之未丧师，克配上帝。宜鉴于殷，骏命不易。”

由此可知，在西周“其命维新”的社会，周人基本上是相信天命的，但又绝不像殷人信祖先神那样坚信不疑，因为“天命靡常”，统治者要修德使天命永驻，因此要“以天为宗，以德为本”。宗教思想上的“天人合一”又延长到伦理思想上的“天人合一”。

经过历史的多次检验，人们也逐步发现天命并不那么灵验，于是怀疑天命，重视人事的思想发展了。“天命”作为一种传统的宗教思想，统治者常以“受命于天”来论证自己统治的合理性，所以这种被颠倒了的世界观又受到当权者的垂青而顽固存在着。汉代的正宗神学便是得到封建统治者支持的宗教思想体系。

董仲舒把“天”说成宇宙间最高的主宰，把本来是自然现象的“天”和阴阳五行，都说成有道德属性、有意志有目的的，建立了一个庞大的神学思想体系——“天人合一”的神学目的论，并附会历史，提出“王道之三纲，可求于天”。其实质是强化宗法统治和封建君权。刘向、刘歆父子亦以阴阳五行解释历史，班固又撰《五行志》，集中了汉儒关于谶纬迷信、灾异神学的说教，因此，对思想家带来极坏影响。史家著书，无不竞相效习，五行灾异之说，充斥史籍的字里行间，直接为封建统治者宣扬皇权神授，以巩固其统治。及至有唐一代，这种宗教迷信亦有增无减，尤其是高宗、武后统治时期，达到高峰。他们编造各式各样的祥瑞，不断变更年号，有所谓麟德、仪凤、调露、永昌、天授、如意等，借此说明其政权顺天承命，永享天年。武后称帝前后二十年，就用过十七个年号。垂拱四年(688)，武承嗣伪造瑞石，文曰“圣母临人，永昌帝业”。[①] 让雍州人唐同泰表称从洛水获得，武后号其石为“宝图”，并加尊号为“圣母神皇”，改“宝图”曰“天授宝图”，就水侧置永昌县，封洛水神为“显圣”，并亲拜洛水。在这种造神背景下，知几在史学领域里对五行灾异说的批判就很有现实意义。

知几对五行灾异的批判，比较集中反映在《史通》一书的《书志》、《书事》、《汉书五行志错误》、《五行志杂驳》等篇中。

刘知几在《书志》篇曾经比较系统地阐述了他对灾异的观点。他认为：“夫灾祥之作，以表吉凶。此理昭昭，不易诬也。”非常明确地表明：他并不一般地反对灾异，认为灾祥是可以表吉凶的。这是十分暧昧的态度。他认为灾祥的存在是属于自然现象的范围，与人事无关。比如“麒麟斗而日月蚀，鲸鲵死而彗星出，河变应于千年，山崩由于朽壤”等，“此乃关诸天道，不复系乎人事”。可是有的史家硬是把它们载入史册，加以附会。有的灾祥即使被认为跟人事有关联，但是也没有得到验证，谁也说不清楚，如果牵强附会，也是自欺欺人。比如武王伐纣占卜吉凶时“龟焦蓍折”，宋武帝出兵誓师时，“竿坏幡亡”，好像都是不祥之兆，但周武王照样胜利，宋武帝照样成功。如此之类，知几指出：“斯皆妖灾著象，而福禄来踵，愚智不能知，晦明莫之测也。然而古之国史，闻异则书，未必皆审其休咎，详其美

---

① 《旧唐书·则天皇后本纪》。

恶也。”这就是说，古代国史中记载的灾异祥瑞，只是根据各方面的报导加以记录，并未究察清楚这种灾异的实际结果，灾异究竟是否灾异，也说不清。

更有甚者，有的史书记载灾异，“不凭章句，直取胸怀，或以前为后，以虚为实，移的就箭，曲取相谐；掩耳盗钟，自云无觉。”有的是“言无准的，事益烦费”。①

刘知几对灾祥的基本态度是一种不可知论。在这方面，他学习孔子的榜样。他说：

> 子曰：“盖有不知而作之者，我无是也。”又曰：“君子于其所不知，盖阙如也。”又曰：“知之为知之，不知为不知，是知也。”呜呼，世之作者，其鉴之哉！②

他在《书事》篇也说：

> 怪力乱神，宣尼不语；而事鬼求福，墨生所信。故圣人于其间，若存若亡而已。

知几对于灾祥，既不言其有，亦不言其无。如其有，“事关军国，理涉兴亡，有而书之，以彰灵验，可也。”至于那些“委巷琐言”，“目为鬼神传录，其事非要，其言不经，则不可。”③ 实在说，他这种老老实实的态度还是不错的。在这里，他用史家求

---

① 《史通·书志》。
② 《史通·书志》。
③ 《史通·书事》。

实的精神去看待灾祥，凭其个人的理解和经验，便对灾祥进行了严格的批评。他说，祥瑞是用来“发挥盛德，幽赞明王”的，至如“凤皇来仪”、“嘉禾入献”等，上下数千载，其可得而言者不过一二例。而近代，“凡祥瑞之出，非关理乱，盖主上所惑，臣下相欺，故德弥少而瑞弥多，政逾劣而祥逾盛。”“而史官征其谬说，录彼邪言，真伪莫分，是非无别。”①这里淋漓尽致地揭露了统治者大讲祥瑞的内幕，其实这是统治者制造舆论，粉饰太平的伎俩，一些惯于奉承拍马的谄谀之臣为了迎合君主的旨意，骗取主子的欢心以邀功取宠，也挖空心思编造谎言。而有的史家不分青红皂白，信以为真，皆载入史传，不仅“叙事为烦”，而且贻误读者。这种见解，可谓卓识。知几在他的史学事业中，曾经不遗余力地清算在以往史书中大量泛滥的有关灾祥的无稽之谈，反对以神话、图谶和寓言入史，反对以神怪故事入史，反对人们对古史之不合情理的穿凿附会，反对以方术家的奇事入史。这说明他一方面捍卫史学的实录直书精神，一方面清算史学中的迷信虚妄。应该说，他的工作是做得很不错的。尽管他不是个彻底的无神论者，但他的工作足以表明，他同有神论的宗教迷信作了卓有成效的斗争。受到他批评的，如嵇康《高士传》“好聚七国寓言”，皇甫谧《帝王纪》“多采六经图谶”，次如范晔《后汉书》，以《风俗通》的“王乔凫履”、《抱朴子》的“左慈羊鸣”入史，是“朱紫不别，秽莫大焉”，大唐《晋书》采《幽明录》、《搜神记》中神鬼怪物的记载入史，等等。但受到刘知几最严厉批评的还是班固的《汉书·五行志》。

《史通》外篇有《汉书五行志错误》一篇，开篇说：“班氏著

---

① 以上引自《史通·书事》。

志，牴牾者多。在于《五行》，芜累尤甚。今辄条其错缪，定为四科：一曰引书失宜，二曰叙事乖理，三曰释灾多滥，四曰古学不精。”看来，这些批判乃从文献学的角度指出《五行志》对灾祥征应的牵强附会，这实际上就是对五行学说的集中批判。刘知几说：“其失既众，不可殚论。”

刘知几在批判神学时一般是用人事的道理来驳斥荒诞的神学的解释。例如《春秋》昭公十七年记“日有食之”。《五行志》引董仲舒说：“以为时宿在毕，晋国象也。晋厉公诛四大夫，失众心，以弑死。后莫敢复责大夫，六卿遂相与比周，专晋国。晋国还事之。”日食是自然现象，董仲舒以“天人合一”的神学目的论附会人事，全是荒诞之言。刘知几指出：

> 自昭公已降，晋政多门。如以君事臣，居下僭上者，此乃因昭之失，渐至陵夷。匪由惩厉之弑，自取沦辱也。岂可辄持彼后事，用诬先代者乎？[①]

这里明确回答，晋国的六卿擅权乃由于昭公以来政出多门，逐渐演变而成的形势，同厉公时代的日食及厉公诛大夫没什么相干。

再如，《春秋》文公二年载“不雨”。班志附会说：“自文王即位，天子使叔服会葬，毛伯赐命，又会晋侯于戚。上得天子，外得诸侯，沛然自大，故致亢阳之祸。”刘知几驳斥道：

> 案周之东迁，日以微弱。故郑取温麦，射王中肩。

① 《史通·五行志杂驳》。

楚绝苞茅，观兵问鼎。事同列国，变雅为风。如鲁者，方大邦不足，比小国有余。安有暂降衰周使臣，遽以骄矜自恃，坐招厥罚，亢阳为怪。求诸人事，理必不然。天高听卑，岂其若是也。[1]

对照春秋时代大国争霸、王室衰微的历史形势，我们可知刘知几的见解颇符合实际。这是从人事的情理上去进行判断，还有的则是从事物的理上即“物理”上去判断。在知几的许多论证上，往往说到“理”，提出“以理为本”。

从刘知几对灾祥迷信的批评可以得出这样的看法，他的天人观是反对天人感应的神学迷信。另外他主张要重视人事，反对命定论的历史观，主张人定胜天的历史观。他在《杂说上》曾专门论人事问题。他说：

《魏世家》太史公曰：“说者皆曰魏以不用信陵君，故国削弱至于亡。余以为不然。天方令秦平海内，其业未成，魏虽得阿衡之佐，曷益乎？”夫论成败者，固当以人事为主，必推命而言，则其理悖矣。……夫推命而论兴灭，委运而忘褒贬，以之垂诫，不其惑乎？

这段议论的中心议题是以人事为主论成败。在知几看来，决定历史兴衰变化的是人事，而不是命运。失败者根源于其自取覆亡的人事，并不是灾异所致；成功者根源于他们德才兼备、神武智能的人事，并不是祥瑞所致。刘知几否定命运、重视人事

① 《史通·五行志杂驳》。

的思想表明他在天人观上已摆脱了天人合一思想的束缚，并且着力阐述人事的作用。

需要指出，知几这一大段议论乃是由司马迁的一段话而诱发出来的。在刘知几看来，司马迁论成败，不是以人事为主，乃推命而言。“自兹以后，作者著述，往往而然”。因此，有必要把握司马迁议论的原意。司马迁在《魏世家·赞》讲的一段话表达了他同世俗不同的见解。人们都认为魏国之所以弱而亡国，原因就在于国君没有重用信陵君。司马迁则认为，“天方令秦平海内，其业未成，魏虽得阿衡之佐，曷益乎？”这里的关键是对“天”的理解。在《史记》一书中，司马迁常常谈到“天”，他讲的所谓天，涵意并不一样。有时候是指冥冥中在支配着人事的一种天命，有时候则是指一种形势或时势。司马迁并没有完全摆脱“天人感应”论的影响，他也劝诫国君重视天人感应。曾说：“太上修德，其次修政，其次修救，其次修禳，正下无之。”[①] 所谓“修救”，是指在上天示警后，国君要改过从善，以消灾异。所谓“修禳”，是指搞好祭祀，祈求上天保佑，收回警告。所谓“正下无之”，指暴虐之君，德、政、救、禳一概不修，必遭灭亡。由此可知，司马迁是把人事（修德、修政）放在首位，把天事放在第二位。“天方令秦平海内”，这个天是指的时势，时势的具体内容就是他在《六国年表序》中所说的“世异变，成功大”。也就是说秦统一六国的历史形势是无法逆转了，纵使有阿衡之佐也无济于事了。可见司马迁所论并非忽视历史人物的作用。

知几论历史成败，能够排除天命思想的干扰，主要从人事入手，这是对的。但他论人事却主要的是从国君的道德品质上

① 《史记·天官书》。

去着眼，或愎谏、无道，或有德有才，智能神武，就有很大的局限。历史的兴衰成败，固然同当权者的个人的品德修养有着关系，但以为这就是历史兴衰成败的全部原因，当然就错了。认为个别英雄人物决定历史命运的看法，本来是唯心历史观的一种，即“英雄史观”。

现在再谈谈知几关于古今的认识。

《史通》开篇就说：“古往今来，质文递变”，这八个字表述了刘知几的古今观就是历史变化观，这是知几历史观的重要内容。

关于古今的问题，古往今来的思想家和史学家一直在探索着其中的奥秘，发表着各自的见解，它似乎成为人们永远也探索不完、议论不尽的永恒命题。诚如李大钊所言：“宇宙的运命，人间的历史，都可以看作无始无终的大实在的瀑流，不断的奔驰，不断的流转，过去的一往不还，未来的万劫不已。于是时有今古，人有今古。乃至文学、诗歌、科学、艺术、礼、俗、政、教，都有今古。今古的质态既殊，今古的争论遂起。”①

刘知几的历史观首先是一个变化观。他认为历史是变化的，不会老停在一个地方。因而人们必须顺应这个变化，知人论世，采取相应的政策，否则就是不达时务。他说：“世异则事异，事异则备异。必以先王之道持今世之人，此韩子所以著《五蠹》之篇，称宋人有守株之说也。世之述者，锐志于奇，喜编次古文，撰叙今事，而巍然自谓《五经》再生，《三史》重出，多见其无识者矣。”②

① 《李大钊史学论集》第155页，河北人民出版社1984年9月第1版。

② 《史通·模拟》。

知几用“时移世异”的观点即历史变化的观点来分析、观察人世间的事物，尤其是评论古今载籍，评论史书编撰中的诸多问题。

比如，他评论史书的烦省问题就本着历史变化的观点去看待。他说：过去荀卿说过：远略近详。“则知史之详略不均，其为辨者久矣。”干宝著《史议》，历诋诸家，而独归美《左传》，说左丘明能够以三十卷之约，括囊二百四十年之事，没有遗漏，是立言之高标，著作之良模。晋人张辅著《班马优劣论》，又说司马迁叙三千年事，五十万言，班固叙二百四十年事，八十万字，班固不如司马迁。他因此说，“自古论史之烦省者，咸以左氏为得，史公为次，孟坚为甚。”魏晋已降，越来越烦。对史籍愈后愈烦这样的一个历史现象，知几解释说：“余以为近史芜累，诚则有诸，亦犹古今不同，势使之然也。”[①] 他看到古今的不同，而造成这种不同，是由于“势”。

什么是“势”呢？他说春秋之时，诸侯力争，各闭境相拒，关梁不通。因得出结论：“国阻隔者，记载不详；年浅近者，撰录多备。”到了汉代，国家一统，有了征集史料的条件，故汉代之史，倍增于前。东汉时期，作者弥众。至如名邦大都，地富才良，高门甲族，代多髦俊。邑老乡贤，竞为别录；家牒宗谱，各成私传。于是笔削所采，闻见益多。可见知几所言之“势”多指地理或一般人事的情况，也可以归纳为一个时代的形势，亦即社会经济、政治、文化发展的综合水平。当然刘知几不曾明确指出这一点，他的理解还比较模糊。他讲汉氏有天下，“普天率土，无思不服”，实际上是国家统一对史籍记载的作用。他讲东汉“名

① 《史通·烦省》。

邦大都，地富才良”等等，实际上是说社会经济文化发展对史籍记载的作用。这个势无疑是指历史的形势，历史发展的水平。古今之不同，就是这种形势的不同。在这种背景下谈史之烦省，刘知几说：

> 夫论史之烦省者，但当求其事有妄载，苦于榛芜，言有缺书，伤于简略，斯则可矣。必量世事之厚薄，限篇第以多少，理则不然。①

这一态度就是根据形势的变化，衡量世事的厚薄，以决定史书篇幅的多少，只要既不妄载，又无缺书就行了。这是非常通达的见解。

再如，他用历史变化的观点评论史书的言语问题。“战国已前，其言皆可讽咏，非但笔削所致，良由体质素美。”那时，“时人出言，史官入记，虽有讨论润色，终不失其梗概者也。”而后来作者，通无远识，“追效昔人，示其稽古”，结果造成“伪修混沌，失彼天然，今古以之不纯，真伪由其相乱”。因此，他严正指出：

> 夫天地长久，风俗无恒，后之视今，亦犹今之视昔。而作者皆怯书今语，勇效昔言，不其惑乎！苟记言则约附《五经》，载语则依凭《三史》，是春秋之俗，战国之风，亘两仪而并存，经千载其如一，奚以今来

① 《史通·烦省》。

古往，质文之屡变者哉？[1]

社会在变化，言语也在变化，史书记载则必须适应这种变化，不能"怯书今语，勇效昔言"。刘知几的见解是非常正确的。那种追效古人，示其稽古的做法是一种因仍旧贯、袭用不改的旧观念，是一种传统观念惰性的表现。刘知几在《史通》中撰《因习》之篇专门批评这种积习相传的不良史风。他说：

> 盖闻三王各异礼，五帝不同乐，故传称因俗，易贵随时。况史书者，记事之言耳。夫事有贸迁，而言无变革，此所谓胶柱而调瑟，刻船以求剑也。

"事有贸迁"就是承认历史是变化发展的，因而史书记载，包括上述的烦省、用语亦应相应变化。如果"世之述者，锐志于奇，喜编次古文，撰叙今事"，那就是太无识见了。

由此可知，知几非常清楚这样一个道理，历史是发展变化的，因而人们要适应这种变化采取相应对策。看待事物是这样，编写史书也是这样。这就是"传称因俗，易贵随时"之义。

承认古今在发展变化，是否也承认这一发展变化是历史的进步？对于这个问题，需要具体分析。因为承认历史在变，并不意味着就主张历史在进步。在中国历史上，承认历史变化的人，大抵也可以划分为两种观念，一种观点认为今不如古，世道人心，今不如昔，一句话，认为历史在倒退。另一种观点认为今胜昔，历史在前进。刘知几对古今的看法是今不如古还是

① 《史通·言语》。

今胜昔呢？这需要进行具体分析。

《载文》一篇专论文与史的关系，他分成三个历史阶段进行述评。认为远古文辞，能起到反映国家治乱兴亡的历史作用，盖因其“不虚美，不隐恶”的缘故。故“文之将史，其流一焉。固可以方驾南、董，俱称良直者矣。”但自秦汉以来，“文体大变”，喻过其体，词没其义，繁华失实，无裨劝奖，而《史》、《汉》皆书诸列传。魏晋已下，讹谬雷同。事皆形似，言必凭虚。而世之作者，乃聚彼虚说，编之史书。当然，举世文章，岂无其选。如韦孟《讽谏》，赵壹《嫉邪》，贾谊《过秦》，班彪《王命》，张华《女史箴》，张载《剑阁铭》，诸葛亮《出师表》等等，“此皆言成轨则，为世龟镜，求诸历代，往往而有，苟书之竹帛，持以不刊，则其文可与三代同风，其事可与《五经》齐列。古犹今也，何远近之有哉？”

应该说，就文而论，知几总的思想倾向是认为今不如古。他之所以说了一句“古犹今也”，只是说今也有像古一样的好文章。或者说，今不一定不如古，但绝对没有说今比古好。

知几也曾将远古之书与近代之史作过比较。说两者“非唯繁约不类，固亦向背皆殊”，近古之史，“言唯详备，事罕甄择”，远古之书，“略举纲维，务存褒讳，寻其终始，隐没者多”，后世学者由于崇古思想支配，深信古史优于后史，其实远古之书，“其妄甚矣”①。这一比较的结论说明，古者也可以不如今，甚至古者妄言更多于今。这样看来，知几在古今孰好孰劣的问题上，并未表示出一个明确的立场。前已言及，就文而论，知几总的思想倾向是认为今不如古。《史通·叙事》篇明确表述了这

---

① 《史通·疑古》。

样一个看法。《尚书》、《春秋》为述者之冠冕，实后来之龟镜，可以师范亿载，规模万古。而《史》、《汉》不如《五经》，《晋》、《宋》不如《史》、《汉》。一代不如一代。史学好像走了一条倒退之路。这不正是今不如古的思想的表露吗？知几这一看法乃基于宗经的立场所致，经学思想是一种传统思想，把传说中的三皇五帝时期说成是人类历史上的尽善尽美的黄金时代，“今不如古”的历史观便是这种传统观念的深刻体现。后来儒家的信徒们又把儒学经典抬到吓人的高度，他们本着孔夫子“信而好古”、“述而不作”的精神世世代代地重温着圣人的教诲，只是在注经中表示出自己的看法。在这一大环境之下，刘知几对《五经》虚美一番，是完全可以理解的。难能可贵的是，他还对儒家经典提出了批评。他并不是一个历史倒退论者。只是在他的思想中存在着许许多多的矛盾。这种对古今相对性的看法便是其认识的矛盾之一。

矛盾纵然是矛盾，在不少场合，刘知几也发表了对古代的赞美的言辞，但是他的立足点仍然主张人们面向当今，并不是要求大家向古人看齐。这面向当今的思想充满《史通》全书。比如《史官建置》一篇本来是叙述史官建置的源流。知几并非为溯源流而作，开篇极言“史之为用，其利甚博，乃生人之急务，为国家之要道。有国有家者，其可缺之哉！”因此，“故备陈其事，编之于后。”可见他写史完全为了当今社会之需要。讲史官建置，从黄帝说起，一直写到大唐，写到今上，即唐中宗。沿革废置写完之后，最后对史官之取人来了个评论：

观夫周、秦已往，史官之取人，其详不可得而闻也。至于汉、魏已降，则可得而言。然多窃虚号，有声无实。

而近代趋竞之士，尤喜居于史职，至于措辞下笔者，十无一二焉。既而书成缮写，则署名同献；爵赏既行，则攘袂争受。遂使是非无准，真伪相杂，生则厚诬当时，死则致惑来代。而书之谱传，借为美谈；载之碑碣，增其壮观。昔魏帝有言："舜、禹之事，吾知之矣。"此其效欤！

浦起龙释这段文字，颇能理解知几用意。他说：多窃虚号，有声无实，"此八字是末节之主"。这实际上是知几对他有亲身感受的武后、中宗时期史馆的批评。如中宗神龙二年(706)知几参与修成《则天实录》二十卷，盖以官卑未列名受赐。可见知几写史论史，都面向现实，寄托着自己的感受。

《古今正史》上起三皇，下讫唐中宗神龙年间。最后谈到他同徐坚、吴兢等奉诏更撰《唐书》和重修《则天实录》事，感慨系之，因言："夫旧史之坏，其乱如绳，错综艰难，期月方毕。虽言无可择，事多遗恨，庶将来削稿，犹有凭焉。"可见，一篇《古今正史》，仍落脚于现实。

知几论古今的发展变化，也往往把古今历史的发展过程划分为几个历史阶段。如提到"上古"或"远古"、"中古"或"中世"、"近古"或"近代"。一般说来，上古、远古大约相当于先秦时代，《疑古》篇曾把《尚书》、《春秋》都说成是远古之书。中古、中世大约相当于秦汉时期，《序传》篇曾把司马相如的自叙作为中古作品。近古、近代大约相当于魏晋南北朝时代。这说明刘知几对于历史的变化，已经具有一种历史阶段观念。

不过，需要指出，知几本人在运用上述几个时代概念时也常常不一致。“上古”这个概念，在知几的叙述中，一般都限于先秦时期。在他使用“中古”这个概念时，主要指两汉时期，但有时也指东周列国时期，有时亦波及魏晋南北朝及隋，有时也指唐初贞观时代，甚至包括他生活的时代。因此，我们认为，没有十分必要去分析知几使用“上古”等几个时代概念的确切所指，说实在也是说不准确的。如果确切的话，还是使用知几使用更多的概念，即历史朝代的概念。在刘知几的行文中，常用“战国已降”、“班马已降”、“魏晋已降”、“周隋而往”等，看来战国、秦汉、魏晋等是其论史的几个时代分界线。

综上所论，我们可以看到，刘知几的历史观是一种进步的历史观，他敢于驱除笼罩在历史画面上的神学迷雾，看到历史发展的进化趋势。认识到古今的变化是历史的必然，“势使之然”，今不一定不如古，古也可以不如今。同儒家某些学者美化古史的态度不同，主张史家应顺应历史进化的潮流，不要以先王之道持今世之人。表现在历史研究领域，他敢于“疑古”、“惑经”，不仅敢于破除对神学的迷信，而且敢于破除对儒家经典的迷信。

二、方 法 论

刘知几提出了相当系统而完整的史学理论体系，包括史学理论的观点和方法。

我们说《史通》展现了系统的、完整的史学理论体系，首先是指它贯穿了一个明确的指导思想，抓住了这一点，就算抓住了《史通》的灵魂。这就是融会贯通、批判创新的“通识”观点。“通识”是刘知几史学理论中统率全局的根本观点，也是统率全局的根本方法。通识作为一种观点，首先是判定善恶、是非的原则和标准，即作为知几思想支柱的儒家政治伦理观，其次是“通古今之变”的观点，即在变化中辨利害、明善恶。通识作为一种方法，就是通古今之变的历史方法。这是刘知几在史学总结中运用得最多而且是最根本的方法。

通古今之变，意即弄通历史的古今发展变化。承认世界上的万事万物都有一个生成、发展、衰亡的历史过程。如果说，中国古代的哲学著作《周易》已经初步阐述了“通变”这一有关事物变化过程的历史观念的话，那末，司马迁则是继承这一思想并用来观察、分析、评论社会历史的史学家。司马迁的“通古今之变”的观点及方法是《史记》的思想宗旨，也是《史记》的基本精神和灵魂。用司马迁自已的话来说，就是：“网罗天下放失旧闻，考其行事，稽其成败兴坏之理，……究天人之际，通古今之变，成一家之言。”[①] 或曰：“网罗天下放失旧闻，王迹所兴，原始察终，见盛观衰。”[②]“原始察终，见盛观衰”表明司马迁把历史盛衰作为一个过程来把握，并且强调要从终始的完整的历程去认识历史。司马迁重视历史的发展变化，把历史看成不断发展变化的过程，从历史发展变化的过程中揭示出历史事件的因果关系。这种观点闪耀着辩证法的火花。司马迁正是在“通古今之变”的观点指导下，才写出了划时代的史学巨著《史记》。

刘知几继承了司马迁“通古今之变”的思想和方法，它也成了刘知几史学批评之最根本的方法，也就是历史的方法。

① 《汉书》卷六二《司马迁传》。
② 《史记》卷一三〇《太史公自序》。

《史通》四十九篇文字几乎无一例外地贯穿着“通古今之变”的思想，运用“原始察终”叙述事物的始终，大至讨论整个史学发展的概貌，小至辨章一种体例。比如《六家》、《二体》，旨在辨别史书体例，是知几对隋唐以前史体的总结。其基本方法就是“通古今之变”、“原始察终”，把史书体例看成是一个不断变化的过程，“古往今来，质文递变，诸史之作，不恒厥体”，归纳为六个流派，又对六个流派分头叙述了它们的始、终过程，最后做出结论：“朴散淳销，时移世异，《尚书》等四家，其体久废，所可祖述者，唯《左氏》及《汉书》二家而已。”这种历史的考察采用的不是静止的而是变动发展的方法，是纵向的历史主义的方法，于考镜源流中辨别史书体裁。

《史通》外篇《史官建置》和《古今正史》两篇更是“通古今之变”、“原始察终”史学方法运用的佳例，他从上古史学一直叙述到隋、唐，直至刘知几撰《史通》时的“今上”即唐中宗，所以我们完全可以说，刘知几也走上了一条由司马迁开辟了的通史之路，这两篇简直就是一部古代史学发展简史。

上述二例都是比较宏观的内容。而在一些比较细微的问题上，知几也同样采用这种历史方法。

比如关于纪传史五种体例的评论，刘知几也都能从历史的叙述中，判断其体例的性质以及得失。如《表历》篇首先原表的起源及其格式，继而考评史迁的表、班固的表以及魏晋南北朝时代的表。再如《论赞》篇讨论史书的论赞问题，从《左传》说起，按历史顺序相次评述了司马迁、班固以及魏晋南北朝一大批史家。至如《序例》、《题目》、《断限》、《编次》、《载文》、《补注》、《因习》、《言语》、《叙事》、《品藻》、《直书》、《曲笔》、《鉴识》、《探赜》等等，都是采用这种方法。其评述对象大抵是先

《尚书》、《春秋》，后《史记》、《汉书》，再下是魏晋南北朝诸史，偶尔涉及大唐所修诸史。几成定式。不过，《史通》一书除《史官建置》、《古今正史》二篇志在叙述史籍源流因而采用的多是叙事形式之外，其他都是史学评论的专题论文。这些史评论文，每题都要论证一个中心思想，全书合起来，又构成一个相当完整而系统的思想理论体系。尤其是该书的内篇，专门讨论历史编纂学，显示出其内容的完整性、系统性和形式的统一性、逻辑性。刘知几的史论以充分的论据以及对这些论据的历史的表述为其特征，这是它的长处，这一长处正是通变方法的具体体现。它的短处在于缺乏深入的理论分析和概括。

兹以《序例》篇为例，加以分析。该篇有两方面的内容，前面论"序"，后面论"例"。如论"序"云：

> 孔安国有云：序者，所以叙作者之意也。窃以《书》列典谟，《诗》含比兴，若不先叙其意，难以曲得其情，故每篇有序，敷畅厥义。降逮《史》、《汉》，以记事为宗，至于表志杂传，亦时复立序。文兼史体，状若子书，然可与诰誓相参，风雅齐列矣。迨华峤《后汉》，多同班氏。……峤言辞简质，叙致温雅，味其宗旨，亦孟坚之亚欤？
>
> 爰洎范晔，始革其流，遗弃史才，矜炫文彩。后来所作，他皆若斯。于是迁、固之道忽诸，微婉之风替矣。

先借孔安国的话，论定序的涵义，知几以此义为准，列举大量事例以评论之。很清楚，他采用了原始察终的方法，从

《书》、《诗》说起，次《史记》、《汉书》，次后汉以及晋、宋、陈、隋诸史，完全是历史的分析、评述。这样讲，脉络清晰，使人得到一个历史发展的概念。他的分析、评述完全体现在这个历史发展过程之中。然平心论之，知几对序的重要性，对如何写好序，并没有作深入的理论分析。字里行间只是表达了他对序的基本立场，喜欢言辞简质，反对矜炫文彩。

知几以"原始察终"的观点和方法分析、考察历史、史学，例证俯拾即是。

《书志》篇说："如斯变革，不可胜计，或名非而物是，或小异而大同。但作者爱奇，耻于仍旧，必寻源讨本，其归一揆。"

《核才》篇批评齿迹文章而兼修史传的情况说："然向之数子所撰者，盖不过偏记杂说，小卷短书而已，犹且乖滥舛驳，一至于斯。而况责之以刊勒一家，弥纶一代，使其始末圆备，表里无咎，盖亦难矣。"

《疑古》篇说："至于远古则不然。夫其所录也，略举纲维，务存褒讳，寻其终始，隐没者多。"

《惑经》篇说："考兹众美，征其本源，良由达者相承，儒教传授，既欲神其事，故谈过其实。"

《忤时》篇说："凡此诸家，其流盖广。莫不赜彼泉薮，寻其枝叶，原始要终，备知之矣。"

可见，"原始察终"的观点和方法已经被刘知几非常熟练地运用到其史学评论中。知几把史学发展史看作是一个有始有终的变化过程，始自上古，终于当代。他就是在从上古到初唐这样一个漫长的时间跨度中完成其原始察终的史学总结工作。

通古今之变的观点和方法，当然要知古知今，要原始察终，而更重要的是把握住古今、始终的“变”。原始察终，见盛观衰本身就有通变的思想。了解了变，才能确定应变之法。知几考察史学，对这个变字用力颇多，而应变之法也很切实，这是其通古今之变方法的具体应用。《史通·因习》云：

> 盖闻三王各异礼，五帝不同乐。故传称因俗，易贵随时。况史书者，记事之言耳。夫事有贸迁，而言无变革，此所谓胶柱而调瑟，刻船以求剑也。

这就是说，史学的变化自应随着时代的变化而变化，不应该用老办法去对待它。这种史学发展史观是知几史学思想中最光彩的内容。“传称因俗，易贵随时”，强调的是根据变化了的情况决定应变的办法，知几运用得非常广泛，非常熟练，术语也十分丰富。比如，知几认为汉代的诸侯不同古代的诸侯，没有世家，因而司马迁“必编世家，实同列传”①，所以“虽得划一之宜，讵识随时之义？”② 司马迁记载人物的邑里颇有发明，“凡有列传，先述本居。至于国有弛张，乡有并省，随时而载，用明审实。”③ 这就克服了以往典籍记载人物邑里难详的缺点。知几认为：“古往今来，名目各异，区分壤隔，称谓不同。所以晋、楚方言，齐、鲁俗语，六经诸子，载之多矣。自汉已降，风俗屡迁，求诸史籍，差睹其事。……斯并因地而变，随时而

① 《史通·世家》。
② 《史通·世家》。
③ 《史通·邑里》。

革，布在方册，无假推寻。足以知氓俗之有殊，验土风之不类。”①“因地而变，随时而革”是他肯定方言、俗语的理论根据。

知几“随时之义”的思想有时用“时移世异”的术语来表述。如《六家》篇云：“至太史公著《史记》，始以天子为本纪，考其宗旨，如法《春秋》。自是为国史者，皆用斯法。然时移世异，体式不同。”知几认为《史记》本纪之体取法《春秋》，但“时移世异”，故二书“体式不同”。同篇，知几归纳六家，也说“朴散淳销，时移世异”。《核才》篇也说：“盖史者当时之文也，然朴散淳销，时移世异，文之与史，较然异辙。”看来以“时移世异”观点立论，是知几自觉的理性认识。

从思想渊源来看，“时移世异”是对韩非子思想的继承。《史通·模拟》篇说：

> 世异则事异，事异则备异。必以先王之道持今世之人，此韩子所以著《五蠹》之篇，称宋人有守株之说也。

韩非的进步的历史观给知几提供了丰富的思想营养。前引知几“盖闻三王各异礼，五帝不同乐，故传称因俗，易贵随时”的话似又同商鞅的思想有关，《商君书》有《更法》篇，曾说“三代不同礼而王，五霸不同法而霸”，因提出“当时而立法，因事而制礼”，“治世不一道，便国不必法古”的主张，知几的思想同商鞅的思想是十分吻合的。知几从古代思想家那里吸取思

① 《史通·杂说中》。

想营养是必然的，在“随时之义”或“时移世异”的认识上他也不曾超越古代思想家的认识水平，但是把这种思想运用于史学实践和史学评论，则是他的杰出贡献。

“通识”的方法首先是历史的方法，即“通古今之变”的方法，“原始察终”的方法，但是也不仅仅如此。在许多情况下，“通识”则是认识事物的根本原则或标准，知几用此来区分史学批评对象的是非、善恶。《鉴识》篇云：

> 夫人识有通塞，神有晦明，毁誉以之不同，受憎由其各异。盖三王之受谤也，值鲁连而获申；五霸之擅名也，逢孔宣而见诋。斯则物有恒准，而鉴无定识，欲求铨核得中，其唯千载一遇乎！况史传为文，渊浩广博，学者苟不能探赜索隐，致远钩深，乌足以辨其利害，明其善恶。

“识有通塞”，这是就人主观认识能力而言，通识是说认识正确，塞识是说认识受其阻隔，认识不正确。作为客观事物，即认识的对象是有一个客观是非标准的，这就是“物有恒准”。但人们如没有一个正确的认识，即“鉴无定识”，也不能对客观事物求得一个得中的答案。鉴者镜也，鉴识之谓是说人之主观之反映客观，就如同明镜之照物，虚空之传响一般，如实反映，这要求史家兼善忘私。所以通识又归结到史家的修养上来，归结到直书实录之义。从史家史识修养上论，我们将在后面专题分析。这里从方法论上说，通识除表现“通变”的历史方法之外，还有许多方法是值得加以分析的。

一是“求名责实”法。

刘知几在评论史家、史书时，总要先从对事物的分析中概括出来一个标准，确定事物的内涵和性质，然后用以衡量被评论的对象，判明其是非曲直和是否名实相符。这是刘知几经常使用的方法之一，几乎贯穿《史通》全书，尤其是对史书体例的评论。

比如，他对纪传史诸体的评论，都用这种方法。本纪在于"列天子行事"，本纪就像《春秋》经，"系日月以成岁时，书君上以显国统"，或者说"既以编年为主，唯叙天子一人。有大事可书者，则见之于年月；其书事委曲，付之列传，此其意也。"这就是说，本纪一体有两个重要特点。一是记载天子行事，二是用编年体，记大事。这两个特点是知几总结归纳历代纪传体正史的本纪而提出的。这是他确定的本纪体的标准、性质。以此为标准，他批评司马迁的十二本纪，以为"项羽僭盗而死，未得成君"，"况其名曰西楚，号止霸王者乎？霸王者，即当时诸侯，诸侯而称本纪，求名责实，再三乖谬。"[①] 又说，周从后稷到西伯，秦自伯翳至庄襄，爵乃诸侯，也不该称本纪。这是从本纪记天子行事这个标准检验的。他批评陆机《晋书》"列纪三祖，直序其事，竟不编年。年既不编，何纪之有？"批评魏澹《后魏书》、李百药《北齐书》"于诸帝篇，杂载臣下，或兼言他事，巨细毕书，洪统备录。全为传体，有异纪文"。[②] 批评司马迁"《项纪》则上下同载，君臣交杂，纪名传体"，"推其序事，皆作传言"[③]，批评范晔《后汉书·皇后纪》"其传也，而谓之为纪"，陈寿《三国志》

① 以上皆引之《史通·本纪》。
② 《史通·本纪》。
③ 《史通·列传》。

载孙权、刘备“其实纪也，而呼之曰传”。①

这种“求名责实”法，知几运用得非常广泛，对世家、列传、表历、书志、论赞、序例、题目、断限、编次、称谓等，都是先定其名，再责其实的。这里需要检验一下“求名责实”作为方法论的理论价值。关于名实的关系，这是我国自先秦以来就广为学者关注的一个问题。什么是“名”？一般指事物的概念。什么是“实”？一般指客观存在的事物。当人们分析事物的概念的时候，必然联系到概念与事物，即名与实的关系。春秋战国时代，社会制度激烈变化。事物的内容变化了，可是仍然沿用旧的名称，出现了“名实相怨”的情形，于是产生了辨析概念的必要。百家争鸣更直接促进名辩思潮的发展，名实关系之争也是争鸣的一大课题。孔子的“正名”论，企图用旧的“名”来匡正变化了的现实。墨子针对孔子颠倒名实关系的“正名论”，提出了“取实予名”的命题。“取实予名”，就是根据事物的实际情况，给予相称的名称。后期墨家主张“以名举实”②，坚持了实为第一性、名为第二性的看法。到了荀子，吸取了墨家“取实予名”的基本思想，辩证地论证了名实关系，对先秦名辩思想做了总结性的概括。

刘知几对名实关系的理解比较接近于孔子“正名”的观点，起码说，他过分强调了名，强调了实要与名相应。所以说，“求名责实”说颇近“正名说”。当然刘知几清楚看到了事物的变化，即“实”的变化，并非要求事物要倒退到原来的地方，欢迎人们根据事物的变化而淘汰旧名，给予新名，这是好的。他

① 《史通·列传》。
② 《墨子·经上》。

批评司马迁所列世家,汉代诸侯与古代诸侯不同,必编世家,实同列传,虽得划一之宜,讵识随时之义。因此他肯定班固“厘革前非”,去掉世家一体,一概称传。这是“事势当然”。由此我们可以看出,知几之“求名责实”又不同于孔子的“正名”。他的出发点并非要保护旧事物,并非要史书都按照前人的规矩循而不改。《题目》篇有言:上古之书有三坟、五典,其次有《尚书》、《春秋》,自汉已下,其流渐繁,大抵史名多以书、记、纪、略为主。至孙盛有《魏氏春秋》,孔衍有《汉魏尚书》,习旧捐新,“虽得稽古之宜,未达从时之义。”“榷而论之,其编年月者谓之纪,列纪传者谓之书,取顺于时,斯为最也。夫名以定体,为实之宾,苟失其途,有乖至理。”他批评吕不韦、陆贾之书,“唯次篇章,不系时月”,皆号曰“春秋”,鱼豢、姚察著魏、梁二史,“巨细毕载,芜累甚多”,而俱榜之以“略”。所以“考名责实,奚其爽欤!”何法盛撰《晋中兴书》,贵于革旧,未见取新。《晋书》“载记表名,可谓择善而行,巧于师古者矣。”

上面摘引的知几论述,可见两点:其一,知几欢迎“取顺于时”,根据事物的变化,创制新名,这是对的。而且明确“名以定体,为实之宾”,还是把实放到主的地位,这是不用怀疑的。其二,他在实践中却是用名去衡量实,反客为主,这也是他经常性的思路。因此,我们不必要去抽象地评论刘知几的“求名责实”之法,还是具体问题具体分析。有时这种评论很有卓见,有时又失之偏颇。

名与实是一对互相依存的范畴,有矛盾的一面也有统一的一面。万物皆变,永远不会停留在一个固定的地方,但意识往往落后于存在,实变了,而名确有个相对的稳定性。比如,知几对纪传体正史“本纪”体例的界定,大体上是不错的。但如果追究司马迁的原意,那还有不小的分歧。对"世家"体例的认识也是这样。概而言之,司马迁坚持的是历史观点,承认历史的实际,刘知几坚持的是伦理观点,承认等级名分。被知几指责的"名实无准"的司马迁比较名实相副,相反,知几倒是犯了名实无准的毛病。关于这个问题,本书还会详论。

从一般意思上来说,知几对名实关系的认识,既有可取之处,又有颇多失误之点。他既主张"随事立号","取顺于时",又主张"立例求准","求名责实",应该说这是相当辩证的。问题就出在过分相信自己"立例求准"上。

二是历史比较法。

历史比较法也是刘知几常用的方法之一,其比较的范围相当广泛,有史书与史书的比较,有史家与史家的比较,有史书不同体例的比较,有古今不同历史时代的比较,也有文史的比较等等,综合看来,可分为纵向的历史比较和横向的历史比较两大类。现先作分析说明,然后再作综合评论。

刘知几作了大量的史书的比较评论,最典型的例证是关于《春秋》三传的比较评论。《史通》外篇有《申左》篇,他在简略地回顾了历史上人们对《春秋》三传不同的评论后,发表了他本人对三传的看法,其根本意见就是:"盖《左氏》之义有三长,而二传之义有五短。"

他具体指出,《左传》所有笔削及发凡例,"皆得周典,传孔子教,故能成不刊之书,著将来之法";左氏躬为太史,"博览群书",故其传"广包它国,每事皆详";以同圣之才,膺授经之托,上访夫子,下访其徒,故"凡所采摭,实广闻见"。

对比《左传》这三长,他归纳《公》、《谷》二传有五短。表现在二传作者"生于异国,长自后来",所本乃"传闻之说",自不如丘明与孔子生在同时身居同国；二传语言不如左氏直载当时人物本语，保其本真；其记言载事理甚迂僻，言多鄙野，不如左氏继承国史成文的菁华，有源有本；缺漏甚多，不如左氏能补经文缺漏之史实；释义有违夫子之教，奖进恶徒，疑误后学。

三长五短之论确切与否，自当别论，这里将诸书作各方面的比较，不失为一种史学方法。

关于史书体例的比较，也是知几惯用的比较内容。《二体》篇关于编年、纪传二体的比较就是一个典型的例证。他分析二体之短长，认为"互有得失"，各有其美，可并行于世。从方法论的角度看，《二体》篇的比较研究态度公允，逻辑性强，是篇颇有说服力的文字。

还有史家与史家的比较。如他把左丘明、司马迁视为"君子之史"，吴均、魏收视为"小人之史"，两者"薰莸不类"[①]。把司马迁、班彪视为"史之好善者"，董狐、南史视为"史之嫉恶者"[②]。知几在《自叙》里把他自己同扬雄作了细致入微的比较，使人读之颇有兴味。本书在生平篇已作征引。这种比较，针对性强，它不仅是知几"铭之于心，持以自慰"的感情抒发，也是他借助比较"迹类先贤"而作的一个自我评价，又是理性的认识。由此又引出一个"抑犹有遗恨，惧不似扬雄者有一焉"，担心《史通》与粪土同捐，烟烬俱灭。上述比较，大都是比较简单的类比，求其某些相似之处。

较为成熟的历史比较法要算在通识观点指导下所进行的历史的纵向的多方面综合比较。比如他分析史馆修史的弊端

① 《史通·杂说下》。

② 《史通·杂说下》。

就是同古代修史的传统两相比较的。指出古之国史，皆出自一家，立言不朽；今之著述，大集群儒。这是从本质上比较，就不是形貌上似与不似的问题。

刘知几的历史比较法运用面广，有纵向的比较，横向的比较，宏观的比较和微观的比较。这种比较，有助于他对问题的分析和把握，以求得一个比较深入的全面的认识。但是一种科学结论的做出绝不是仅仅靠某种方法就能达到的。我们发现，在刘知几的历史比较中，关于二体的比较和古代修史同史馆修史的比较所得结论有说服力，大体可靠，原因是，他在这比较宏观的历史比较中，能够以通识的观点为指导，把握史学发展的脉络。我们也发现，即使上述两种比较，也有些毛病，比如在二体之比较中，对纪传史得失的估价就不大符合实际。什么原因呢？一是主观的因素太强。在历史评论中，史家不可能不渗入主观因素，但是要力求态度公允，兼善，忘私。知几对三传的比较，非常明显地注入了太多的主观好恶成分，溢美《左氏》，贬低《公》、《谷》。第二，单纯用历史比较，而忽视历史的联系，忽视其他方法的同时并用，就容易流于形式主义，所作结论亦缺乏说服力。比如对纪、传两体例的比较，刘知几没弄清楚史迁创例的想法，也不去检验纪传体发展的历史实际，结果做出的结论就很有武断性。

历史比较法是通过对不同时间、不同空间的历史现象进行对比研究，分析异同，以求发现历史本质，探求历史的规律性。通过分析异同，寻探本质联系，其间有分析，也有归纳综合。既然比较，就要区分事类，审订名实，辨别异同，考镜源流，弄清沿革。因此，知几所运用的各种史学方法，是互相联系，密不可分的。原始察终时少不了审名实，别异同，在进行通变的纵向考察中，也离不开横向的区分事类。就区分事类而言，也多注意事物的流动。支撑知几史学研究方法论理论框架的，有许多范畴，具有相当浓厚的辩证因素。这些范畴是：名与实，变与常，博与一，异与同，事与类，貌与神等等。这里重点探讨一下知几的异同论和分类思想。

分析和综合是人类思维的基本过程和基本方法，也是人们认识历史的基本方法。运用分析方法研究历史，要求对历史的各部分、方面、特性、因素和阶段分解开来进行考察。在分析的基础上才能综合。因此，分类的方法是历史研究中绝对需要的。

知几的史学方法中，分类法运用得非常广泛。刘相当强调分类的重要性。比如他在讨论到史书时，首先"区分类聚"，析为六家，又根据六家的各自特点，"以类相从"，叙述同类之书。论及《尚书》家，以记言立说，《周书》与其"同类"，故归为一家，再如王劭《隋书》，"寻其义例，皆准《尚书》"，亦如载录。《左传》家，主在编年，《汉纪》已降，名目各异，"大抵皆依《左传》以为的准"，也汇为一家。他言及《史记》家，主在通史，如李延寿之《南、北史》因"君臣流别，纪传群分，皆以类相从，各附于本国"，综数代为一书，也为《史记》之流。具体到纪传史书，又对诸体分别评述，比如论书志，指出班、马著史，别裁书志，后来诸史，"名目虽异，体统不殊。"究其编目，"或名非而物是，或小异而大同"，"必寻源讨本，其归一揆"。也有补阙拾遗之篇，如《宋书》、《符瑞》，魏收《释老》。[1] 看来区分事类，必须要考其异同。国史所书，宜述当时之事，选事应该有个限度，班固作《天

① 《史通·书志》。

文志》,“志无汉事而隶入《汉书》,寻篇考限,睹其乖越者矣。”[①]“苟事非其限,而越理成书,自可触类而长,于何不录?”[②] 知几对班固《天文志》的批评就在于它断限不清,越次而载。

在知几看来,事物分类必须清楚,否则就出现“统体不一,名目相违,朱紫以之混淆,冠履于焉颠倒”的毛病。他指出,司马迁的列传所编者唯人而已,“至于龟策异物,不类肖形,而辄与黔首同科,俱谓之传,不其怪乎?且龟策所记,全为志体,向若与八书齐列,而定以书名,庶几物得其朋,同声相应者矣。”[③] 这意见颇为切实。区分事类,也就是考察事物的异同,诚如知几所说:“盖闻方以类聚,物以群分,薰莸不同器,枭鸾不比翼。”因而要“申藻镜,别流品,使小人君子臭味得朋,上智中庸等差有叙,则惩恶劝善,永肃将来,激浊扬清,郁为不朽者矣。”[④] 区分事类,考察异同最终就归结为惩恶劝善,而分事类、考异同的根本标准乃是儒家政治伦理观念。这同论名实的目的完全一致。比如,他批评班固《汉书·古今人表》在区分人物等类上,往往“是非瞀乱,善恶纷拏”[⑤],像江充、息夫躬“谗谄惑上”,“毒及忠良”,论其奸凶,远过于石显,但班固“不列佞幸”[⑥]。批评嵇康《高士传》不列“乐道遗荣,安贫守志”的颜回,批评沈约《宋书》不将“效节边城,捐躯死敌”的阳瓒“别加标

① 《史通·书志》。
② 《史通·书志》。
③ 《史通·编次》。
④ 《史通·品藻》。
⑤ 《史通·品藻》。
⑥ 《史通·品藻》。

榜”，而“唯寄编于《索虏》篇内”。[①] 如此等等，史官“不能使善恶区分”，类分不当。可见，儒家政治伦理观是知几分事类、考异同、正名实的是非标准。

综上所述，刘知几的史学方法论丰富多彩，而具有强大生命力的史学方法还是“通古今之变”，亦即他的“通识”。每当知几“通识”观点和方法运用得好，并且真正能统率、驾驭其他方法，他就在史学评论中做出可喜成绩。否则，一旦缺乏基本的把握，有些看来很好的方法也会把他的研究引入歧途。

应该指出，无论是“通古今之变”，还是求名责实等，知几并不曾给我们留下多少理论概括，就其方法而言，亦受其认识程度的限制，并不那么前后贯通，而且他的观点和方法深深打着儒家政治伦理思想的烙印。但是，他能够把这些观点和方法运用于史学领域，并能自觉而熟练地去分析一切史学问题，这就是绝大的贡献。本书以下诸章将展现知几理论贡献的各个侧面，这都是其政治伦理思想和历史观、方法论的具体体现。

① 《史通·品藻》。

第四章 《史通》之构思

在中国史学史上，刘知几最大的贡献是留下一部完整而系统的史学评论专著《史通》，这是一部空前的著作。研究他撰写这部书的动机和指导思想，研究他以"通"名书的内在涵义，研究他对这部书的整体构思，对于了解他的史学思想是颇有意义的。

一、撰《史通》的动机

唐中宗景龙四年(710)，知几完成《史通》的写作。是年二月，他为该书作序，回顾他撰写《史通》的经过。他说自己身任史职而忧心史事无成，因而"尝以载削余暇，商榷史篇，下笔不休，遂盈筐箧，于是区分类聚，编而次之"。可见，"商榷史篇"是知几的史学旨趣所在，也是《史通》一书的根本任务。

《史通》内篇有《自叙》一篇，比较系统地说明了他治史的经过和史学志趣，明确他撰写《史通》的本意。对此，上篇已作较详细的介绍，这里仅就有关著《史通》动机的几个问题加以评论。

关于志趣和条件。

知几夙好史学，自幼及长，博览群籍，深思博考，比较异同，多有发明。青少年时代立志史学事业的浓厚的兴趣、顽强的毅力、宽广的视野以及丰富的积累，走了一条独立钻研和博通的治学道路。兴趣和毅力的结合使知几得以博览群书。没有兴趣不行，没有毅力也不行。兴趣和毅力也不是一时的激动，刘知几几十年如一日，持之以恒，从没有放弃史学志趣，也没有放松自己的努力，反而是随着时间的流逝使他献身史学事业的志趣更浓，毅力更坚强。一种巨大的精神力量始终支持着他，这精神力量就是作为其思想支柱的儒家政治伦理思想，就是儒家知识分子建功立业的人生观，就是孔夫子的光辉榜样。刘知几的功名观是现实的，也就是说，在现实社会中他要找到自己合适的位置，希望得到朝廷重用，授以高官，委以重任，以施展自己的才能，于家于国皆能有所贡献。因此，当他在现实中遭到冷遇的时候，他灰心过，消极过，甚至一度信奉了道家消极避世的人生哲学，写过《思慎赋》。刘知几的功名观更是理想的，他始终把书名竹帛当作神圣的不朽之业，将献身史职视为“生人之急务，为国家之要道”。在这里，儒家“内圣外王”之道，修齐治平的实践之路成了他为之奋斗终生的事业。尽管理想与现实有多么大的距离，刘知几始终按照他所信奉的思想走下去，这是非常了不起的。在中国封建社会里，能够把中国传统文化中的儒家思想，特别是先秦孔孟思想中的政治人伦思想的精华付诸实行，而且并不是口头上而是身体力行，于己则是正人君子，在国则是忠良之臣，不管是在当时，还是在现在，都应该给予历史的肯定。刘知几找到了孔子及儒家学说，找到其一生的精神支柱，并身体力行，这是他一生从事史学著述的巨大动力，也是他成功的思想条件。

此外，独立思考精神使知几深思博考，比较异同，因而多有发明。独立思考之于现在，人们颇能理解它的价值。独立思考之在古代，人们也并不是不加提倡。孔子曾经说过："学而不思则罔，思而不学则殆。"[①]"多闻，择其善者而从之；多见而识之。"[②] 知几也征引过孟子"尽信书不如无书。《武成》之篇，吾取其二三简"这段著名的话[③]。但是，由于儒学的统治地位和儒家经书被奉为不刊之典，一般士人如果对经书提出质疑或者批评，往往被视为邪说异端，遭到诋毁。没有独立思考，就不可能有学术的进步。知几独立钻研和博通的治学道路是一条成功之路。没有这一点，也就没有《史通》的成就。知几具有博极群书、融会古今的渊博学识，是其在广阔的视野上进行纵横比较、评古论今的知识基础。知几不为传统所惑，不为权威所拘，敢于独立思考，批判创新的精神，是其进行学术评论的思想基础。这思想基础最突出的就是识见。

关于"商榷史篇"。

知几写《史通》的任务是"商榷史篇"。如何商榷史篇呢？《史通·自叙》说"思欲辨其指归，殚其体统"。"辨其指归"，就是明确修史目的，主要是劝善惩恶。"殚其体统"，是严格检验

① 《论语·为政》。
② 《论语·述而》。
③ 《史通·疑古》。

史书的体例。就辨其指归而言,思想非常丰富,但史学界对此阐发较少,这里多说几句。《史通·自叙》说:“其书虽以史为主,而余波所及,上穷王道,下掞人伦,总括万殊,包吞千有。”此言颇有分量!知几既已明言他的《史通》“虽以史为主”,但并不仅仅言史,也是一部“上穷王道,下掞人伦”的书,我们更不应该忽视《史通》的思想意义,仅仅视之为史学理论著作。知几“盖伤当时载笔之士,其义不纯”,这个不纯之义,既包括体统,也包括指归。而且在通常情况下,唯其指归不纯,方带来体统不纯。在大量的批评体统不纯的论述中,往往归结为“名实无准”、善恶不分、掩恶虚美、鉴无定识,说明体统不纯乃根源于是非不明。比如他批评魏收所撰《魏书》,曾经指出:“收谄齐氏,于魏室多不平。既党北朝,又厚诬江左。性憎胜已,喜念旧恶,甲门盛德与之有怨者,莫不被以丑言,没其善事。迁怒所至,毁及高曾。书成始奏,诏收于尚书省与诸家论讨,前后列诉者百有余人。时尚书令杨遵彦,一代贵臣,势倾朝野,收撰其家传甚美,是以深被党援。诸讼史者皆获重罚,或有毙于狱中。群怨谤声不息。”[1] 魏收所为,显然是史德不正,“爱憎由已,高下在心”[2],违背了作为一名史臣的“记功司过,彰善瘅恶”的宗旨。

知几“上穷王道,下掞人伦”,反映了其著史见义的明确指导思想。司马迁撰《史记》,寓论断于叙事之中,刘知几撰《史通》,寓论断于评史之中。《史通》一书,无一篇不在评史,也无一篇不阐述其史义,观点鲜明,体现出史家彰善瘅恶的深刻的

---

① 《史通·古今正史》。

② 《史通·曲笔》。

认识和强烈的感情。

知几这样表述他撰写《史通》的史义：

其为义也，有与夺焉，有褒贬焉，有鉴识焉，有讽刺焉。其为贯穿者深矣，其为网罗者密矣，其所商略者远矣，其所发明者多矣。[①]

对古代学术进行“与夺”、“褒贬”、“鉴识”、“讽刺”，这道出了其史学批评的特点。所谓贯穿者深，网罗者密，商略者远，发明者多，通观《史通》，知其言之不诬。贯穿之义系指《史通》一书所体现的思想、精神，这是宗旨，是指导思想。《史通》一书体现了知几之直书实录之义，强调史学求真，求真以区分善恶、美丑，进而彰善瘅恶。故《史通》所贯穿之义是史家“记功司过，彰善瘅恶”之旨，是儒家政治伦理观的具体体现。《史通》一书网罗密，商略远，多有发明。

“殚其体统”是检验史书的体例。知几重点是批评了纪传史的体例。

辨指归、殚体统可说是知几商榷史篇的两大基本内容，前者在于明史义，后者在于明史法，二者缺一不可。知几固然着重在明史法，这是《史通》一书的特色。但是，没有离开史义的史法，缺了史义，史法便失去了灵魂。清代学者章学诚曾经这样说过：

吾于史学，盖有天授，自信发凡起例，多为后世

① 《史通·自叙》。

开山，而人乃拟吾于刘知几。不知刘言史法，吾言史意；刘议馆局纂修，吾议一家著述；截然两途，不相入也。[①]

如果说，刘知几着重讲史法，章学诚着重言史意，这是符合实际的。各人所处时代不同，所负历史使命有异。乾嘉之世，某些考据学家为考据而考据，忘记了治学目的，学诚批评汉学，重新阐明史学所以经世就十分重要。章言史意，主张“以意为宗”，“全其所自得”，批评一些汉学家因袭旧贯，墨守成规，认为所谓“师事”，不过是“自得”的桥梁，“文史之争义例，校雠之辨源流”[②]，这是他著书立说的出发点。知几则不同，他面临着对唐以前史学全面总结的历史任务，包括治史宗旨、历史观和历史编纂学等多方面的内容。其学说的基本内容，似可概括为史学理论和历史编纂学两大部分，即前言的辨指归的史义和殚体统的史法。

从客观上考察，刘知几撰《史通》以对我国古代史学进行系统而全面的总结，这是历史的需要和可能，是史学发展的必然趋势。从主观上考察，刘知几能独当此任，则是其治学道路使然。这主客观条件的成熟和有机配合，是使刘知几走上成功之路的根本保证。在这里，思想和见识起了非常重要的作用，这便是他以错综经纬、贯通古今的“通识”观点。他用“通识”的观点，全面分析、研究以往史书、史家的得失利害，以“辨其指归，殚其体统”，并对自马、班以降的史籍“因其旧义，普加厘

① 《文史通义》外篇《家书二》。

② 《文史通义·与孙渊如观察论学十规》。

革”。通识是《史通》全书的主题，是刘知几史学思想的精神所在。

“刘议馆局纂修，吾议一家著述”，核之史实，此言并不全面。刘知几固然议过馆局纂修，殊不知他是持批判态度的，更多的他也议“一家著述”！刘知几说：

> 昔丘明之修《传》也，以避时难；子长之立《记》也，藏于名山；班固之成《书》也，出自家庭；陈寿之草《志》也，创于私室。然则古来贤俊，立言垂后，何必身居廨宇，迹参僚属，而后成其事乎？是以深识之士，知其若斯，居退清静，杜门不出，成其一家，独断而已。①

这里，他表彰古代著名史家左丘明、司马迁、班固、陈寿，他们各自写出了《左传》、《史记》、《汉书》、《三国志》等史学名著，全是出于私创。他自己也要像这些史家那样，自成一家，独自发挥其聪明才智，创造性地撰写历史。并不安心于当个馆局编修之官，反感到退居清静、成其一家为好。这充分说明，知几在馆局纂修和自成一家二者，态度是明朗的。这当然透露了他对史馆监修制度的不满，唯其如此，他也议论不少馆局撰修之事。在这方面，刘知几和章学诚都继承和发展了自古以来“成一家之言”的史学优良传统，并非“截然两途”。

综上所论，刘知几以“通识”观点为指导“商榷史篇”，以“辨其指归，殚其体统”，这便是刘知几撰写《史通》的目的，也

① 《通义·辨职》。

是《史通》一书的基本内容。

二、《史通》之“通”

《史通》以“通”名书，颇有深意。《史通序》云：

> 昔汉世诸儒，集论经传，定之于白虎观，因名曰《白虎通》。予既在史馆而成此书，故便以《史通》为目。且汉求司马迁后，封为史通子，是知史之称通，其来自久。博采众议，爰定兹名。

刘知几以《史通》拟《白虎通》，决非仅仅采来一个“通”字。我们分析起码有两层意思：其一，白虎观诸儒论《五经》同异成《白虎通》，这个“通”字乃“疏通”之义，即疏通经学，定为标准。《史通》之义，当为疏通史学，成为不刊之典，后世之法。这绝不是生硬地比附。

大家知道，白虎观会议的任务在于制订朝廷对经书的统一解释。皇帝亲自裁决，会后，班固奉命将纪录整理编辑成书，即《白虎通》，也称《白虎通义》，或称《白虎通德论》。《白虎通》是一部名副其实的经学通义，一部简明扼要的经学法典。它不像一般经学著作那样解释个别经书的章句，而是就经学涉及的重要问题作理论性的说明。它也并不是个别经学家观点的反映，而是由皇帝钦定的解释，代表封建统治阶级的整体意志，一定程度上起着制度的作用和法律的作用。所以这个“通”是“通义”，是原则，是标准。前言“疏通经学，定为标准”，就是这个意思。刘知几写《史通》，也要疏通史学，统一史学，为后世立法。这个志气不算小。笔者以为，刘知几很懂得白虎观会议皇帝称制临决的权威性，他也自视《史通》有无可争议的正确性，只可惜刘知几时没有一个汉章帝。其"无夫子之名，而辄行夫子之事"的慨叹亦是如此，他自有高过班固之才，却赶不上班固走运。其二，也表达了他对《白虎通》撰稿人班固的赞扬之情。赞扬班固，倒不是赞扬他写了《白虎通》，而是作为对《汉书》的肯定。

《史通》称"通"，还受司马迁的影响。"汉求司马迁后封为史通子"，这个"通"字应该是司马迁"通古今之变"的"通"。刘知几深得司马迁"通古今之变"之法，他的"通识"观点便是对"通古今之变"的继承和发展。这里有必要就中国史学史上关于重"通"的思想作一简单的历史回顾。

在中国史学史上，史家向来注重于"通"，提倡"通史"的著述。久之，形成为一种贯通古今的学术思想和世代相沿的优良学风，乃至行之有效的治史方法。清代著名史学家章学诚对此进行了概括，名之曰"通史家风"。当然，也有人对通史向来持不同看法，这不同的看法，导源于对中国古代两部史学名著《史记》和《汉书》优劣的评论上。马、班优劣之争持续了近两千年，论者因见智见仁，各执一隅，由之而形成了对通史、断代史的不同态度，或尊通史而抑断代，或尊断代而抑通史，此疆彼界，"咸擅一家，而各自弹射，递相疮痏"。①

照实说来，通史、断代虽各成一家，表现了不同的学风，但它们之间并没有不可逾越的鸿沟。二者各有千秋，相得益彰。

回顾《史》、《汉》分争的历史，我们看到，最早评论《史记》

① 《史通·书事》。

的是班彪、班固父子。固袭父说，他在《汉书·司马迁传》中有一段集中的评论。评论肯定司马迁“所涉猎者广博，贯穿经传，驰骋古今上下数千载间，斯已勤矣。”批评司马迁“是非颇谬于圣人，论大道则先黄老而后《六经》，序游侠则退处士而进奸雄，述货殖则崇势利而羞贫贱，此其所蔽也。”文势一转，又赞美司马迁：

> 然自刘向、扬雄博极群书，皆称迁有良史之才，服其善序事理，辨而不华，质而不俚，其文直，其事核，不虚美，不隐恶，故谓之实录。

班氏评论褒贬各半，并没有故意贬低《史记》之意，但班说影响颇大。如刘宋裴骃便说：“骃以为固之所言，世称其当。”[①] 不过，班固评司马迁“此其所蔽”三条，并不符合历史实际，即使司马迁“先黄老而后《六经》”等，也并不能视为司马迁的弊端。对此，学者多有论述，此不赘言。不过，这不合实际的批评在一个相当长的时期内几成定论，大大损害了司马迁及其《史论》的声誉，而且在儒家思想占统治地位的封建社会里给其加上离经叛道的罪名。

知几论《史》、《汉》得失，立言甚多。他说：“逮《史》、《汉》继作，踵武相承。王充著书，既甲班而乙马；张辅持论，又劣固而优迁。然此二书，则互有修短，递闻得失，而大抵同风，可为连类。”[②] 这是知几对二书的基本立场。他主张兼取各家之长，反

---

① 《史记集解序》。

② 《史通·鉴识》。

对“以彼所长而攻此所短，持此之是而述彼之非”[①]，这是相当公允的态度。《史记》重会通，“通古今之变”，《汉书》断代为史，详一代之兴衰，会通与断代，反映了观察历史的两种视野，旨趣不同，思路有别。刘知几推崇断代为史，比较多的肯定《汉书》，不大主张通史，对《史记》的批评比较苛刻。

在我们看来，关于《史》、《汉》优劣和通史、断代之争，重此抑彼或抑此重彼都不对。诚如刘知几所言“互有修短”，这并非折中，历史总是在批判、综合、创新的过程中推向前进的。《史记》是在继承了《左传》等史学成果的基础上加以创新而出现的，《汉书》则直接继承了《史记》的成果，但也有创造。马、班以后的著作，固然受过《史记》的滋润，亦受过《汉书》的熏陶。从史学发展的历史来看，一部好的断代史的出现必然要受到通史的启发和影响，一部好的通史的出现也必然建筑在断代史的坚实基础之上。在《史》、《汉》之后，比较优秀的通史或断代史的出现，关键在于作者有良史之才。但“史才不世出”，所以“自汉已降，几将千载，作者相继，非复一家，求其善者，盖亦几矣”。[②] 这里说的“史才”，盖指具有贯通古今、成一家之言的优秀史家。

从上述意义去理解，刘知几是主张博通、变通，而且也主张成一家之言。尽管他相当重视《汉书》断代为史的创举，但这并不表明刘知几就轻视通史。从本质上说，他没有否定通史的价值，只是感到通史难作。他奉献给我们的史学著作《史通》便是一部通史型的杰作。

① 《史通·杂说下》。
② 《史通·叙事》。

《史通》之"通"通什么呢?

《史通》通古今,通左右。它是一部上下贯通、左右旁通的史学著作。在《史通》中,刘知几纵论古今史籍,记述其渊源流别和因革变迁,品评其得失利弊,这《史通》既是一部古代史学通史,又是一部古代史学通论。

我们说它是一部古代史学通史,因为它撰有《史官建置》和《古今正史》两个专篇,系统地考察了自古至唐的史官、史馆制度的沿革废置,系统地叙述了历代编年、纪传两种体裁史书的编纂过程和因缘关系。此外,还有《杂述》一篇,专门叙述能同编年、纪传正史二体参行的史流杂著。《史官建置》探讨史官建置的源流,可以说是一部系统的修史制度史。《古今正史》叙述正史的演变,反映出我国史学发展的历史概貌。《杂述》析史氏流别为偏记、小录、逸事、琐言、郡书、家史、别传、杂记、地理书、都邑簿十种,一一分析其特点、价值、流别及其演变。这几篇文字,相当系统而扼要地勾画出了中国古代史学发展的线索,实可视为最早的一部中国古代史学通史。

我们说它是一部古代史学通论,因为它论述的问题范围甚广,几乎囊括了历史学的全部问题,诸如治史宗旨、历史观、史学思想、史学方法、史家修养、史书体例、修史常识以及史学源流等等。如果用当今学术界一般公认的史学概论的基本构成来看,它涵盖着历史观、历史文献学(即史料学)、历史编纂学、历史文学、史学批评诸方面,亦涉及于认识主体及客体的相互关系。所以《史通》是一部相当系统完备的古代史学通论。

说它是古代史学通史,这是从纵向考察说的;说它是古代史学通论,这是从横向考察说的。刘知几之于史学,既通古今,又通左右,而且又能熔古今与左右、史与论于一炉,既是通史,又是通论，可谓有特识。我们可以说，《史通》是部地地道道的通史之作。这里应该特别加以强调的，是《史通》尤通历史编纂学。从某种意义上讲，《史通》是系统总结我国古代历史编纂学的第一部专著，刘知几是全面考察古代历史编纂的第一人。

“史之称通，其来自久”，不仅有内容的通，亦有形式的通，不仅有精神的通（如通识），亦有方法的通。所以，当今的学术研究者，尽管各自研究的对象和志趣不同，都可从《史通》里找到自己的答案：史学理论家说《史通》是部史学理论专著；历史文献学家说《史通》是部历史文献学专著；史学批评家则说它是部史学批评；编纂学家又说它是部古代历史编纂学的巨制；史学史家说《史通》是部古代史学史杰作，等等。究其缘由，盖由于《史通》是部史学通史、史学通论，涵盖面广。其博通，变通，又是在其史学“通识”精神统率下展现出来的，“通识”是《史通》的主题，是《史通》的灵魂，也是刘知几的一家之言。

三、《史通》的整体构思

如果说“通识”主要见诸于精神、思想，那么，史例则主要体现于方法。在《史通》一书的整体构思中，以“通识”观点为指导“商榷史篇”，以“辨其指归，殚其体统”为根本任务，这是一。在辨指归、殚体统时，又特别强调体例的规范性，视史例犹如国法，这是二。《史通》就是在思想上的“通识”和形式上的“史例”两者结合上展开整体构思的。

刘知几特别强调体例的重要性，他在《史通·序例》中指出：

夫史之有例，犹国之有法。国之无法，则上下靡定；史之无例，则是非莫准。昔夫子修经，始发凡例；左氏立传，显其区域。科条一辨，彪炳可观。

知几以为作史必先立例，尤贵有法，例不可破，法不可违。在流传至今的《史通》四十九篇文字中，排列整齐，体现了在内容上的有机联系和在形式上的规范性和逻辑性。辨别史书体裁，考镜史籍源流，双管齐下，它是知几历史编纂学的重要组成部分，也是一个相当重要的治学方法。实质上，它是刘氏的史籍目录学和史部分类法。

为了具体展示《史通》一书的构思，有必要将其篇目的内容及其布局加以分析。

《史通》一书分为内、外篇，各十卷。前有《序录》，是刘氏撰成全书时写的小序。内篇有三十九篇，外篇有十三篇，共五十二篇。但内篇中有《体统》、《纰缪》、《弛张》三篇早已亡佚，流传至今的还有四十九篇。这四十九篇的篇目是：

内篇：六家、二体、载言、本纪、世家、列传、表历、书志、论赞、序例、题目、断限、编次、称谓、采撰、载文、补注、因习、邑里、言语、浮词、叙事、品藻、直书、曲笔、鉴识、探赜、模拟、书事、人物、核才、序传、烦省、杂述、辨职、自叙，共三十六篇。

外篇：史官建置、古今正史、疑古、惑经、申左、点烦、杂说上、杂说中、杂说下、五行志错误、五行志杂驳、暗惑、忤时，共十三篇。

《六家》、《二体》列于《史通》内篇之首，用以冠盖全书，别有深意。它一方面透露了《史通》一书着重在探讨古代史籍编纂的整体构想，而探讨史籍编纂不能不从史籍分类入手；另一方面说明《史通》一书在探讨古代史籍编纂体系中又重点探讨史书体例。他把隋唐以前的史籍归纳为六种体例：一曰《尚书》家，二曰《春秋》家，三曰《左传》家，四曰《国语》家，五曰《史记》家，六曰《汉书》家。并依次叙述六体特点，结论云："考兹六家，商榷千载，盖史之流品，亦穷之于此矣。而朴散淳销，时移世异，《尚书》等四家，其体久废，所可祖述者，唯《左氏》及《汉书》二家而已。"六家演为二体，故继而有《二体》篇，论编年、纪传二体之得失利害。认为在汉代已降，二体"角力争先"，后来作者，不出二途，并行于世。无论是六家还是二体，按知几的史籍分类，都称之为"正史"。《六家》、《二体》冠盖全书，也说明刘知几研究的重点是正史。六家二体之说，本书有专门评述，此不具言。这里只指出一点，知几虽指出二体"各有其美，并行于世"，但并不是说编年、纪传平分秋色。他在论述二体并行于世之后说："故晋史有王、虞，而副以干纪；宋书有徐、沈，而分为裴略。"明确承认在二体之中纪传为主，编年为副。这一认识是完全符合历史实际的。正是因为他有了这一认识，在《史通》一书中他主要的精力乃是探讨纪传史的编撰问题。

按照《史通》的布局，《六家》、《二体》之下，由一般到具体，皆就纪传一体中分题著论。《载言》略论史书载言之体。看来刘氏的思路是坚信"古者言为《尚书》，事为《春秋》，左右二史，分尸其职"的观点，因而将史书区分为载言体和载事体。这里先言载言之体，检讨史篇，发现自左氏已降，皆不遵古法，言事相兼，因议设书部。以下论纪传体之"本纪"、"世家"、"列传"、"表历"、"书志"、"论赞"、"序例"、"题目"、"断限"、"编次"、"称谓"等。再以下《采撰》论史料学；《载文》论文史关系；《补注》论史注；《因习》论修史应重视世事变革，反对因仍旧贯；《邑里》

是《因习》的下篇，仍是反对因仍旧贯，专论相矜族望，邑里难详之失；《言语》论史书文辞；《浮词》论史书慎用浮词；《叙事》论叙事之体简而能要；《品藻》论史家品藻人物之法；《直书》、《曲笔》论史家写史态度；《鉴识》论史识；《探赜》论史必辨流通义，明其指归；《模拟》论继承遗产之法；《书事》论选事之标准；《人物》论择人；《核才》论史才；《序传》论序传；《烦省》补论选事之标准；《杂述》补述杂史之源流得失；《辨职》论史馆修史之弊；《自叙》谈著书经过和本意。由此可知，内篇专门讨论历史编纂学。

外篇中，《史官建置》、《古今正史》叙述史籍源流；《疑古》、《惑经》是对儒家经典的探讨和批评；《申左》探讨《左传》；《杂说》三篇是对不同时期不同类型之史书具体问题的分析研究；《汉书五行志错误》纠正班志在体例及编纂方法上的错误；《汉书五行志杂驳》是对五行志错误的具体驳斥；《暗惑》论文史异辙，斥文艺入史之非；《忤时》录作者与萧至忠书，论史馆修史弊端。可见，外篇内容着重在叙述史籍源流，杂评古人得失。较之内篇，有些题目不甚规范，颇有杂乱之感，可能采自刘氏的读书札记。

这四十九篇文字，内容颇为丰富，如果以类相从加以归纳，大致可以分为四类。

一是关于史学发展史的论述。其著名篇目如《史官建置》、《古今正史》、《杂述》、《六家》、《二体》等。这些篇目对我国古代史书著作情况和史官建置沿革等，以历史的眼光一一溯其源流，析其体例，区分类别，贯通古今，是《史通》中十分精彩的部分。

二是关于历史编纂学的论述。这一类在全书中占最多的篇幅，而尤以论纪传史编纂的居多。其间，有评论纪传史各种体例和编纂的，有论述写史态度的，有评论叙述方法和写作技巧的，等等。

三是关于历史文献学的论述。这一类包括史料的搜集、鉴别和取舍，如《采撰》、《载文》、《补注》等，也包括对某些具体历史文献的评述，如《辨职》、《疑古》、《惑经》、《申左》、《杂说》等。

四是关于著书宗旨和历史评论的论述。其间有自述其写《史通》宗旨的《自叙》、《忤时》和阐述评论史家作品标准的《核才》、《鉴识》、《探赜》、《模拟》、《烦省》等。

从《史通》一书的内容似可归纳这样几点认识：

其一，内容丰富，范围广泛。

刘知几在《史通》中，几乎论述了历史学的全部问题，有史学发展史的，历史编纂学的，历史文献学的，也有史学评论的。其间包括了刘知几对修史宗旨、目的的论述，对历史观的论述，对史学思想、史学方法、史家修养、史书体例的论述，对史学源流的论述，以及他对史学评论的论述。所以我们说，《史通》是中国古代第一部史学发展史，第一部史学通论，第一部历史编纂学，第一部史学评论，第一部史学理论。这样估价并不过分。

其二，从编纂体裁入手，着重论述史法。

《史通》固然内容丰富，范围广泛，但也有重点，也有侧重。这个重点就是讨论史书编纂体例。从本色上说，《史通》是部历史编纂学和历史方法论的著作。刘知几的许多论点都是在讨论史书如何编写的过程中提出来的。比如他提出的史才三长论，讲了如何选择、组织史料的能力和记事技巧的史才，讲了历史著述取材问题的史学，亦讲了史家评史的态度和观点的史识，这是史家修养的问题，有很高的理论价值和实践价值。这些观点便是他在讨论史书如何编写过程中提出的。

《史通》讨论历史编纂问题，全面而且系统，从编写宗旨，编写态度，选材标准，到写作的具体体例要求，以及如何叙事如何用语，该涉及的都涉及到了。说它是部历史编纂学，名副其实，有编纂理论，也有编纂方法。

这便又回到《史通》写作动机上来了："思欲辨其指归，殚其体统"，这是《史通》的基本内容。"辨其指归"，是明确修史目的；"殚其体统"，是严格检验史书的体例。由此我们可以体察出《史通》一书的整体构思，以史家通识和治史宗旨为出发点，对以往史书编纂体系进行系统的考察和总结。"辨"、"殚"之义着重于对"史篇"的批评，故《史通》的基本特色是史学的批判，即是一部史学批评之作。而批评的正误程度如何，是对刘知几"通识"的检验。

第五章　史流史体论

关于史流史体，知几有六家二体之说，这是其历史编纂学体系中的重要观点，不少学者给予高度评价。浦起龙在《史通通释举要》中特别提醒读者：

> 《史通》开章提出四个字立柱棒，曰“六家”，曰“二体”。此四字刘氏创发之，千古史局不能越。自来评家认此四字者绝少，此四字管全书。

因此，我们准备就六家二体说的涵义、得失以及理论价值做出评论。

六家二体说是知几有关史流史体的看法。知几在其历史编纂学的体系中，辨别史书体裁，考镜史籍源流，是一个相当重要的组成部分，也是一种相当重要的治学方法。它实质上是刘知几的史籍目录学和史部分类法。

所谓史籍目录学，它是在目录学原理指导下，以中国史籍发展源流和史籍的类型为研究对象的一门专科目录学。它通过揭示历史书籍及其目录的发展演变过程，力求“辨章学术，考镜源流”，阐明中国史籍的编纂形式、内容和价值，以便为史学的学习和研究提供门径及基本书目资料。重点是阐明史籍、史料、史目的源流、类别及史体发展规律。

《史通》一书以相当的篇幅论述了史籍的源流、类别及史体发展规律，主要指《六家》、《二体》、《杂述》及《古今正史》诸篇。其中，《六家》、《二体》、《杂述》诸篇重在阐明史体的分类，《古今正史》及《史官建置》重在考镜史籍源流。

《六家》、《二体》列于《史通》内篇之首，冠盖全篇，是有深意的。它一方面透露了《史通》从史籍分类入手探讨古代史书编纂的整体构想，另一方面说明《史通》一书在探讨古代史书编纂体系中又以探讨史书体例为重点。这就是六家二体说的来源。

知几对六家二体之说自视甚高。《六家》篇说：

> 古往今来，质文递变，诸史之作，不恒厥体。榷而为论，其流有六：一曰《尚书》家，二曰《春秋》家，三曰《左传》家，四曰《国语》家，五曰《史记》家，六曰《汉书》家。

知几接着依次论述这六种史体的主要特点，最后结论云：

> 考兹六家，商榷千载，盖史之流品，亦穷之于此矣。而朴散淳销，时移世异，《尚书》等四家，其体久

废，所可祖述者，唯左氏及《汉书》二家而已。

于是又有《二体》之篇，申论编年、纪传二体之得失。他说的二体实际上是断代的编年体和断代的纪传体。认为在汉代之后，“班、荀二体，角力争先，欲废其一，固亦难矣。后来作者，不出二途。……各有其美，并行于世。”由此看来，刘知几对他的“六家二体”之说是坚信不疑的。

六家二体说不失之为一个有价值的看法。

首先，《六家》、《二体》辨别史书体例是刘知几对隋唐以前史书体例的总结。用历史实际去检验，可以判断这个总结是有其根据的。在史体分类上，他说“考兹六家，商榷千载，盖史之流品，亦穷之于此矣。”这结论下得当然有些武断，而且同历史实际不大符合，但六家确是史之流品最主要的家，则是毫无问题的。应该指出的，他把儒家经典《尚书》、《春秋》以及按传统观点看作专门解释《春秋》的《左传》都分别作为史书的一家，与《史记》、《汉书》平列，这说明刘知几有特识，充分反映了他忠于史学的态度。昔《汉书·艺文志》依刘歆《七略》，分天下书为六艺、诸子、诗赋、兵书、术数、方技六大类，其《尚书》、《春秋》乃六艺略中的两类。左氏列在《春秋》中。班固《书》类之序概述《书》之源流，确定《书》的性质，指出：“《书》者，古之号令，号令于众，其言不立具，则听受施行者弗晓。”知几谈《书》之源流和性质，大体源于《汉志》。至于《春秋》，班固虽列为六艺的一家，但却相当明确地同史联系起来。其《春秋》小序云：“古之王者世有史官，君举必书，所以慎言行，昭法式也。左史记言，右史记事，事为《春秋》，言为《尚书》，帝王靡不同之。周室既微，载籍残缺，仲尼思存前圣之业，……以鲁周公之国，礼文备物，史官有法，故与左丘明观其史记，据行事，仍人道，因兴以立功，就败以成罚，假日月以定历数，藉朝聘以正礼乐。有所褒讳贬损，不可书见，口授弟子，弟子退而异言。丘明恐弟子各安其意，以失其真，故论本事而作传。明夫子不以空言说经也。”上述观点，几乎全部被刘知几所接受。从思想渊源看，知几明确判定《尚书》、《春秋》为史书，是受班固的影响。因为二书皆古代史官所记，“左史记言，右史记事，事为《春秋》，言为《尚书》”，知几就是本着这一基本思想阐述《尚书》、《春秋》二家的。他认为《尚书》乃记言之史，所以他说：“原夫《尚书》之所记也，若君臣相对，词旨可称，则一时之言，累篇咸载，如言无足纪，语无可述，若此故事虽脱略，而观者不以为非。”[①] 他严守《尚书》记言这个尺度，用之衡量《尚书》诸篇，发现其中并非全部记言，“至如《尧》、《舜》二典，直序人事，《禹贡》一篇，唯言地理。《洪范》总述灾祥，《顾命》都陈丧礼”[②]，他用“为例不纯”来解释。他也发现，后来的记言之书，即书体之流，如《汉魏尚书》“模拟古法”，唯守记言，也发生问题，这就是“若乃帝王无纪，公卿缺传，则年月失序，爵里难详，斯并昔之所忽，而今之所要。”[③] 条件变了，事非改辙，理涉守株，所以不行于世。

至于《春秋》，知几也同样严格以“记事”的标准去看待。

到了《隋书·经籍志》，基本上也继承了《汉书·艺文志》的看法，甚至观点更为明确。如对《春秋》的序说：“《春秋》者，鲁史策书之名。昔成周微弱，典章沦废，鲁以周公之故，遗制尚

---

① 《史通·六家》。

② 《史通·六家》。

③ 《史通·六家》。

存。仲尼因其旧史，裁而正之，或婉而成章，以存大顺；或直书其事，以示首恶。……其所褒贬，不可具书，皆口授弟子。弟子退而异说，左丘明恐失其真，乃为之传。”

由上可知，把《尚书》、《春秋》二经视之为史篇，这是自班固以来就明确了的看法，至于说得远些，孟子论《春秋》即有史之意味了。所以说，把《尚书》、《春秋》作为史篇不是刘知几的发明。

但是，明确把《尚书》、《春秋》分别视为史之一个流派，纳入史部分类之中，这是刘知几的创举。《汉书·艺文志》的时代，史书尚未独立成部，故班氏将诸如《国语》、《世本》、《战国策》、《楚汉春秋》、《太史公》等史书附列入《春秋家》，还算合适。到了初唐，《隋书·经籍志》四部分书，史书独立成部，作者仍然把《尚书》、《春秋》列在经部，却不曾在史部有所表示。刘知几六家分史，说明他有极大的勇气，是史家求实精神的具体体现。

刘知几讲“班、荀二体，角力争先”，这便把握了隋唐以前我国史学发展的基本事实。自班固因迁之体而次《汉书》，创纪传体断代史先例和荀悦“依左氏成书，剪裁班史”而撰《汉纪》开编年体断代史先例以后，班、荀二体，角力争先，史家写史，大体遵班荀范例，不以纪传，便以编年，成为史体的主流。班荀二体相较，纪传优于编年，遂取得压倒优势。刘知几也客观地看到了这一形势，所以他在“后来作者，不出二途”的话之后指出：“故晋史有王、虞，而副以干《纪》；《宋书》有徐、沈，而分为裴《略》。”明确承认纪传为主、编年为副的历史实际。另外，《六家》、《二体》辨别史书体例，采取的是纵向的历史考察，于考镜源流中辨别体裁。这是“通古今之变”的优良传统的继承和运用，也可以说这是六家二体之说的特色。

刘知几论六家、二体，考镜源流，论其利害得失，同历史发展过程紧密联系在一起。这是历史的眼光，历史的方法，即“通古今之变”的眼光和方法。《六家》开篇就明确指出：“古往今来，质文递变，诸史之作，不恒厥体。”“时移世异，体式不同”。他根据史体形式和源流派别，归纳为《尚书》、《春秋》等六家。这些流派是先后相继发生和发展的，各有其特定的历史背景和具体条件。《尚书》特点是“本于号令，所以宣王道之正义，发话言于臣下”，概而言之是“记言”，随时间的发展，便显示其不足。不足是“年月失序，爵里难详”，即是说，这种记言之体用来记人物不能尽其生平，记事实不能详其年月，缺少了历史记录之不可缺少的两条基本要素。同时，由于单独记言，致使某些大事缺而不书。此所谓“《尚书》之所记也，若君臣相对，词旨可称，则一时之言，累篇咸载。如言无足纪，语无可述，若此故事虽脱略，而观者不以为非”。[①]《春秋》家是记事，然记事甚简，记言又略，以致像“秦师败绩，缪公诫誓，《尚书》之中，言之大者也，而《春秋》靡录”。[②] 及至左氏，“不遵古法，言之与事，同在传中。然而言事相兼，烦省合理，故使读者寻绎不倦，览讽忘疲”。[③]这是一大进步。《国语》之体乃分国记事，它反映了春秋时期诸侯割据的历史状况。《史记》创纪传体通史体例，是秦汉大一统的政治需要。《汉书》演而为断代，则是反映封建王朝更替的现实。所以刘知几说：“如《汉书》者，究西都之首末，穷刘

---

① 《史通·六家》。
② 《史通·载言》。
③ 《史通·载言》。

氏之废兴,包举一代,撰成一书。言皆精练,事甚该密,故学者寻讨,易为其功。自尔迄今,无改斯道。"①

知几以为,"时移世异",《尚书》等四家其体久废,所可祖述者,只有左氏及《汉书》二家,故六家渐归二体。所谓二体,即编年、纪传。二者相较,各有短长,互有得失,应该"并行于世"。但因纪传体制更适合反映封建等级制度,统治者又大加提倡,因居主要地位。故《史通》对纪传史的剖析非常深入细致,投入了主要精力。总之,《史通》论史书体例实际上是讲了史体发展史,这是"通古今之变"方法的深刻体现,反映了刘知几的历史进化观。当然,这个史体发展史讲的是否完全符合实际,那是另外的问题。

对"六家二体"说,我们应该给予客观的估价,既肯定其可贵之处,又批评其不足之点。

照实说,六家、二体远不能包举不断发展的史学流品。知几"考兹六家,商榷千载,盖史之流品,亦穷之于此矣"的结论从理论上说是形而上学的,从实践上说则是有悖于事实的。然而有些《史通》的研究者在刘氏的结论上又加了码,影响最大的则莫如《史通通释》的撰者、清代学者浦起龙。他说:

> 史体尽此六家,六家各有原委。其举数也,欲溢为七而无欠,欲减为五则不全,是《史通》总挈之纲领也。其辨体也,援驳偭纯而派同,移甲置乙则族乱,是六家类从之畛涂也。②

① 《史通·六家》。

② 《史通通释·六家篇按语》。

> 《六家》举史体之大全,《二体》定史家之正用。……自后秘省敕撰,唯此二途;艺文史部,必先二类。知几是篇,诚百代之质的也。……"二体"两字,贯彻全书,纲维群史。[①]

现代史家同意浦说者不乏其人。张孟伦先生在《刘知几〈史通〉评》一文中弘扬浦说。以为"《六家》、《二体》两篇,实将我国汗牛充栋的史书的体例,作了一个穷尽原委、脉络分明的高度概括性的叙述,从而不但纲维了百代群史,而且张开了《史通》全书总目。"[②] 苏渊雷先生亦认为"六家二体,科判得失,对于唐以前史学进行了全面的总结。""浦起龙说:'《六家》举史体之大全,《二体》定史家之正用',从这里可以看出刘知几的概括能力与批判精神之一斑。"[③]《史通笺注》的撰者张振佩先生则说:"《六家》篇是著者对隋、唐以前史书体例的全面总结,也是《史通》全书开宗明义的总纲。"[④]

在《史通》一书中,《六家》、《二体》确实要"贯彻全书,纲维群史",这是刘知几本人的用意。《史通》志在"商榷史篇","辨其指归,殚其体统",那么,就应该首先确定"史篇"的范围,就应该提出其史部分类的主张。问题在于,刘知几史篇范围的确定,史部分类的划分,是否符合实际,做到对隋唐以前史书体例的全面总结?是否使"史之流品"穷于六家,《六家》篇足以

① 《史通通释·二体篇按语》。
② 载《中国史学史论丛》,兰州大学历史系印行。
③ 《中国史学家评传》上第408～409页。中州古籍出版社1985年4月版。
④ 《史通笺注·六家解题》,贵州人民出版社1985年12月第1版。

“纲维百代群史”？是否历史撰述不出班荀二途，《二体》篇“诚百代之质的”？我们看这皆远离历史实际。

首先，《六家》未能“举史体之大全”。在人类历史上，对任何事物的概括要求举全是相当困难的，全与不全是相对而言的。有比较才能有鉴别。而比较则要谨慎，看是否有比较的基础和条件。我们可以选早于《史通》成书半个世纪的《隋书经籍志》来比较，原因是时代相近，都要概括群史，且具有代表性。

《隋书·经籍志》是我国古代历史文献学发展过程中的一个重要的里程碑。它的地位是人所共知的。《隋志》以四部分类法网罗天下群籍，其乙部就是史部，把天下史书分成十三个小类，即正史、古史、杂史、霸史、起居注、旧事、职官、仪注、刑法、杂传、地理、谱系、簿录，每一个小类都著录书目，并列有小序，考其源而溯其流。这十三分类所著录的史书凡817部，13264卷，无论在内容、种类、体例等方面，都是《六家》所不能包举完备的。当然，六家、二体讲的都是“正史”，《史通》另有《杂述》篇，专论“杂史”之流共十目。《隋志》以马、班开创之纪传体史书为“正史”，以编年为“古史”，又有“杂史”之目等十一类；《史通》合纪传、编年二体为“正史”，又有杂史十目。有的研究者认为：“知几所举十目与《隋志》史部杂史以下十一目相较，目名虽多歧异，而其类分法实多相应。”[①] 如果是这样的话，《隋志》同《史通》之史籍分类并没有多少不同之处。但真实的情况又是怎样的呢？

鉴于《史通·杂述》不曾著录书目，仅在杂史十目中各举出四部书合四十部书以为示范。我们只能以此四十部书为根

---

① 《史通笺注·杂述解题》。

据与《隋志》相比较。比较可知，《史通》杂史十目大都集中在《隋志》的杂史、杂传、地理三类。大体言之，《史通》的“偏记”相当于《隋志》“杂史”，“逸事”相当于“旧事”，“郡书”、“别传”、“杂记”三目则为《隋志》“杂传”，“地理书”、“都邑簿”二目为《隋志》“地理”类，“家史”相当于“谱系”类。四十部书皆不见著录于《隋志》的起居注、职官、仪注、刑法、簿录等五类。其中起居注，如同霸史，《史通》已列入正史，职官等四类《史通》皆不曾著录。这是《史通》不如《隋志》丰富的地方。魏晋南北朝隋唐时期，典制体史书逐渐发展并走向成熟，《隋志》所著录的职官、仪注、刑法，多是此类史书。职官类著录史书凡 27 部，336 卷，通计亡书，合 36 部，433 卷。仪注类著录史书 59 部，2027 卷，通计亡书，合 69 部，3094 卷。刑法类著录史书 35 部，712 卷，通计亡书，合 38 部，726 卷。三类通计亡书合 143 部，4253 卷，其数量已十分可观。这些著作，以内容而论，实为史书之重要组成部分，不可或缺；以体例而言，亦绝非编年、纪传二体所能包括。

另外，《史通·六家》中的《尚书》、《春秋》、《左传》、《国语》入于正史，而《隋志》均著录于经部。这是刘知几的创见，遂开后世“六经皆史”说的先河。再者，《史通》论杂史十目中，琐言类原著录于《隋志》子部小说类。由此可见，就史部著录而言，《史通》亦有较《隋志》为丰富的地方。但综观二书，则不能不承认《隋志》丰富于《史通》，因为凡《史通》史书中所有的《隋志》都有了，而《隋志》史部所有的《史通》则缺漏甚多。可见，六家未能举史体之大全。

其次，二体亦未能定史家之正用。

刘知几分史书为正史、杂史两类。他对杂史的重要性有一定的认识。他说:“偏记、小说,自成一家,而能与正史参行,其所由来尚矣。”① 认为这些书,“皆记即日当时之事,求诸国史,最为实录。”从学者“博闻旧事,多识其物”的观点出发,这些偏记小录亦有参考价值,“若不窥别录,不讨异书,专治周孔之章句,直守迁固之纪传”,终达不到博闻多识的目的。而且他也看到了杂史的发展趋势:“爰及近古,斯道渐烦。史氏流别,殊途并骛。”② 这是表明史学发展的好现象。但是,从整体上说来,他既没有给“杂史”以应有的重视,又没有进行充分的研究、论证。认为这些偏纪、小录之书,虽皆记即日当时之事,求诸国史,最为实录,但“皆言多鄙朴,事罕圆备,终不能成其不刊,永播来叶,徒为后生作者削稿之资焉。”③ 所以他的目光仍集中于正史,以为史书之撰述主要是“班荀二体”,“后来作者,不出二途”。所谓“《二体》定史家之正用”,乃原于这个结论。在这个问题上,我们不能不为刘知几的认识的失误感到惋惜。汉魏以来,尤其是魏晋南北朝时期,史学得到了长足发展,史学不仅从经学的附庸地位中独立出来,而且逐渐成为显学,史学界往往从那时史学呈现出来的史家多,史籍数量多、史籍种类多、私修多等特点来描述其繁荣景象的,但是不能不看到另外的一种史学趋势,即封建统治者逐渐加强了对史学的控制,尤其注意抓官修正史,使官史逐渐占了上风。正史之独尊,官史渐占上风,正是《隋志》和《史通》史学总结的历史背景。客观说来,我们不能要求唐初的史家离开当时的背景去无所顾忌地

① 《史通·杂述》。
② 《史通·杂述》。
③ 《史通·杂述》。

回顾魏晋以来史学繁荣的景象，但是我们可以要求他们能较为客观地总结历史。刘知几《史通》一书目标实在太集中了，我们一方面为其精彩的总结叹服，一方面又为其过多的遗漏感到惋惜。在许多方面，他本来有充足的发言权的，比如谱系之书与谱学，以及职官等，或者因为他注重不够，或者存有某些偏见，以至没有顾及到。就说典制体史书吧，适如前面所说，魏晋南北朝以来，此类史书逐渐发展并走向成熟，《隋志》充分反映了这一现实，而刘知几却不曾给予充分重视。所言"杂史"十类亦不曾详细论列。甚至他在《史通·书志》篇对《汉志》和《隋志》进行了任情褒贬，所言颇多片面或偏颇之见。类似这种片面性的认识必然带来《史通》历史总结的某些片面性。书目不仅揭示与报道一代文献的状况，而且反映了一代文化学术的盛衰，而目录学著作的单独成目，更是史学发展的标志。史学的发展促进了历史目录学的发展。《隋志》史部分类方法和著录书目，以及设立"簿录类"，著录历代目录著作，凡30部，214卷，这都是对魏晋南北朝时期史学发展的记录和总结。而《史通》的情况就不同了，其杂史十目并没有反映魏晋以来目录学的重大发展。从刘知几以后史学发展来看，更是远远超出了二体的范围。唐以后的封建社会后半期，以《通典》为代表的典制体的出现，开辟了史学发展的新途径；司马光《资治通鉴》编年体通史的出现，带来了编年体的复兴；纪事本末体的出现，扩大了史体范围，等等。可见，浦起龙讲《二体》"定史家之正用"，"纲维百代群史"的结论是不符合实际的。这一结论显然是把史学的范围缩小了，使史学发展的道路变窄了。

从历史目录学来看，《隋志》分门别类地记载了秦汉以来的书籍，是我国现存最古的第二部史志目录，它"远绍班(固)、荀(勖),近开晁(公武)、马(端临),史家奉为准绳,私家资其沾溉",[①] 是一部承前启后,有重大影响的目录书。其中史部,通过著录书目,按体裁分类,用小序叙述各体源流,是对唐以前史学发展的简明总结。而刘知几的《史通》,本来有《隋志》可资借鉴,但《六家》、《二体》、《杂述》诸篇论述史书体例及其分类,却几乎全部抛开了《隋志》,另开新局。在中国目录学史上没有引起多少反响。究其缘由,这同《隋志》和《史通》各自的地位和情况有关。《隋志》列入官修正史,《史通》乃私家著述,自然《隋志》地位优越;《隋志》乃专门目录,《史通》六家诸篇乃史书目录的论文,并未著录书目,后世目录家当然重视《隋志》。还有更为重要的原因,就是刘知几未能正确对待《隋志》的优秀成果,他的研究视线亦多集中在古今正史及其体例,因而在史部分类学上就缺乏远见卓识,不曾达到更不曾超越他同时代的前辈学者。

六家二体之说有标新立异、独树一帜的一面,也有承袭旧说的一面。在刘知几六家分史的意见中,非常明显,是受了班固的影响,当然班固的意见又原于西汉的文献学家刘歆。前面已经提及,把《尚书》、《春秋》视为史篇,这是继承了班固的观点,而把它们抽出来分别视为史之一家,这却是刘知几的创见。另外,刘知几也继承了《尚书》记言、《春秋》记事的观点,它来源于《汉书·艺文志》"左史记言,右史记事,事为《春秋》,言为《尚书》"的说法。其后,荀悦《申鉴·时事》亦云:"朝有二史,左史记言,右史记事,动为《春秋》,言为《尚书》。"这种说法,刘知几信而不疑,也说:"古者言为《尚书》,事为《春秋》。左右二

① 谢国桢:《史料学概论》第14页。福建人民出版社1985年6月第1版。

史，分尸其职。”[①]知几论史，泥于是说，必谓言事有别，宜分为二。其《尚书》、《春秋》二家的确立及其立论标准便从这一根本观点中来。

左史、右史分职之说，自汉唐以来，人们皆信而不疑，然清代学者章学诚却勇敢地提出了质疑，认为“其职不见于《周官》，其书不传于后世，殆礼家之愆文欤？后儒不察，而以《尚书》分属记言，《春秋》分属记事，则失之甚也”。[②] 章学诚的意见是值得考虑的。在材料不备的情况下，对左右二史分职之说，不必肯定其有，亦不必否定其无。从情理中去思考，即使有，断然分清也是不大可能的。对于这个问题，吕思勉先生有一个说法，持论相当公允：

> 言为《尚书》，事为《春秋》，特以大略言之。古人之分别，不能如后史之精，且记言者，固不容略及其事，以备其言之本末也。刘氏以《书》有《尧典》、《禹贡》、《洪范》、《顾命》，讥其为例不纯，未免拘泥。要之，刘氏之蔽，在不知古书体例与后世不同，而纯以己见绳古人也。[③]

张舜徽先生也说：

> 《汉书·艺文志》云：“书者，古之号令。自来学

① 《史通·载言》。

② 《文史通义·书教上》。

③ 见吕著《史学四种·史通评》，上海人民出版社 1981 年 12 月第 1 版。

> 者，泥于是言，咸目《尚书》为记言之书，知几尤兢兢于斯义。古初著述，所包甚广，而必衡之以狭；其用甚圆，而必说之以方。宜其于二《典》、《禹贡》、《洪范》、《顾命》诸篇之专详人事、地理、灾祥、丧礼者，无以处之，而转责其为例不纯也。余病其强分畛域，无异于以茧自缚，可见于此矣。①

可见，知几承袭旧说，又泥于旧说，并没有对古书史体进行深究。殊不知这一旧说并没有充分的根据。章学诚说："《尚书》典、谟之篇，记事而言亦具焉；训、诰之篇，记言而事亦见焉。古人事见于言，言以为事，未尝分言事为二物也。刘知几以二《典》、《贡》、《范》诸篇之错出，转讥《尚书》义例之不纯，毋乃因后世之空言，而疑古人之实事乎？"② 这个批评颇有道理。《尚书》的本义为上古之书，是流传后世的一部最古的历史文献记录，始记尧舜之事，中历夏、商、周三代，而终于春秋时期的秦穆公。所记内容，涉及到重要的政治军事的警戒诰命或告语之词等，也有少数的记事文字，如《禹贡》、《顾命》等。《尚书》既然是古代的历史文献记录，就不可能有十分统一的体例；既然主要记录了一些重大政治、军事的训诰誓命之词，后人就把它概括为记言之体。这都是可以理解的。作为一位严肃的史学家，泥于一说，而毫不变通，就不应该了。

再者，《春秋》、《左传》本是一家，皆为编年之体；《史记》、《汉书》原为一家，都用纪传之法。为何强分畛域，作茧自缚呢？

---

① 《史学三书平议》第8页，中华书局1983年2月第1版。
② 《文史通义·书教上》。

按《汉书·艺文志》著录之例，以一书为一家，如果局限本书而言，则六书亦各是一家。然刘知几《六家》当不是以一书为一家，而是每叙一书，便穷其原委，通论后来同体之作，故其"家"的涵义当为一史学流派或同体之作的代表称呼。果真从史体上划分，《春秋》、《左传》不必一体分二，《史记》、《汉书》亦不必分立门户。就以传统的看法，且知几也欣然同意的看法，《左传》是部解释《春秋》的著作，就更没有必要将其同《春秋》分开。

知几曾说：《尚书》、《春秋》、《国语》、《史记》等四家，"其体久废"，"所可祖述者，唯《左氏》及《汉书》二家而已。"此说亦不完全符合历史实际。

就以知几所质定的六家体例，《尚书》等四家已废了吗？

如果以为《尚书》记言，记言之体久废了吗？否。后世之诏令奏议，即其类也。刘知几在《史通·载言》中议创书部。他说：

> 按迁、固列君臣于纪、传，统遗逸于表、志，虽篇名甚广，而言独无录。愚谓凡为史者，宜于表、志之外，更立一书。若人主之制、册、诰、令，群臣之章、表、移、檄，收之纪传，悉入书部，题为制册章表书，以类区别，他皆放此，亦犹志之有《礼乐志》、《刑法志》也。

这些都可以认为是记言之书。当然《尚书》是上古之书，剥去儒家对它的粉饰之辞，《尚书》当是古代文献史料的汇编，有记言，也有记事。作为史书记载的最基本方法，怎么能说久废了呢？知几也非常清楚，自司马迁创纪传体历史学方法之后，以其恢宏的气魄网罗各种记载汇入一书之中。知几曾说,《史》、《汉》"凡所包举,务存恢博,文辞入记,繁富为多",有些人物传,"唯上录言,罕逢载事",将记言长篇夹入叙事之中,致使披阅者懵然。这才有知几创书部的思考。[①] 按知几的议论,《尚书》之为例不纯,与之"相类"之《周书》亦真伪"相参","宗周既殒,书体遂废,"嗣后晋有孔衍、隋有王劭记言之作,知几批评二史模拟古书,事非改辙,受嗤当代。浦起龙注说:"总谓记言一家,止可行于三古,后世不必仿为。"[②] 如此说来,《尚书》记言一家是硬性构造出来的。专事记言作为一种书体的话,有与无有,暂不断论,但记言作为一种史学内容或记言为主要方法,随着历史的发展,史料的丰富,越是后来越具备更大的价值,绝不是"止可行于三古,后世不必仿为"的问题。平心而论,《尚书》作为一部史书,是三代历史文献资料的汇编,如果究其特点,其所载多典谟训诰誓命之文,说它以记言为主,是贴切的。知几既然把它独立为一个史体流派,"特以记言之体当之"[③],结果便陷入难以自圆其说的境地。

如果说《春秋》记事,这是史书最基本的特征,它是真正的史书。所以当史书尚未独立成部之前,《汉书·艺文志》把它附在《六艺略》的《春秋家》。《春秋》为记事之书,古代各国都有。《春秋》"以事系日,以日系月,以月系时,以时系年",采用编年之法,是我国粗具规模的第一部编年史。无论从记事言,还是从编年言,《春秋》之体永世长存,怎么能说其体久废了呢?这

① 《史通·载言》。

② 《史通通释·六家》。

③ 《史通通释·六家》浦释。

里问题的关键是他紧扣着《春秋》以记事为义，而把《春秋》编年置之脑后，让《左传》领编年之先。

《国语》之体，分国记事记言，自是古代各国分立形势的反映，后海内一统，已无国别之存，即或割据分争之势，亦系暂时之局。故说其体久废，似不为过。当然，只从分国而言，《国语》家并不会断绝，汉隋之际，国家动荡，分国之史相当之多。刘知几说："自魏都许、洛，三方鼎峙；晋宅江、淮，四海幅裂。其君虽号同王者，而地实诸侯。所在史官，记其国事，为纪传者则规模班、马，创编年者则议拟荀、袁。是《史》、《汉》之体大行，而《国语》之风替矣。"[①] 这只是说，分国之史，大都祖述班、荀，有了分国的纪传或编年史。如《三国志》，既是纪传之史，又是国别之史。

《史记》创纪传史之法，影响至今。虽班固断代为书，只从断限而言，亦不能替代通史。知几于《六家》中刚说完"《史》、《汉》之体大行而《国语》之风替矣"，又说四家"其体久废"，自相矛盾处不少。

总之，说《尚书》等四家"其体久废"，这并不合实际。

从史书的内在结构而论，任何一部史书离不开史文、史事、史义。从历史记载而论，任何一种历史记载都离不开时间、地点、人物、事件。而人物势必有言有行。故史书总离不开书事记言。上述情况只是侧重点不同，便形成了各种历史体裁。编年自是以时间为中心。国别则注意了地点不同，纪传以人物为中心，纪事本末则是以事件为中心。强调了它们的区别而忽视了它们之间的共同点和关联性，就会出现片面性。刘知几六

---

① 《史通·六家》。

家之说中分派标准并不那么一致，故出现了那么多不周密甚至错误之处。如果他严守以纪传、编年的标准分派，就不会把《春秋》、《左传》分家，将《史记》、《汉书》隔开。事实上，他无论如何也丢不开编年之祖和纪传之祖的《春秋》和《史记》，因而行文中常常出现时否时取的态度。他坚信二史分职之说，引申出《尚书》、《春秋》两家，《尚书》作为史家之书实成不了系统，而《春秋》以记事主义又相当宽泛，因为凡史书皆记事，又把它编年的特点让给其后继之作《左传》去独立门户，结果也是不明不白。

沿着四体久废的思路，刘知几故有"所可祖述者，唯《左氏》及《汉书》二家而已"的结论，因有《二体》之篇。

《二体》篇继《六家》之后申论编年、纪传二体之得失。首先他指出《尚书》体例不完备，是因为"世犹淳质，文从简略"，这是十分客观的。接着他指出自《左传》、《史记》出，体例就完备了起来：

> 既而丘明传《春秋》，子长著《史记》，载笔之体，于斯备矣。后来继作，相与因循，假有改张，变其名目，区域有限，孰能逾此！盖荀悦、张璠，丘明之党也；班固、华峤，子长之流也。惟此二家，各相矜尚。

应该说，知几抓住隋、唐以前广泛流行且占主要地位的编年、纪传两体讨论史书体例是合适的，而且他追本溯源，以《左传》、《史记》为二体之代表，这也是非常合适的。

其后分言二体利害。先讲编年，它的长处是"系日月而为次，列时岁以相续，中国外夷，同年共世，莫不备载其事，形于目前，理尽一言，语无重出。"意思是说，编年体的长处就在于按时间的顺序叙述历史，不会重复。它的短处是"事当冲要者，必盱衡而备言；迹在沉冥者，不枉道而详说。"意思是说，编年体的短处就在于它只记载王朝兴废政治大事。

又讲纪传，他认为纪传史《史记》的长处是："纪以包举大端，传以委曲细事，表以谱列年爵，志以总括遗漏，逮于天文、地理、国典、朝章，显隐必该，洪纤靡失。"意思是说，纪传体的长处是内容包罗广泛。其短处是"同为一事，分在数篇，断续相离，前后屡出，……又编次同类，不求年月"，意思是说，纪传体的短处是"断续相离，前后屡出"，而且时序错乱。

这样看来，编年体之长正是纪传体之短，编年体之短正是纪传体之长。就二体相比较而言，编年体以时间为中心，时序分明，这确实是它的长处；纪传体网罗宏富，确实是它的长处。也可以这样认为，编年体网罗内容没有纪传体丰富，纪传体在时序上不如编年体鲜明。所以说，从总体而言，刘知几分析二体得失，是颇有根据的。

不过，需要指出的是，《史记》的编次，也绝不像刘知几所说的那样"前后屡出"、"不求年月"。知几说："若乃同为一事，分在数篇，断续相离，前后屡出。于高纪则云语在项传，于项传则云事具高纪。又编次同类，不求年月，后生而擢居首帙，先辈而抑归末章，遂使汉之贾谊，将楚屈原同列，鲁之曹沫，与燕荆轲并编，此其所以为短也。"这个结论下得十分武断。《史记》写人物，当然要一个人一个人地说，不可能一下子说完天下事。《高祖本纪》写高祖的一生，当然要涉及到他接触的人和事，不可能不提到项羽。同样，在《项羽本纪》(知几硬是把《项羽本纪》说成《项传》)中势必会涉及到刘邦。司马迁为了避免文字的重复，把材料进行了巧妙的安排，因而有语在项传、事具高纪的处理，这是一种“互见法”。至于《屈原贾生列传》、《刺客列传》，这是列传处理的方法，或合传，或类传，或专传，没有可以指责之处。

纪传体出现在编年史之后，从总体上看它自然优越于编年体，这是不足为怪的。编年史在发展中也在吸收纪传体长处以完善自己，所以《资治通鉴》带来了编年体的复兴。

第六章 国史结构论

这里所说的国史指纪传体正史。“正史”之名，最初见于《隋书·经籍志》，指的是纪传体史书。《隋志》把《史》、《汉》视为纪传史之祖，“自是世有著述，皆拟班、马，以为正史，作者尤广。”《史记》以人物为中心，分为本纪、表、书、世家、列传五体，开创了纪传体史书体例。班固因《史记》撰《汉书》，改书曰志，取消世家，整齐为纪、表、志、传四体。而纪、传是这种体裁的主体，班书以下，表、志或有缺略，但一定有纪有传，凡属于这种体例的，都叫做纪传体。

刘知几把编年史和纪传史统称为正史，他论史体结构，当然不局限于纪传史，不过主要是纪传史。刘知几关于纪传史的评论，贯穿《史通》全书，占有关乎全局的地位，由之可以窥见其史评的基本态度和基本观点。故本章专门分析他对纪传史体例结构的评论。

一、"抑马扬班"

在刘知几的纪传史评论中，尤其瞩目于《史记》、《汉书》两部名著，其议论不厌其详，时寄赞扬之情，常有规过之语。考察他对这两部史学巨制的基本态度，有一种抑马扬班轻通史而重断代史的思想倾向。现就这种看法陈述如次。刘氏明言：

> 逮《史》、《汉》继作，踵武相承。王充著书，既甲班而乙马；张辅持论，又劣固而优迁。然此二书，虽互有修短，递闻得失，而大抵同风，可为连类。①

这是刘知几本人发表的对马、班的基本立场。显然这个表白并不存在抑谁扬谁的问题。

在理论原则上，刘知几主张兼采各家之长，反对"以彼所长，而攻此之短；持此之是，而述彼之非"的片面观点，亦反对"谈经者恶闻服、杜之嗤，论史者憎言班、马之失"的盲目观点。他主张史家要博览群书，采摭群言，不能"专治周、孔之章句，直守迁、固之纪传"，要在"博闻旧事"的过程中"多识其物"。同时，要克服"情有所偏"，即"忘私"，达到"兼善"的目的。这些观点是相当可取的。

在实践上，刘知几对《史记》、《汉书》的评价都很高。他动辄"五经"、"三史"连称，除《左传》作为经书受到刘氏高度赞扬外，史书就是《史》、《汉》了。比如，他推《尚书》、《春秋》为叙事

---

① 《史通·鉴识》。

祖法，举马、班二家为史体宗法。《叙事》篇有云：

> 昔圣人之述作也，上自《尧典》，下终获麟，是为属词比事之言，疏通知远之旨。……谅以师范亿载，规模万古，为述者之冠冕，实后来之龟镜。既而马迁《史记》，班固《汉书》，继圣而作，抑其次也。故世之学者，皆先曰“五经”，次云“三史”，经史之目，于此分焉。

对待《史》、《汉》的评价可说是无以复加了。这个评价自然不能高过五经，这是容易理解的。

他对《史记》的赞扬散见于《史通》的诸多篇章中，如《辨职》篇把司马迁与左丘明并列，称赞其“编次勒成，郁为不朽”，盛赞史迁之才。在《杂说》下篇，把《左传》、《史记》誉为“君子之史”，并把司马迁与扬雄并论，称道“载笔立言，名流今古。如马迁《史记》，能成一家；扬雄《太玄》，可传千载。”在《直书》篇赞扬“马迁之述汉非”的直书精神，在《采撰》篇称赞史迁“博采”，在《六家》、《二体》篇称赞司马迁创例之功，等等。当然，他对《史记》的批评也十分严格，声言“史公著书，是非多谬”，准备对自班、马已降的史书来个总清算，“莫不因其旧义，普加厘革”，其中尤对司马迁创例的纪传史诸体进行了至为苛刻的批评。

知几对《汉书》颇多赞美之辞，说它“究西都之首末，穷刘氏之废兴，包举一代，撰成一书。言皆精练，事甚该密，故学者寻讨,易为其功。”[①] 肯定班固有“俊识通才”[②],亦尚博采,撰《汉书》采《史记》及《新序》、《说苑》、《七略》之辞,“此并当代雅言,事无邪僻,故能取信一时,擅名千古。”[③] 他的“赞”颇得知几的赞赏:“辞惟温雅,理多惬当。其尤美者,有典诰之风,翩翩奕奕,良可咏也。”[④] 至于批评的话也委实不少。比如说:“班氏著志,牴牾者多。在于五行,芜累尤甚。”[⑤] 因设专篇,“条其错谬”。

综上所述,似可这样说,刘知几在主观上并没有“抑马扬班”,他对两家的态度还是较为公正的。

然而,在客观上说,刘知几又确实存在着“抑马扬班”的倾向,这是无法否认的。当然,他虽然存在“抑马扬班”的倾向,还是一个没有清醒自觉的认识问题。也就是说,他在主观上希望公正地对待班、马,但是能否做到公正地对待班、马,这是两回事。我们的评论的依据主要不是根据他怎么说,而是根据他对两家的评论的科学程度。

人们往往把“抑扬”二字理解为主观上怀有某些偏向,即知几说的“情有所偏”,因而在史评工作中带着有色眼镜,“任情褒贬”。一般说来,这种“心术”不正的史家固然代有其人,但终究是极少数的。知几多次谈及史之功用在“劝善惩恶”,这就是“褒贬”,因而也自有抑扬。他说:

---

① 《史通·六家》。
② 《史通·史官建置》。
③ 《史通·采撰》。
④ 《史通·论赞》。
⑤ 《史通·五行志错误》。

> 昔仲尼裁经，义在褒贬，明如日月，持用不刊。而史传所书，贵乎博录而已。至于本事之外，时寄抑扬，此乃得失禀于片言，是非由于一句，谈何容易，可不慎欤！[①]

抑扬也是褒贬。褒贬或抑扬的关键当然要看是否合乎实际，是否真有道理。褒贬是需要的，但任情褒贬却是不可取的。由于种种原因，史家在评史工作中不能把主观认识和客观实际结合起来，因之得出了不恰当的结论，把一些史家史籍抬高了，把另一些史家史籍压低了。虽非出于偏见而有意为之，客观上也是个抑扬问题。我们说刘知几“抑马扬班”便是指他的史学批评客观上降低了司马迁及《史记》，抬高了班固及其《汉书》。

在中国史学史上，有过“马班优劣”的争论，在刘知几之前的代表人物是王充和张辅。知几说“王充著书，则甲班而乙马；张辅持论，又劣固而优迁”，便是把两种对立的意见提出来。这里需要说明的是，论“马班优劣”，是无可厚非的，这是一种比较研究。古代史家或现代史家见智见仁，发表自己的看法，都是正常的现象。

王充说过：“班叔皮续太史公书，百篇以上，记事详悉，义浅理备。观读之者以为甲，而太史公乙。子男孟坚为尚书郎，文比叔皮，非徒五百里也，乃夫周召鲁卫之谓也。苟可高古，而班氏父子不足纪也。周有郁郁之文者，在百世之末也。汉在百世之后，文论辞说，安得不茂？”[②] 的确，王充是承认了甲班乙

---

① 《史通·浮词》。

② 《论衡·超奇》。

马的结论，不管是“观读之者”还是王充自己这样认为。但是，第一，王充在这里是论文，旨在批评一种“好高古而称所闻”的世俗之风，因举马、班作为论证，并非对马、班的全面评价。这种世俗之风认为凡“前人之业，菜果甘甜；后人新造，蜜酪辛苦。”[①] 这当然不合适，全然是崇古思想作怪。王氏以小喻大，举了一个浅显易懂的例子，即“庐宅始成，桑麻才有，居之历岁，子孙相续，桃李梅杏，庵丘蔽野，根茎众多，则华叶繁茂。”[②] 其文亦然，“汉氏治定久矣，土广民众，义兴事起，华叶之言，安得不繁？”[③] 他是讲后来居上，颇有点发展观。他批评俗儒“褒古贬今”、“尊古卑今”的偏见，歌颂汉德之盛，这在当时是有进步意义的。至于说班文一定胜过马文，倒不一定。第二，综合看来，王充并不一定就“甲班而乙马”的，尽管就学术渊源说，王充师事班彪，他对自己的老师或有些偏袒。他曾说：“汉作书者多，司马子长，扬子云，河汉也；其余泾渭也。”[④] 又说：“太史公，汉之通人也。”[⑤]

从这些评论中可以看出他对司马迁估价甚高。因为司马迁及其巨著《史记》也正是大汉之盛的表现之一。他对班氏父子，与其说他或许偏袒他的老师，倒不如说他同班固有不少共同见解，其最根本的相同之处，是王充与班固都有“颂汉”的鲜明立场。王充说：

---

① 《论衡·超奇》。
② 《论衡·超奇》。
③ 《论衡·超奇》。
④ 《论衡·案书》。
⑤ 《论衡·案书》。

汉德酆广，日光海外也。知者知之，不知者不知汉盛也。汉家著书，多上及殷、周，诸子并作，皆论他事，无褒颂之言，《论衡》有之。又诗颂国名《周颂》，与杜抚固所上《汉颂》，相依类也。

国无强文，德闇不彰。汉德不休，乱在百代之间，强笔之儒不著载也。高祖以来，著书非不讲论。……司马子长纪黄帝以至孝武，扬子云录宣帝以至哀平，陈平仲纪光武，班孟坚颂孝明，汉家功德，颇可观见。今上即命，未有褒载，《论衡》之人，为此毕精，故有《齐世》、《宣汉》、《恢国》、《验符》。①

从王、班共同识见而言，他肯定《汉书》也是容易理解的，然肯定《汉书》并不意味着就贬低《史记》。

晋时的张辅曾著《班马优劣论》，载《晋书》卷六〇本传：

迁之著书，辞约而事举，叙三千年事唯五十万言，班固叙二百年事乃八十万言，烦省不同，不如迁一也。良史述事，善足以奖劝，恶足以鉴诫，人道之常。中流小事，亦无取焉，而班皆书之，不如二也。毁贬晁错，伤忠臣之道，不如三也。迁既造创，固又因循，难易益不同矣。又迁为苏秦、张仪、范睢、蔡泽作传，逞辞流离，亦足以明其大才。故述辩士则辞藻华靡，叙实录则隐核名检，此所以迁称良史也。

① 《论衡·须颂》。

这段评论较为全面。而刘知几只驳其论“烦省”一条，一见《杂说上》，一见《烦省》篇。前者说：“案《太史公书》上起黄帝，下尽宗周，年代虽存，事迹殊略。至于战国已下，始有可观。然迁虽叙三千年事，其间详备者，唯汉兴七十余载而已。其省也则如彼，其烦也则如此，求诸折中，未见其宜。班氏《汉书》全取《史记》，仍去其《日者》、《仓公》等传，以为其事烦芜，不足编次故也。若使马迁易地而处，撰成《汉书》，将恐多言费辞，有逾班氏，安得以此而定其优劣邪？”后者云：“然则自古论史之烦省者，咸以左氏为得，史公为次，孟坚为甚。自魏、晋已还，年祚转促，而为其国史亦不减班书。此则后来逾烦，其失弥甚者矣。余以为近史芜累，诚则有诸，亦犹古今不同，势使之然也。……夫论史之烦省者，但当要其事有妄载，苦于榛芜，言有阙书，伤于简略，斯则可矣。必量世事之厚薄，限篇第以多少，理则不然。”仅凭烦省定优劣是非常片面的，知几驳得有理。前段文字较武断，道理阐述得并不充分，来了个假使，更无说服力。后段文字讲了颇透彻的道理，却又与其向来主张“以简要为主”相牴牾。“量世事之厚薄，限篇第以多少”，是非常实事求是的意见，如果只从烦省定优劣，就抓不住根本。至于张辅所谈其他意见，包括“迁既造创，固又因循，难易益不同”这很深刻的一条，知几便默而不言了。可见，他虽坚持《史》、《汉》“互有修短”的观点，还是有其倾向性的。

我们并不斤斤于知几对马、班有多少批评又有多少赞扬，他是位史学批评家，他的任务是“商榷史篇”以“辨其指归，殚其体统”。我们也并不反对他在《史》、《汉》或曰马、班二者之间有不同的评价。我们关心的是，他对马、班或《史》、《汉》的评价是否符合实际，这种评价又说明了什么。

从整体上来看，刘知几的评论，过高地评价了《汉书》，过低地评价了《史记》，过高或过低都有违于历史实际。为什么这样说呢？这里提出三条理由。

第一条，关于纪传史源流的评论。历史的真实情况是，司马迁创例于前，是为源；班固因袭在后，是为流。知几也承认此点。但是，通过他的论证，反而把司马迁忽略了，且把班汉提到纪传史之祖的地位，遂使源流倒置。

第二条，关于纪传史诸体的评论。其基本格调是纠谬规过，锋芒所向，直指司马迁。诸如本纪、列传等，肯定班固的作法。实际上也有违于历史实际：以上两点，后面还要详述。

第三条，关于对《史》、《汉》两家的评论。刘知几推重《汉书》，贬抑《史记》的倾向性十分明显。

无可讳言，知几对《史记》及纪传体通史多所责备。他说：

> 寻《史记》疆宇辽阔，年月遐长，而分以纪传，散以书表。每论家国一政，而胡越相悬；叙君臣一时，而参商是隔。此其为体之失者也。兼其所载，多聚旧记，时采杂言，故使览之者事罕异闻，而语饶重出。此撰录之烦者也。况《通史》以降，芜累尤深，遂使学者宁习本书，而怠窥新录。且撰次无几，而残缺遂多，可谓劳而无功，述者所宜深诫也。

这是知几对纪传体通史的概括批评。前面批评《史记》为体之失和撰录之烦，后面批评《通史》以降之书芜累、残缺。显然，知几对《史记》的批评有欠公正。历史地看问题，知几对《史记》家的批评和对《汉书》家的表扬不无根据。在知几之前，除《史记》外，还未出现第二部成功的通史之作，而“非芜即缺”的《通史》，不但没有为通史家增辉，反而成为“述者所宜深诫”的教训。浦起龙在《史通通释》里讨论过《通史》失败的主要原因是学者企图规模《史记》，但“无其笔力”，是有一定道理的。自然不光是缺乏笔力，也缺乏学识。但刘知几因《通史》而罪及史迁，抛弃纪传体通史，“欲令作史者于纪传家以断代为正”，[①]这就贬低了《史记》及纪传体通史的历史意义。《汉书》以后，断代成风，“自尔迄今，无改斯道”，确是实情。究其原因，并非由于《汉书》较《史记》高明，而是有着深刻的社会背景。其最根本的原因是同中国封建社会朝代变更政权转移有关，断代史的兴盛正是这种社会现实的反映。当然还有史学本身的原因。因之，知几推重《汉书》及断代史是不足怪的。章学诚曾说：“迁书不可为定法，固书因迁之体而为一成之义例，遂为后世不祧之宗焉。三代以下，史才不世出，而谨守绳墨，待其人而后行，势之不得不然也。”[②] 这便是从历史编纂学的角度论证断代成风的原因。然而一旦断代成风，便把“纪表志传，同于科举之程式，官府之簿书”，史学便被“拘守成法”的框框套着无法发展了。刘知几看不到这种史学危机，却看重了《汉书》及断代史，贬低了《史记》及通史，这种总结性的历史评论工作并不能给史学发展指明正确的道路。其“抑马扬班”最根本的失误是抛弃了《史记》的主题和灵魂——通古今之变[③]，而仅仅从历史编纂学角度比优劣，把史书体例局限在一种固定不变的框框

① 《史通通释·六家》浦释。

② 《文史通义·书教下》。

③ 知几评史本深得通变之法，然有时却泥定体而少变通。

之中。这样就不可能得出正确的结论。

二、评纪传史源流

关于纪传史源流，知几曾明确指出：

> 既而丘明传《春秋》，子长著《史记》，载笔之体，于斯备矣。后来继作，相与因循，假有改张，变其名目，区域有限，孰能逾此！盖荀悦、张璠，丘明之党也；班固、华峤，子长之流也。惟此二家，各相矜尚。[1]

又说："《汉书》家者，其先出于班固。……寻其创造，皆准子长，但不为世家，改书曰志而已。"[2] 显然，知几并未割断《史记》、《汉书》的内在联系，明明白白地确认《史记》创例在前，是为纪传史之源，《汉书》因袭在后，是为纪传史之流。因此，有关纪传史源流自不该成为问题。

不过，知几在叙述六家原委之后有个小结说："朴散淳销，时移世异，《尚书》等四家，其体久废，所可祖述者，唯《左氏》及《汉书》二家而已。"因而有《二体》篇，所言二体，实指班、荀（悦），声言"后来作者，不出二途。"明言肯定"班、荀二体"，即是肯定断代的纪传史和编年史，而把纪传体通史从历史上一笔勾销了。这就是刘知几对纪传史源流的实际结论。由此观之，刘知几虽不曾明显地抹杀《史记》的创例之功，但从其自相

① 《史通·二体》。
② 《史通·六家》。

矛盾的叙述中可以窥见其属意于班固的思想倾向。

所谓“《尚书》等四家其体久废”之说，我们已在上章进行了具体分析。这个观点，是知几自己下的判断。废还是不废，可先看知几自己在《六家》中的叙述。比如，他说《尚书》家，曾说：“自宗周既殒，书体遂废，迄乎汉、魏，无能继者。”断然是废了。但接着说：“至晋广陵相鲁国孔衍……乃删汉、魏诸史，取其美词典言，足为龟镜者，定以篇第，纂成一家。……至隋秘书监太原王劭，又录开皇、仁寿时事，编而次之，以类相从，各为其目，勒成《隋书》八十卷。寻其义例，皆准《尚书》。”既然以《尚书》为记言之体，孔衍、王劭之书又“皆准《尚书》”，怎么说“其体久废”呢？如以为孔、王模拟古法倒是对的，知几亦客观指出：“若乃帝王无纪，公卿缺传，则年月失序，爵里难详，斯并昔之所忽，而今之所要。”这说明《尚书》记言之体本不完善，或者说知几视《尚书》记言之体那么纯而又纯并不完全符合实际。

再说《春秋》家，如以记事为特征，这是史书的最本质特征。如从实际而论，《春秋》乃最早编年史，是编年家之祖，自不会废。

至于《史记》家，本为纪传史之祖，所创体例，千古宗之，哪有个废的道理？即使以《史记》为通史家，通史也不曾废。按知几所述：梁武帝时，曾敕其群臣，撰成上自太初，下终齐室的《通史》六百二十卷，“大抵其体皆如《史记》，其所为异者，唯无表而已”。[①] 元魏时撰成《科录》二百七十卷，起于上古，终于刘宋，“编次多依放《通史》”[②]。再如，李延寿《南北史》，知几也

---

① 《史通·六家》。

② 《史通·六家》。

认为是"《史记》之流"。《史记》之体废了还是没废？

综上所述，可见知几讲《尚书》四家其体久废，标准是他定的，家是他分的。他一边溯源流，一边说其体久废，陷入了自相矛盾的境地。知几心里装着《左传》、《汉书》，既然要溯源流，就无法抛开《史记》。本来极简单的一个问题，反而被知几弄得复杂起来。

如实说来，从纪传史源流看，马迁创例，班固因循，这是不可改易之史实！从创例而言两家之功绩，是不能同日而语的。清代学者赵翼指出：

> 司马迁参酌古今，发凡起例，创为全史，本纪以序帝王，世家以记侯国，十表以系时事，八书以详制度，列传以志人物。然后一代君臣政事，贤否得失，总汇于一编之中。自此例一定，历代作史者，遂不能出其范围，信史家之极则也。魏禧序《十国春秋》，谓迁仅工于文，班固则密于体，以是为史汉优劣。不知无所因而特创者难为功，有所本而求精者易为力，此固未可同日语耳。①

赵翼的评论是非常实际的。他肯定司马迁给史家奉献了一个作史的"极则"，而且理解到司马迁"特创"的艰难，实在是公允之论。翦伯赞也认为纪传体是司马迁的"伟大的创造"和"不朽之功"，而"班固的《汉书》，不过《史记》的拟作而已，又安能望

① 《廿二史札记》卷一。

《史记》之肩背？”[1] 他指出：“惟刘知几于纪传体中，美《汉书》而抑《史记》，未免源流倒置，是其偏见耳。”[2]

浦起龙读《二体》篇大概发现了知几的破绽。故按云：“以‘左、荀’等字当‘编年’字观，以‘班、马’等字当‘纪传’字观，会此替身，乃得其解。”这似乎把知几讲纪传史源流不讲史迁但云班固的矛盾解决了。其实不然！除前言“其体久废”已经说明知几轻视史迁外，《二体》篇叙述二体关系亦表明知几对史迁创例的态度。他先言左氏编年，难以“括囊靡遗”，再言班固纪传矫此之失，“设纪传以区分，使其历然可观，纲纪有别”，又言“荀悦厌其迂阔，又依左氏成书，翦裁班史”。他叙述这个由编年而纪传，由纪传而编年的变化过程，至为明显地遗漏了司马迁之纪传史《史记》。这恐怕不是刘知几无意的疏忽。其实，这“设纪传以区分，使其历然可观，纲纪有别”的功劳应归之司马迁名下，班固只是承史迁之成例，“不为世家，改书曰志而已。”刘知几这样叙述问题，就是把纪传史创例之功归在班氏门下，而将其真正的始祖司马迁去掉，这就大不合情理。

浦起龙也感到不通，故在“班固知其若此，设纪传以区分”一句话的“班固”两字之下巧妙地搞了个“以固例迁”的夹释，想使班、马平分秋色。即使如此，亦源流倒置。既然叙述史体源流，就应源流分明，就不能漏掉司马迁，舍此便不能说明问题。

---

① 《论刘知几的史学》，见吴泽主编《中国史学史论集》（二）第 32 页，上海人民出版社 1980 年 1 月版。

② 《论刘知几的史学》，见吴泽主编《中国史学史论集》（二）第 32 页，上海人民出版社 1980 年 1 月版。

关于史体演变之源流，章学诚所论的脉络颇为清晰。他说：

> 《尚书》一变而为左氏之《春秋》，《尚书》无成法而左氏有定例，以纬经也；左氏一变而为史迁之纪传，左氏依年月，而迁书分类例，以搜逸也；迁书一变而为班氏之断代，迁书通变化，而班氏守绳墨，以示包括也。就形貌而言，迁书远异左氏，而班史近同迁书；盖左氏体直，自为编年之祖，而马班曲备，皆为纪传之祖也。推精微而言，则迁书之去左氏也近，而班史之去迁书也远。①

在这里，章学诚指出了《左传》与《史记》的关系，亦即编年、纪传二体的关系，也指出了《史记》与《汉书》的关系，即纪传史的源流问题。他不仅从体例上，而且从精神实质上去阐述了左氏、史迁、班固三者的关系。这一论述颇有说服力，较之知几的论述高明多了。

平心而论，知几如此论述问题并非不知《史》、《汉》孰先孰后，孰源孰流。在他的思想上确实认为《史记》之失太多，因而多所批评。然而，正如我们在前面所说的，不能因《通史》而罪及史迁，甚至要抛弃纪传体通史。

众所周知，通史的潮流本是史学的进步潮流，是史学发展的重要标志。随着条件的成熟（客观的需要、资料和经验的具备）、通人的出现，新的通史之作便会应时而生。在中国史学史

---

① 《文史通义·书教下》。

上，自有唐以来，中国史学迈出了它的新的步伐，其最明显的标志就是在主通明变的进步史学思想指引下一大批通史杰作的相继问世。知几有时不大理解司马迁的变通，不过他基本上也是主通明变的。我国的通史家都具备章学诚所言的“通史家风”，通史家风具备三个基本特色，都有明确的成一家之言的史学经世的著述之旨，都有范围千古、牢笼百家的作史规模，都有通古今之变的作史方法。简言之，即道通、博通、变通。①而刘知几，他博极群书，是司马迁“通古今之变，成一家之言”的忠实继承者，他是有唐一代杰出的通才，是一位名副其实的“通史家风”的传人。使人感到遗憾的是，作为史学评论家的刘知几恰恰忽视了对通史的总结，他也的确注重了博采，注重了变通，注意成一家之言，但是他看轻了《史记》这部划时代的通史的伟大价值。

一部纪传体通史《史记》，一部纪传体断代史《汉书》，前者发凡起例，后者发展成型，源流分明，各有千秋。混言纪传体是“史汉之体”，可；“为纪传者则规模班马”，亦可；祖马宗班，更可；如言“马班皆为纪传之祖”，也说得过去。但舍马祖班，则断不可！因为这不符合历史的实际。

三、评纪、传

在《史通》一书中，刘知几曾详尽地评论了纪传史诸体。客观说来，他的评论是正误相参，良莠并存，有贴切之见，亦有偏颇之论。知几对纪传史诸体评价大体符合封建时代史家的共

① 参见拙作《试论“通史家风”》一文，1983年第4期《历史研究》。

识，即是说他总结了史家对纪传史的理解，因而也指导了后世史家的撰史实践。换言之，知几对纪传史诸体的评价，不少地方不符合司马迁创例的初意，但是大抵反映了封建时代史家的一般理解。这的确是个矛盾，但又不奇怪。人们评价历史，都是根据自己的主观理解去评价的，我们检验的是这种主观理解同客观真实相符合的程度及这种理解的现实价值。

刘知几对纪传史诸体的评论，在不少方面曾经较为切实地正其义而称其功，即是说他曾为之裁定名义、评论作用。裁定名义是知几经常使用的一种评论方法。他在评论史书、史体或史官、史家时，总是要先确定一个标准，界定其内涵、性质，然后以此作为评论对象，检验其是否名副其实。比如他在《六家》篇评论《尚书》时，先研究《尚书》一书的性质，确定其为记言之体，然后以此为标准，发现其有的篇目不是记言，因评论其“为例不纯”。再如，他评论纪传史诸体也是如此办法。先确立标准，界定其性质，再去检验是否名实相副。

此外，知几评论的基本格调是纠其谬而规其过。作为一位史学评论家，对古人、古史提出批评意见，是分内之事，天经地义。诚如清代学者钱大昕所言：“史非一家之书，实千载之书。祛其疑，乃能坚其信；指其瑕，益以见其美。拾遗规过，匪为龄龁前人，实以开导后学。”问题在于，在纠谬规过时要有“实事求是，护惜古人之苦心”，不能“以褒贬自任，强作聪明”，“陈义甚高，居心过刻”。[①] 毋庸讳言，刘知几颇有点以褒贬自任的态度，也没有司马迁那样卓越的史识，因而当他评论司马迁所创史体时，往往是不解其真意又把某些正统观点强加在司马迁

① 《廿二史考异序》。

身上，并且将它奉为真理，作为裁判得失的标准。这就必然导致他评论的失误。

刘知几正统观念的表现首先是所谓“传以释纪”论。他说：

> 夫纪传之兴，肇于《史》、《汉》。盖纪者，编年也；传者，列事也。编年者，历帝王之岁月，犹《春秋》之经；列事者，录人臣之行状，犹《春秋》之传。《春秋》则传以解经，《史》、《汉》则传以释纪。[①]

这里明确地提出了“传以释纪”的理论。他把纪传史本纪与列传的关系完全理解为传统的所谓“传以解经”关系，而解释为“传以释纪”。《左传》与《春秋》的关系是否是“传以解经”，这是个十分复杂的学术问题，这里暂且不谈。刘知几“传以解经”的观点本来是继承马、班以来的传统看法。《史记十二诸侯年表序》云：“鲁君子左丘明惧弟子人人异端，各安其意，失其真，故因孔子史记具论其语，成《左氏春秋》。”《汉书·艺文志》亦言“丘明恐弟子各安其意，以失其真，故论本事而作传。”所以说，刘知几于《古今正史》中所说孔子“乃与鲁君子左丘明观书于太史氏，因鲁史记而作《春秋》”，“丘明恐失其真，故论本事而为传，明夫子不以空言说经也。”完全是承袭马、班成说。不过，把这种“传以解经”的理论套用在纪传史本纪与列传的关系上，提出“传以释纪”，这大概是刘知几的发明。

如实说来，封建社会的史学思想以及体现这种思想的史学编纂体例是封建经济和政治在意识形态上的反映。封建专

① 《史通·列传》。

制主义中央集权的政治制度是以天子为中心，皇帝是最高权威。反映在史学思想上则是帝王中心论，反映在史书体例上则是以本纪为纲。梁启超曾说："吾党常言，二十四史非史也，二十四姓之家谱而已。"[①] 此言自有些偏激，但就其精神而言，亦不无道理。从本质上说，《汉书》以来，"以天子为本纪"，而纪者编年，传者列事，的确是"传以释纪"。不过，这不是司马迁的原意。

首先，知几对"本纪"体例的理解则远离太史公的原意。史公自云：

> 网罗天下放失旧闻，王迹所兴，原始察终，见盛观衰，论考之行事，略推三代，录秦汉，上记轩辕，下至于兹，著十二本纪，既科条之矣。[②]

这就是以"通古今之变"的观点和方法考察社会历史的发展过程，即"王迹所兴"，因"著十二本纪""以科条之"。显而易见，这"本纪"当然就不专指天子，而是有天子、帝王，亦有实际左右天下形势的"王"，如那个"西楚霸王"项羽。今观十二本纪，《五帝本纪》记夏之前传说中的五位帝王。夏、商、周、秦四本纪则是一个朝代为一本纪，还有以掌握当时政权或能发号施令的某人为本纪，即秦始皇、项羽、汉高祖、吕后、文帝、景帝、武帝七本纪。其中项羽不是帝王，吕后乃是皇后。看来司马迁要对"王迹所兴"来个"原始察终，见盛观衰"的历史考察，

① 《新史学·中国之旧史》。
② 《史记·太史公自序》。

即“通古今之变”的考察，这“王迹所兴”指的是个历史过程。可见，司马迁以“本纪”名篇反映了其进步的历史观。使人惋惜的是，班固因《史记》而撰《汉书》的时候，他学到了《史记》的体例，却丢掉了《史记》“通古今之变”的灵魂，实际上是用一种封建正统观念，即“天子称本纪”的观点对待“本纪”体例，以此来为封建统治服务。这种正统观念统治了几千年，刘知几“以天子为本纪”的立论正是这种观念的体现。可以这样说，司马迁所创“本纪”体例，到班固手里已经改变面貌，刘知几坚持正统立场，因而误解了司马迁的原意，并给予这位伟大的史学家以不切实际的责难。此时此刻，我们当然不能苛求刘知几，责备他不能摆脱传统思想的羁绊，但是，我们也有责任为太史公辨诬的。

请看，刘知几非常肯定地说：

> 及司马迁之著《史记》也，又列天子行事，以本纪名篇，后世因之，守而勿失。譬夫行夏时之正朔，服孔门之教义者，虽地迁陵谷，时变质文，而此道常行，终莫之能易也。[①]

知几讲这话是非常真诚的，而且说得一点不错，“列天子行事，以本纪名篇”确实是封建社会的基本原则，无论官修的还是私修的纪传体史书没有一个敢于违背这一原则，但司马迁创例，并非完全是这个意思。其次，所谓“纪以包举大端，传以委曲细事”的说法亦不尽符合史迁原意。在司马迁之时，本

① 《史通·本纪》。

纪记帝王，列传志人物，各有分工。比如《秦始皇本纪》，详叙秦始皇一生事迹，“包举大端”者有之，“委曲细事”者亦有之，如载焚书坑儒事，至为详悉。但一切围绕着秦始皇这个中心人物展开，或言其编年，围绕着“王迹所兴”这个主题展开。由于《史记》是五体结合，司马迁在行文时必须划分区域，避免重复，因而自然有详有略。《项羽本纪》详叙了“鸿门宴”的始末，《高祖本纪》于此就相当简略了。当然，帝王是最高统治者，国家大事往往编年其本纪中，这大概是考察“王迹所兴”，因而就显得“包举大端”。当然，在汉武帝时代，社会经济空前繁荣，封建大一统的国家已经建立，作为太史令的司马迁也要为大汉帝业歌功颂德，也要把封建皇帝摆在至高无上的地位，因此，他的《史记》突出了帝王，这是自然而然的事情。他在《自序》中说：“汉兴以来，至明天子，获符瑞，建封禅，改正朔，易服色，受命于穆清，泽流罔极，海外殊俗，重译款塞，请来献见者，不可胜道。臣下百官力诵圣德，犹不能宣尽其意。且士贤能而不用，有国者之耻；主上明圣而德不布闻，有司之过也。且余尝掌其官，废明圣盛德不载，灭功臣世家贤大夫之业不述，堕先人之言，罪莫大焉。”这表明司马迁撰写《史记》是称颂明圣盛德和功臣世家贤大夫之业。正是因为如此，才有“本纪”、“世家”、“列传”的分设。但《史记》是在创例，没有什么先例可循，况且由于文景之世开明政治的启迪，他的思想也比较活跃，因而能成一家之言，其体例亦体圆用神而富于变化。而《汉书》之后的断代史，情况就大不一样了。表现在体例上，皆以天子为中心，不管天子有无作为，都以编年形式书述国事，这便成为纪传史中“本纪”“包举大端”的原因。可见，“纪以包举大端”不是司马迁的本意，而是封建社会帝王中心论的反映。刘知几的“传以释纪”论正是儒家正统观念和帝王中心论的表现。

刘知几正统观念的又一表现是“求名责实”论。他在评论纪传史各体时,往往拿出“求名责实”这个武器。比如他批评司马迁为项羽立纪,为陈涉立世家就是如此。他说:

> 项羽僭盗而死,未得成君,求之于古,则齐无知、卫州吁之类也。安得讳其名字,呼之曰王者乎?春秋吴、楚僭拟,书如列国。假使羽窃帝名,正可抑同群盗,况其名曰西楚,号止霸王者乎?霸王者,即当时诸侯,诸侯而称本纪,求名责实,再三乖谬。①

这里是说项羽不是天子,不是天子而定本纪,则名不副实。又说:“项王宜传,而以本纪为名,非唯羽之僭盗,不可同于天子;且推其序事,皆作传言,求谓之纪,不可得也。”② 这是从体例上批评。他认为纪以编年为主,唯叙天子一人。大事可书则见之于年月,书事委曲付之列传。而《项纪》君臣交杂,纪名传体。

知几对《史记》为项羽立纪的批评是很多的。首先需要指出的,他说项羽“僭盗”,“不可同于天子”,显然是封建正统观念。秦失其政,诸侯逐鹿,楚汉相争,为什么刘邦得胜而称“帝”,项羽失败而为“盗”呢?这不是“胜者王侯败者寇”的封建正统观念又是什么呢?刘知几提出“求名责实”,似乎主张名实相副。他口口声声责备司马迁“名实无准”,“再三乖谬”,其实,

① 《史通·本纪》。
② 《史通·列传》。

真正做到名实相副的是司马迁而不是刘知几。起码说刘知几对司马迁为项羽立纪的批评是错误的。

将项羽立为本纪，陈涉列入世家，这正是当时历史实际的真实记录。

> 初作难，发于陈涉；虐戾灭秦，自项氏；拨乱诛暴，平定海内，卒践帝祚，成于汉家。五年之间，号令三嬗，自生民以来，未始受命若斯之亟也。①

司马迁如此真实地记载了秦汉之际的历史变迁，充分肯定了陈涉的首义之功，也肯定了项羽灭秦的功勋。秦亡后，项羽分封诸侯，"政由羽出，号为霸王"，俨然已成为天下的共主。司马迁说他"位虽不终，近古以来未尝有"，因此尊重历史事实，把他列入本纪。

关于司马迁为项羽立纪一事，历代史家多有评论，角度亦不大相同。一是从项羽在当时所处的实际地位而论。如清代史学家钱大昕说："刘知几谓'羽僭盗不当称王'，此未达乎史公之旨者也。秦以暴并天下，虽自称帝，非人心所归向。史公初不欲以秦承周，以汉承秦，特以六国既灭，秦王命者十有余年。秦既灭，项氏王命又四、五年。沛公之为汉王，亦项羽所立也，秦、项虽非共主而业为天下主命，不得不纪其兴废之迹。秦之称帝为项之称霸王，均不得与五德之数，黜秦所以尊汉也。"②

---

① 《史记》卷十六《秦楚之际月表序》。

② 《十驾斋养新余录》卷中《太史公李延寿》。

郭嵩焘亦云:“案秦灭,项羽主盟,分裂天下以封王、侯,皆羽为之,实行天子之权,例当为《本纪》。以后世史例论之,当为《怀王本纪》,而怀王为项氏所立,拥虚名而已,天下大势未一系之;史公创为《项羽本纪》,以纪实也。”①

二是从史体古今变化立论。如当代史家吕思勉先生就明确指出:“必天子而后可称纪;纪必编年,只记大事;每事又止以简严之笔,记其大纲:此乃后世史体,不可追议古人。……正统、僭伪之别,亦后世始有。项籍虽仅号霸王,然秦已灭,汉未王,义帝又废,斯时号令天下之权,固在于籍;即名号亦以霸王为最尊,编之本纪,宜也;此亦犹崇重名号之世,天子虽已失位,犹不没其纪之名尔。”②

总之,司马迁为项羽立纪,正是尊重历史事实,因而也真正做到了名实相副。而刘知几的“求名责实”论便脱离秦汉之际的历史形势,即是说离开了“实”,当然就不能得出正确的结论。究其原因,关键是正统思想的作怪,其次是形式主义的分析方法。其言名,曲解了史公原意,又视名万古不变;其言实,实不确。

现在谈谈刘知几关于“世家”的评论。

“世家”是《史记》五体之一。司马迁辟“世家”一目以记诸侯,这原是适应自西周分封以来尤其是春秋战国时期诸侯割据的客观情势。那时诸侯各国,虽受封于天子,却各自传位建元,有相当大的自主权。越是到后来,周天子越是个空头的天下共主,而各诸侯势力发展很快,出现了大国争霸、七国争雄

① 《史记札记》卷一《项羽本纪》。

② 《史通评·本纪第四》。

的局面。所以司马迁记列国史事，便按各国纪元，编年叙述。从体例上说，与本纪无殊，之所以称为世家，目的是用以上区别本纪，下区别于列传。

刘知几在《史通·世家》中说：

> 自有王者，便置诸侯，列以五等，疏为万国。当周之东迁，王室大坏，于是礼乐征伐自诸侯出，迄乎秦世，分为七雄。司马迁之记诸国也，其编次之体，与本纪不殊，盖欲抑彼诸侯，异乎天子，故假以他称，名为世家。按世家之为义也，岂不以开国承家，世代相续。

这里相当系统而客观地讲了诸侯演进的历史，并指出世家一体的基本特征是“开国承家，世代相续”。到了汉代，虽然仍有诸侯之分，但情况大大不同。刘知几指出，古者诸侯，“皆即位建元，专制一国，绵绵瓜瓞，卜世长久”。而汉代则不然，“其宗子称王者，皆受制京邑，自同州郡；异姓封侯者，必从官天朝，不临方域。或传国唯止一身，或袭爵才经数世。虽名班胙土，而礼异人君”。这是完全符合实际情况的分析。情况有变化，当然就不能用一个固定的模式强作要求。刘知几指出：“必编为世家，实同列传。而马迁强加别录，以类相从，虽得画一之宜，讵识随时之义。”这一看法相当辩证。

从以类相从的观点来看，汉代宗子或异姓功臣为侯者，入世家求划一是适宜的办法，但这样混在一起，似又较少顾及到情况的变化，这是通达之见。

刘氏以为，班固撰《汉书》，“厘革前非”，即解决了这一问题。“至如萧、曹茅土之封，荆、楚葭莩之属，并一概称传，无复世家”，这样处理是“事势当然，非矫枉也。”

总之，知几对《史记》世家一目的背景、特征及发展都能从历史发展的观点予以客观评论。

然而，他对《陈涉世家》却多所批评：

> 案世家之为义也，岂不以开国承家，世代相续？至如陈胜起自群盗，称王六月而死，子孙不嗣，社稷靡闻，无世可传，无家可宅，而以世家为称，岂当然乎？夫史之篇目，皆迁所创，岂以自我作故，而名实无准。[①]

首先需要指出的，所谓“陈胜起自群盗”，这是一种被封建正统观念所左右而作出的错误评论，由于刘知几和司马迁所处的时代背景不同，他不能像司马迁那样公正地评论陈胜的历史作用。这并非说司马迁要站在农民队伍一边，他把陈胜列入世家，是对当时历史实际的真实记录。在《陈涉世家》中，司马迁以生动的笔法描绘了陈涉起义的过程，指出了陈胜的弱点及其失败的原因，虽然他论述的并不完全，但至少是在努力探讨事变的因果关系。他真实地记载了秦汉之际的历史变迁，其中特别充分地肯定了陈涉的首义之功。如果没有陈涉的“首事”，便没有秦王朝的迅速灭亡，也没有汉王朝的建立。适如明代学者尤瑛所说：“汉之所以五载而成帝业者，皆涉为之驱也，不然而高祖欲以区区一沛为天下先，吾恐力先惫而豪杰中起，

---

① 《史通·世家》。

事本未可知矣！然则汉有天下，非涉弗为功哉。”[1]

在秦楚之际，陈涉起于蕲，“天下云集响应，赢粮而景从”，至陈而自立为王，号为张楚。虽然无人裂土册封，而实际上已经是一个“诸侯”，司马迁也把陈涉当作“诸侯”来记载。他说：

> 桀、纣失其道而汤、武作；周失其道而《春秋》作；秦失其政而陈涉发迹，诸侯作难，风起云蒸，卒亡秦族。天下之端，自涉发难。[2]

又说：“秦失其道，豪杰并扰。”明确指出陈涉是首先发难的“诸侯”，是当时的“豪杰”。秦末一般人也这样认为，刘邦于沛起事，“以应诸侯”，指的是响应陈胜起义军。上述可知，在秦楚之际，陈胜首先点燃了反秦烈火，承认他的历史地位，是不能不把他列入世家的。而且承认陈胜亦为诸侯，也是对当时舆论的尊重。“天下方扰，诸侯并起”，陈胜是其中之一。他既然是个诸侯，又占领过地盘，建立过政权，拥有军队，当然应该列入世家。

上引《自序》的那段话，并非说司马迁把陈涉同汤、武、孔子并提，视若圣贤，那无非是在论证汤武革命，仲尼作《春秋》，以及陈胜发迹的原因都是因为当时出现了一种历史形势，即“失其道”，“失其政”，出现了难以维持统治的矛盾和危机，因而有取而代之如汤、武，扶偏补弊如仲尼，发难起义如陈涉。汤、武诛伐，陈涉发迹等历史活动有其共同的规律可循。也就

---

① 《史记评林》卷四八。

② 《史记》卷一三〇《太史公自序》。

是说，商代夏，周灭商，周政衰微，汉代秦这些历史变革，都有其内在原因，并不是将陈涉与汤、武、孔子等量齐观。他认为有了上述的历史形势，诸如汤、武、孔子、陈涉这些人才应运而生，做出一番事业。十分明显，司马迁强调的是历史的形势而不是历史人物的个人品质。大泽乡奋臂一呼天下响应是因为“民危”，搢绅先生之徒投靠陈涉是为发秦焚书之愤，这都不是由于陈涉本身如何圣明。如果看到司马迁作了这样的历史类比，就因此而认为他把这些历史人物同等相看，未免曲解了作者原意。

司马迁不曾把陈涉视若圣贤，也不曾把陈涉当作农民起义领袖来歌颂。在他的笔下，陈涉是反秦的英雄豪杰，发难的诸侯。项羽、刘邦都是这样。他写项羽，将其一生的是非功过及失败的原因作了高度的概括。由于项羽“自矜功伐”，不懂谋略，不善用人，致使身败名裂。他写刘邦，当然必须客气些，但是也并不因为他是汉朝的始祖就一味奉承，而是据实直书。既写他懂谋略，善用人，“从民所望”，所以成功的一面，又写他的缺点过失，包括他的欺诈，好酒色等恶习。他把高祖的帝业，是放入了一定的历史条件之下看待的。总之，高祖既非神人，陈涉亦非圣贤，还有那个项羽，他们都是秦末角逐争雄的豪杰，不过有的成功有的失败罢了。

上面，我们之所以就司马迁写《陈涉世家》一事说了这么多，无非是指出司马迁处理历史之求实的和通变的精神，而刘知几对于这些注意得实在太少了。知几的失误就在于用后世的条条框框去责备司马迁。适如章学诚所言：“不知古人著书之旨，而转以后世拘守之成法，反訾古人之变通。”[①]这就是史家的识见问题了。

四、评表、志

众所周知，表、志二体是纪传体史书中两个重要组成部分。刘知几对这两种体例也有系统评论。《史通》设有《表历》和《书志》两个专篇，是讨论表、志比较集中的文字，在其他的篇目中亦常有涉及。如《六家》言“书表以谱年爵”，《二体》言“表以谱列年爵，志以总括遗漏，逮于天文、地理、国典、朝章，显隐必该，洪纤靡失”，《载言》言“迁固列君臣于纪传，统遗逸于表志”，等等。这说明知几对表志还是相当重视的，特别是他肯定了其谱列年爵、总括遗漏的作用。

首先，他对纪传史设表发表了系统的意见。以为“以表为文，用述时事，施彼谱牒，容或可取，载诸史传，未见其宜。”[②]看来，他对纪传史设表持否定态度。当然，这里不是泛论所有的表历，而是专论作为纪传史组成部分之一的表历。“载诸史传，未见其宜”，意见非常明确。道理何在呢？他研究古书有一个共同点，就是“文尚简要，语恶烦芜”，因此“何必款曲重沓，方称周备。”[③]这是刘知几主张纪传史不必有表的理论根据。以此为标准，他批评司马迁《史记》列表造成烦费：

① 《文史通义·书教下》。
② 《史通·表历》。
③ 《史通·表历》。

天子有本纪，诸侯有世家，公卿以下有列传，至于祖孙昭穆，年月职官，各在其篇，具有其说，用相考核，居然可知。而重列之以表，成其烦费，岂非谬乎？①

知几的话并非没有道理，讲的也多属实情。但是他看到了"烦费"的一面，而忽视了执简驭繁的一面。刘知几未能详考《史记》十表的义例，故立论不确。司马迁十表，用以反映历史发展的线索和阶段性，非常集中地体现了其通古今之变的思想。表同纪传是有重复之处，但它同纪传相为出入，足可补纪传之未备。"不知作史无表，则立传不得不多。传愈多，文愈繁，而事迹或反遗漏而不举。"②

有时，知几也看到了表的积极作用。他在《史通·杂说上》高度表彰司马迁创表的功绩。他说：

观太史公之创表也，于帝王则叙其子孙，于公侯则纪其年月，列行萦纡以相属，编字戢舂而相排。虽燕越万里，而于径寸之内，犬牙可接；虽昭穆九代，而于方寸之中雁行有叙。使读者阅文便睹，举目可详，此其所以为快也。

此论颇接近史迁创表原意。司马迁曾说："并时异世，年差不

① 《史通·表历》。

② 顾炎武：《日知录》卷二六。

等，作十表。"[①] 这一观点就是刘知几理解的"表以谱列年爵"。

我们未必就断言刘知几对纪传史立表看法自相矛盾。立表自有利有弊，我们不能要求知几所言完全一致。有人说外篇《杂说》诸篇可能是知几的读书札记，不管怎样，综合观之，知几在《表历》的专论应能代表他的观点，于此，他对纪传史设表基本上是持否定态度的。

在《表历》中，他除了批评司马迁史表烦费外，又说读者于表多是"缄而不视"，因之在实践上"表"就成了"无用"之物：

> 且表次在篇第，编诸卷轴，得之不为益，失之不为损。用使读者莫不先看本纪，越至世家，表在其间，缄而不视，语其无用，可胜道哉！

这话说的显然是偏激了。且不说后人"《史记》一书，功在十表"[②] 的评论，就说知几之前的刘勰也对十表、八书有着简明的评论："故本纪以述皇王，列传以总侯伯，八书以铺政体，十表以谱年爵，虽殊古式，而得事序焉。"[③]

由于知几立意否定《史记》创表，故进而批评班固《汉书》和《东观汉记》"各相祖述，迷而不悟，无异逐狂。"然而他又这样指出：

> 必曲为铨择，强加引进，则列国年表或可存焉。

① 《史记》卷一三〇《太史公自序》。
② 郑樵《通志·总序》。
③ 《文心雕龙·史传》。

何者？当春秋、战国之时，天下无主，群雄错峙，各自年世。若申之于表以统其时，则诸国分年，一时尽见。

他同意保存十二诸侯年表和六国年表，以为这种表可以统其时，这种见解可谓通达。不过，他认为"两汉御历，四海成家"的条件下，就不必"表其年数"了。看来知几对表的作用是经过认真研究，只是他对表同纪、传的"相为出入"不曾深入思考，其实表的大用尤在于济纪传之穷，知几对此没有看到。

知几对班固的《古今人表》的批评重点是说它"不知翦裁"，这是从断限的角度提出问题的。《断限》篇说《汉书》"纪传所存，唯留汉日；表志所录，乃尽牺年。"这话还是批评得对的。《汉书》既然断汉为书，在断限上应该有一个统一的规定。不过，《汉书》的时限处理也确实是一个一时难以处理好的实际问题，尤其是志。还应该看到，班固继承了司马迁"通古今之变"的精神，这一点，知几没有给以理会。唯有崔鸿《十六国春秋》的表得到刘知几的表扬。他说："崔鸿著表，颇有甄明，比于《史》、《汉》群篇，其要为切者矣。"① 这是因为五胡十六国时期，"不附正朔，自相君长"，这同"春秋、战国之时，天下无主，群雄错峙，各自年世"的背景相似，因而可申之于表以统其时。可见，这种看法是可取的。

总之，刘知几对纪传史设表的批评意见不无可取之处，不过从基本倾向说来，他对表的作用的认识较为肤浅，他发表的看法也过于偏颇。

现在再说书志。史迁创例，撰成八书，以纪典章制度，班固

① 《史通·表历》。

改书曰志，恢宏此体，撰成十志，尔后纪传诸史，代有仿作。此类著作，提供了研究我国历代经济、政治、文化制度的丰富材料。书志一体，也有个逐步完善的发展过程。司马迁在《太史公自序》中说："礼乐损益，律历改易，兵权山川鬼神，天人之际，承敝通变。"这是概括八书的内容及所作缘由。及班氏十志，规模宏大，记事丰富，内容翔实，则远胜八书。然纪传史之书志一门，"兹事所贵在会通古今，观其沿革。各史既断代为史，乃发生两种困难：苟不追叙前代，则源委不明；追叙太多，则繁复取厌。况各史非皆有志，有志之史，其篇目亦互相出入，遇所缺遗，则斯滞矣。于是乎有统括史志之必要。其卓然成一创作以应此要求者，则唐杜佑之《通典》也。"①《通典》为史书体裁开辟新天地，此后，继作纷出，形成中国历史上丰富多彩的典章制度史。这是治中国历史的人不能忽视的文化典籍。

刘知几对纪传史书志一体也有着相当清楚的理解。他说：

> 夫刑法礼乐，风土山川，求诸史籍，出于三礼。及班、马著史，别裁书、志。考其所记，多效礼经。且纪传之外，有所不尽，只字片文，于斯备录。语其通博，信作者之渊海也。②

这里不仅溯其渊源，而且明其效用。这些看法都是相当深刻的。

刘知几对自司马迁以来纪传史之书志一体进行了纵向考

① 梁启超：《中国历史研究法》第二章。

② 《史通·书志》。

察，发现它们“名目虽异，体统不殊”，司马迁曰书，班固曰志，蔡邕曰意，华峤曰典，张勃曰录，何法盛曰说，其义是一样的。另外，各史书志的编目也有异同。比如，《史记》曰“平准”，《汉书》曰“食货”；《史记》号“河渠”，《汉书》称“沟洫”。再如，析“郊祀”为“宗庙”，分“礼乐”为“威仪”，“悬象”出于“天文”，“郡国”生于“地理”，等等。刘知几指出，如此之类，或名非而物是，或小异而大同，必寻源讨本，其归一揆。也有后来新增的篇目，如“五行”、“艺文”，乃班固补子长之缺，“百官”、“舆服”，是谢承拾班固之遗，王隐新增“瑞异”，魏收弘以“释老”[1]，等等。大抵说来，有两种情况，有些是妄入编次，虚张部帙的，如“五行”、“艺文”诸志，而积习已久，不悟前非；也有事应可书，宜别标篇题的。上述看法，说明知几对书志一体进行了认真的比较研究，持的是分析的态度。这些看法还是好的。

知几着重分析了诸史之“天文”、“艺文”、“五行”诸志，意见颇多，其基本态度是力主删除。

如所周知，诸史的“天文志”保存了历代人们对天文的知识，具有很高的科学价值，这是历代史家的卓越贡献之一。当然，同任何事物一样，人们对天文历法的知识有着一个认识发展过程，尽管史书的记载或有重复，或有遗漏，但基本上还是把人们的认识记录下来，这就是一个绝大的功劳。我们自然不应该以现在的认识水平去要求刘知几，但古代史家如司马迁等，都有了一定的认识，并且细心地加以整理记录，刘知几的认识不应该不如他们。比如司马迁说：“星气之书，多杂禨祥，不经；推其文，考其应，不殊。比集论其行事，验于轨度以次，作

① 以上引自《史通·书志》。

《天官书》第五。"[①]《天官书》是今知最古的系统、全面的天文学专著，它反映了司马迁严肃的科学态度和丰富的天文学知识。但知几的认识就比较欠缺。他说：

> 两曜百星，丽于玄象，非如九州万国，废置无恒。故海田可变，而景纬无易。古之天犹今之天也，今之天即古之天也，必欲刊之国史，施于何代不可也？[②]

这个立论自有其合理的一面，自然宇宙的变化同人类社会的变化相比，是相对不显著的。但是万物皆变，天也变，说今之天即古之天便不确切。退一步说，即使天不大变，人们对天的认识却一直在变，"天文志"是记载人们对天的认识，这是需要的。知几却以"今之天即古之天"为由，否定国史作"天文志"：

> 但《史记》包括所及，区域绵长，故书有《天官》，读者竟忘其误，榷而为论，未见其宜。班固因循，复以天文作志，志无汉事而隶入《汉书》，寻篇考限，睹其乖越者矣。降及有晋，迄于隋氏，或地止一隅，或年才二世，而彼苍列志，其篇倍多，流宕忘归，不知纪极。方于汉史，又孟坚之罪人也。[③]

按照知几的观点，一要把握断限，既然断代为史，就不能超越

---

① 《史记》卷一三〇《太史公自序》。
② 《史通·书志》。
③ 《史通·书志》。

时限,他批评《汉书·天文志》及《隋书天文志》等,就是本着这一原则出发的。他明确指出:“窃以国史所书,宜述当时之事。”这意见是不错的。所以他说:“必为志而论天象也,但载其时彗孛氛祲,薄食晦明”等天变代异,不必要都去载天体星象。如袁山松《后汉书》、沈约《宋书》、萧子显《南齐书》和魏收《魏书》等专志本朝象变,便“多合时宜”,“贤于班、马远矣。”知几的这段论述也颇有道理。二是把握“史臣所书,宜其缀简”的原则。他批评晋、隋之志,“其篇倍多,流宕忘归”,即本此原则而发的。

再如艺文。《汉书》因刘歆《七略》而撰《艺文志》,历代因之。知几评论说:

> 唯艺文一体,古今是同,详求厥义,未见其可。愚谓凡撰志者,宜除此篇。必不能去,当变其体。近者宋孝王《关东风俗传》亦有《坟籍志》,其所录皆邺下文儒之士,雠校之司。所列书名,唯取当时撰者。习兹楷则,庶免讥嫌。①

“宜除此篇”的意见不对,但“当变其体”的见解可取。知几评历代艺文志,亦明确两条原则。其一是“国史所书,宜述当时之事”,以此衡之,历代艺文志“前志已录,而后志仍书,篇目如旧,频烦互出”② 是“妄载”之弊;其二是“史臣所书,宜其缀简”,以此衡之,历代艺文志日趋繁富,尤其是《隋志》广包众

① 《史通·书志》。
② 《史通·书志》。

作，百倍前修。

平心而论，《汉书·艺文志》是中国文化史上的名篇，它是对汉以前学术文化的总结。清代学者王鸣盛引金榜的话说："不通汉艺文志，不可以读天下书。艺文志者，学问之眉目，著述之门户也。"[①] 由此可见其学术价值。其后学者，祖述不暇，反映中国学术文化的进步，随着书籍增多，目录学亦日益发达。《隋志》总结了唐以前学术发展的渊源流别，著录了书籍的流传情况，所谓"广包众作"，"骋其繁富，百倍前修"，正说明文化发达之盛况空前。可惜作为史学评论家的刘知几对这部在中国学术史上具有划时代意义的《隋志》没有给予应有的重视。不过，也应指出，知几所说的那种"前志已录，而后志仍书，篇目如旧，频烦互出"的现象也毕竟是书志著录中的一个值得注意的问题。对于目录学家来说，这重复的著录亦不无好处，它可以让人们掌握文献的流传情况。任何时代的文献都会包括两大部分，即以前流传下来的和本朝本代新撰的。知几肯定宋孝王《关东风俗志》的作法："所列书名，唯取当时撰者"，这不失为一种避免重复的好办法。这种办法，清人修《明史艺文志》就采用了。但光是如此，仍不能把握一代文献。因为每一代文献，相当部分是历史留下来的遗产。而这文献遗产的真实状况如何，并不是了解了前代的文献著录就能弄清楚的。中国的文化典籍历经劫难，不时散佚，要弄清楚一代文献的真实情况，只有靠当代学者的调查研究和著录，否则就困难重重。我们之所以特别重视《汉志》、《隋志》及历代艺文志，正是这些书志为阐述中国学术文化、著录中国文化典籍立下了伟大的历

① 《十七史商榷》卷二二。

史功勋。至于在断代诸史中，书志之体如何把握时代断限，如何避免原委不明和繁复取厌，是一些需要认真解决的问题。历史给史家提出了问题，刘知几以史学批评家的敏感发现了问题，并且把问题明确地揭示出来，这也是一个伟大的贡献，当然他没有找出很好的解决问题的办法，我们也不应该要求刘知几对什么问题都处理得尽美尽善。有精力的学者在条件成熟时便会想法去解决它。就在刘知几困惑不得其解的时候，他的第四个儿子刘秩或许就开始思考了。知几于开元九年(721)作古，刘秩于开元末完成《政典》三十五卷。据《旧唐书·杜佑传》载：

> 刘秩采经史百家之言，取《周礼》六官所职，撰分门书三十五卷，号曰《政典》。大为时贤称赏，房琯以为才过刘更生。

杜佑在《政典》的基础上，扩充研究范围，博采众作，乃撰成典章制度的通史《通典》，完成了统括史志的历史任务。

从事物变革的一般规律来看，一种旧的体制在前人的基础上达到尽美尽善的程度，也将是它的缺点、问题暴露得最充分的时候。在这时候，继踵前业并非十分困难的事情，而敢于对旧体制发起批判，其意义或许更大一些。没有这个批判，就不会有新体制的诞生。我们欢迎在中唐时期杜佑《通典》的伟大创作，这是中国史学史上一重大史体的建设，但这一伟大建设难道不是在刘知几对旧体制批判的基础上，从而引起史家的思考、关注，才有了杜佑的这部书吗？我们惋惜的倒是旧传统旧体制的习惯势力太强，刘氏以私家著述，影响不够深广。

结果是纪传史书志与典制体专书并行，一个在老传统的路子上继续走下去，一个是规范着新辟的道路。

这里我们可以同班固的断代为史的创举加以比较。司马迁撰《史记》，贯通古今，不以朝代为限，是为通史。其后刘向、刘歆及诸好事者，若冯商、卫衍、扬雄等十余家，沿着司马迁的通史路径“相次撰续”，至班彪作《后传》六十五篇。班固以父所撰未尽一家，便改弦更张，断汉为书，撰西汉一朝历史。这中间，班彪犹如《隋志》作者，把旧体制发展到较为完善的程度。班固犹如杜佑，改创新体。我们可以说，没有刘知几的对纪传史书志的批评，也就不会有典制体专史的诞生。从这一观点看，刘知几的批评是颇有价值的批评。发现问题是解决问题的前提，问题、矛盾揭示得愈深刻，解决问题的办法也就愈明朗，这是事物发展的一般规律，史学亦复如此。杜佑是位政治家，他特别关注的是国家的政治、经济，尚未留意于文献，至郑樵撰《二十略》，有《艺文》、《校雠》、《图谱》等略，其文化典籍的著录就相当完备了。马端临撰《文献通考》，仍《通典》旧例，详加增补，《经籍考》便是增补的内容之一。这说明一个问题的解决总要有一个过程。从提出问题、解决问题的全过程中，每一步都体现了人们的贡献。

也应该指出，不能认为刘知几只是对书志提出批评，而没有一些肯定性的意见。这些肯定性的意见曾给后来史家以有益的启迪，或者被吸收。这是不应忽视的。知几说：

> 盖可以为志者，其道有三焉：一曰都邑志，二曰

氏族志，三曰方物志。[1]

他相当详尽地阐述了都邑、氏族、方物的重要性，以为凡为国史者，宜各撰都邑志，列于舆服之上；宜各撰方物志，列于食货之首；宜各撰氏族志，列于百官之下。总之，“盖自都邑以降，氏族而往，实为志者所宜先，而诸史竟无其录。”[2]

知几倡议立都邑、氏族、方物三志，有相当重要的价值。这是社会政治、经济和学术文化发展的反映。大量地理书的出现，为“都邑志”的编写提供了有利的条件；魏晋以来谱学的发展，又为“氏族志”的撰述打下了坚实的基础。“凡此诸书，代不乏作，必聚而为志，奚患无文。”[3] 知几就三志设立的必要性和可能性所作的论述是很有说服力的。用当今的眼光来看，研究都邑、氏族、方物实是研究民族历史不可或缺的内容，立三志意见的提出说明刘知几研究历史的视野的开阔，说明历史研究从王朝政治兴衰向社会领域的延伸和深化。可能是知几的启发，郑樵撰《通志·二十略》，就设有《都邑略》、《氏族略》、《金石略》和《昆虫草木略》等。

综上所论，我们可以看到，知几关于国史结构的评论内容丰富，创见颇多，是其史学评论的重要部分之一。历史地看问题，尽管刘知几的评论有这样或那样的不足之处，甚至他有时曲解了史迁的原意，但他经过如此全面而系统的评论，还是就纪传史体例结构进行了大体符合实际的概括和归纳，可以说

① 《史通·书志》。
② 《史通·书志》。
③ 《史通·书志》。

体现了自班固以来历代史家的共识，也指导了唐以后纪传史的编撰，仅从这点来看，他的贡献也是非常之大的。刘知几最明显的失误之处是对司马迁的《史记》，从指导思想到通史编撰，缺乏深入体察，这是令人遗憾的。

第七章 史 料 论

一、关于史料学的思路

本章分析刘知几的史料学思想，先说说我们研究史料学思想的思路。建国以来，学术界对史料的议论可谓多矣。关于对“史学便是史料学”观点的批判，关于史论关系的争论，关于治史道路的所谓史料派与史观派的分歧，等等，可以说辩论相当激烈。结果呢，问题并没有得到妥善解决，而对有关史料学对象的研究也没有引向深入，至今不少人还认为史料学仅仅是研究处理史料的原则和方法。我们的先人遗留下大量珍贵的史料学遗产，可是在我们手中并不曾使之系统化、理论化。问题的症结大概在于我们对史料的涵义以及史料、史学的理解不那么辩证所致。这并不是无视学术界在史料工作中的重大成就和卓有成效的理论探索，应当看到进行史料学理论的研究仍然是我们迫切的任务。

早在20年代，李大钊在《史学要论》一书里就比较系统地论述了历史、历史学以及历史学系统等概念，他把"历史"区分为客观历史和写的历史，又把历史学(广义的)区分为记述的历史和历史理论(狭义的历史学)，等等。这些观点，并没有引起学界足够的重视。只是在这些年来，史学理论界研究不断深入，人们才普遍加深了理解。历史，就其本身而言，是客观历史的发展过程，历史家写的历史只能说是客观历史的记录，是客观历史过程在史家头脑里的反映。质言之，前者是客观存在的客体，后者是客体通过认识历史的主体(历史家)的反映。人们的主观认识和客观历史之间，亦即主体和客体之间，始终存在着矛盾和差距。我们的责任在于逐步缩小这种差距，使我们的认识逐步接近客观实际。

作为已经逝去了的客观历史过程一去不复返了，我们想了解人类的过去，只有凭借人类社会客观历史过程所遗留下的痕迹，这就是"史料"。这个史料，既是我们认识已往客观历史真相的中介，又是已往史家对客观历史认识的记录，即写的历史。这个"写的历史"，有时可理解为"史料"，有时可理解为"史学"。史料与史学是相对而言的，它们之间既有区别又有联系。

研究史料之成为"学"，它意味着是个系统的学科体系，应该有其基本的理论、基本的内容、基本的方法。把历史学作为一个学科体系去看，它自然包括着史料学，史料学是作为历史学一个有机的组成部分。史学理论自然也包括着史料学理论，史学史自然也包括着史料学史，史学方法论也包括着史料学方法论。这是不言而喻的。但是，当我们把史料学作为一个专门的学科体系去研究，它应该有自己的理论，自己的历史，自己的方法。

史料学的理论，主要是研究史料同史学领域其他部分的相互关系，史料本身的特点以及史料学应当承担的任务。史料学的历史，即史料学史，是指史料学发展的历史过程及其规律性。史料学的方法，是指研究史料的搜集、整理、鉴别、分类的方法。

本着这样的思路，具体探索刘知几在史料学上的贡献，重点是他的史料学思想。

二、史料学理论

刘知几不仅是著名的史学理论家，也是著名的文献学家、史料学家。他的史料学理论丰富多彩，在中国史料学史上占有重要的地位。

首先，他具体阐明了史料学的任务。

《史通》一书在许多地方讲到了史料的重要作用。刘知几认为，“史之为用，其利甚博，乃生人之急务，为国家之要道。有国有家者，其可缺之哉！”[①]此处所言之“史”，可以理解为历史记载。他曾具体论述了记载的重要作用：向使世无竹帛，时缺史官，则古往人事，俱一从物化，善恶不分。“苟史官不绝，竹帛长存，则其人已亡，杳成空寂，而其事如在，皎同星汉。用使后之学者，坐披囊箧，而神交万古；不出户庭，而穷览千载。见贤而思齐，见不贤而内自省。若乃《春秋》成而逆子惧，南史至而

① 《史通·史官建置》。

贼臣书。其记事载言也则如彼，其劝善惩恶也又如此。”①

这就是说，历史记载可以劝善惩恶。大而言之，可以使乱臣贼子惧；小而言之，可以使人接受历史的教育启示，“见贤而思齐，见不贤而内自省。”刘知几反复强调“史”的重要作用，这个“史”可以理解为史书，也可以理解为史料。总之，都是记录的历史，尤其是史官的记录。

然而，史料能否起到“劝善惩恶”的作用，关键取决于史料的真实性，因而刘知几特别强调直书。他说：

> 史之为务，申以劝诫，树之风声。其有贼臣逆子，淫君乱主，苟直书其事，不掩其瑕，则秽迹彰于一朝，恶名被于千载。②

提倡直书，反对曲笔，是刘知几史学思想中最闪光的部分，是史料记载能否起到劝善惩恶作用的关键。他在《曲笔》篇又重申这个道理：

> 盖史之为用也，记功司过，彰善瘅恶，得失一朝，荣辱千载。苟违斯法，岂曰能官！但古来唯闻以直笔见诛，不闻以曲笔获罪。是以隐侯《宋书》多妄，萧武知而勿尤；伯起《魏史》不平，齐宣览而无谴。故令史臣得爱憎由己，高下在心，进不惮于公宪，退无愧于私室，欲求实录，不亦难乎？呜呼！此亦有国家者所

① 《史通·史官建置》。

② 《史通·直书》。

宜惩革也。

可见，坚持史料记载的真实性，是刘知几捍卫史料历史作用的重要主张。刘知几以为“记功司过，彰善瘅恶”是史家天职，“苟违斯法，岂曰能官！”他满腔热情赞扬古来优秀史家的直书精神，表彰他们“宁为兰摧玉折，不作瓦砾长存”的凛然正气，歌颂他们“不避强御”、“无所阿容”的高风亮节。主张史家据实直书，用刘知几的话说要“爱而知其丑，憎而知其善，善恶必书，斯谓实录。”这里要求史家善恶必书，不虚美，不隐恶，忠于史职，忠于史实，坚持秉笔直书，反对曲笔阿时。这种思想是对古人的继承；在书善恶时，不能加上主观成见“情兼向背，志怀彼我”，而要有“爱而知其丑，憎而知其善”的公正态度，这一思想不仅是对古人思想的继承，而且又有所发展。知丑、知善是史家对史料的价值判断，时至今日仍有教育意义。要做到这一点，其特别重要的乃是史家的识、德。要而言之，至为明朗的善恶是非是其一，这要求史家有卓识；劝善惩恶的勇气是其二，这要求史家有史德。没有卓识，就无法区分善恶；没有史德，就没有劝善惩恶的勇气。《史通》一书处处体现了其是非分明、彰善瘅恶的批判精神，这既是刘知几史识的充分体现，也是刘知几思想品格的具体反映。刘知几在强调历史的社会作用时，就不仅仅是一种认识，而且更是一种实践，即彰善惩恶的社会实践。这种社会实践势必会带来社会效果，也会遭到社会邪恶势力的迫害。因此，彰善瘅恶是对史家的严峻考验。

其次，刘知几具体阐明了史料与史学的辩证关系。他在《史官建置》一文中指出：

> 夫为史之道，其流有二。何者？书事记言，出自当时之简；勒成删定，归于后来之笔。然则当时草创者，资乎博闻实录，若董狐、南史是也；后来经始者，贵乎俊识通才，若班固、陈寿是也。必论其事业，前后不同。然相须而成，其归一揆。

在这里，“当时之简”，指史官所记，当指史料；“后来之笔”是史家根据当时之简而勒成删定，当指史学。而史料，要求“博闻实录”；史学，则要求史家具备“俊识通才”。两者要求自不相同。然而两者又有相辅相成的关系，没有史料，便没有史学，因为史料是史学的基础；没有史学，史料便无法发挥更大作用。刘知几在叙述魏晋以来史官职责时指出：晋元康初，设著作郎一人，又置佐著作郎八人，专掌史任。“佐郎职知博采，正郎资以草传。”① 这里，“博采”系指搜集、记录史料，正郎在此基础上草传成书。后来，清代史家章学诚则把史籍区分为“撰述”、“记注”两大类。所谓“撰述”，就是著作之书；所谓“记注”，则是为著作提供材料的资料汇编，亦即史料，其作用是“备稽检而供采择”，只不过是原始材料的记录、整理、选辑、汇编而已。而撰述应该有观点、有分析、有创见。这同刘知几的说法大体上是相一致的。章学诚强调史意，认为史学必须有“别识心裁”，成一家之言，因而对一般史籍不轻易以史学相许。他说：

> 世士以博稽言史，则史考也；以文笔言史，则史选也；以故事言史，则史纂也；以议论言史，则史评

① 《史通·史官建置》。

> 也;以体裁言史,则史例也。唐宋至今,积学之士,不过史纂、史考、史例;能文之士,不过史选、史评,古人所谓史学,则未之闻矣。[1]

在他看来,史学必须“经世”,成一家之言。由是观之,封建时代的历史作品,可以区分为史料和史学两大类。这是一种情况。另外,封建时代的历史作品,如《二十四史》、《资治通鉴》等,这在当时可以说是史学,今天看来,则是我们研究历史的史料了。这是另一种情况。还有,即使在封建时代称得上是史学的历史作品,也大都被后人应用为认识历史的史料。由此看来,对史料与史学的理解应该持历史的、辩证的观点。鉴于“史学”的涵义因时因人而异,我们的认识不必绝对化。刘、章的基本看法已经明确了二者相辅相成的辩证关系。而在二者发挥社会作用时,也很难说谁更有社会价值。

在《史通·辨职》篇中,刘知几论述史学家职责,析为三等:

> 史之为务,厥途有三焉。何则?彰善贬恶,不避强御,若晋之董狐、齐之南史,此其上也。编次勒成,郁为不朽,若鲁之丘明、汉之子长,此其次也。高才博学,名重一时,若周之史佚、楚之倚相,此其下也。苟三者并缺,复何为者哉!

在这里,把“彰善贬恶,不避强御”视为上等,这是可以理解的,

① 《文史通义补遗·上朱大司马论文》。

因为这是刘知几论史学社会作用的根本见解。而“编次勒成，郁为不朽”和“高才博学，名重一时”亦是史学服务于社会的途径。如以史才三长论之，其中“编次勒成”，强调的是“史才”，如左丘明、司马迁；“高才博学”，强调的是“史学”，如史佚、倚相。而“彰善贬恶，不避强御”，强调的是“史识”。如以史料、史学论之，董南则是史官执简，据事直书的史料工作，后两者倒是趋近于史学。南史、董狐，据事直书，敢于彰善贬恶，这是史家有卓越史识的表现。刘知几给予高度评价。如此看来，他并不看轻史料工作，而且相当重视史料记载，以为这是史学工作的基础。他认为，向使世无竹帛，时缺史官，即没有史料记载，那么就会善恶不分，妍媸永灭。这说明，史料记载是史书流传的客观条件，无史料则无史籍，更无史学。而史籍叙事的繁简、详略程度也完全取决于史料的多寡。他认为往古史册所以简略，近世史籍所以详审，盖由于史料记载的多寡不同。他说：“当春秋之时，诸侯力争，各闭境相拒，关梁不通。其有吉凶大事，见知于他国者，或因假道而方闻，或以同盟而始赴。苟异于是，则无得而称。鲁史所书，实用此道。至于秦、燕之据有西、北，楚、越之大启东、南，地僻界于诸戎，人罕通于上国。故载其行事，多有阙如。且其书自宣、成已前，三纪而成一卷；至昭、襄已下，数年而占一篇。是知国阻隔者记载不详，年浅近者撰录多备。”[①]至于西汉之史所以“倍增于《春秋》”，乃因汉天下一统，收集史料方便。降及东京，作者弥众，世多髦俊。邑老乡贤，竞为别录；家牒宗谱，各成私传。于是笔削所采，闻见益多。总之，从史料采集而言，远略近详，这是客观情势使然。史料多，史书自然亦

① 《史通·烦省》。

多。

第三,刘知几系统阐明了史料跟史学的其他部分的辩证关系。这里主要指它同史学理论、历史编纂、历史文学的关系。这些见解比较集中地体现在他的“史才三长”论中。

史才、史学、史识三长,本是刘知几对史家知识基础的理论概括,是一个史家修养问题。刘知几谈论史才,主要指有关写作的方法和语言技巧。对史才的理解,我们不必过于拘泥。广义来说,史才包括范围甚广,搜集、鉴别、组织史料的能力是史才,叙事、记言、撰文的能力是史才,编次史书的能力也是史才。以上大都是指历史编纂学范围的能力。再想开点,也包括史识,所以刘知几说:“史才须有三长”。这里的史才包括才、学、识。无论是狭义的或广义的理解,都与史料有密切关系。才、学、识的“学”,亦即“史学”,就是指掌握和鉴别史料的问题,是指史家的知识学问以及取得知识学问的能力和途径问题,即刘知几的史料学。史识是一个史学理论的水平问题。刘知几论史识,注意了史料的掌握和鉴别问题,注意了史书的编撰形式和方法问题,也注意了史书的宗旨问题。史家通识的观点贯穿在《史通》的全部理论中,是刘知几史学思想的灵魂。

史料学与历史理论、历史编纂学、历史文学的关系是密不可分的,犹如章学诚论事、文、义三者一体,义是灵魂,事是内容,文是形式。史料是基础,历史理论是灵魂,历史编纂、历史文学是形式。没有史料,便谈不上其他。而离开其他,史料也将变得无用。这些道理不言而喻,限于篇幅,我们就略而不论了。

第四,刘知几也具体阐明了史料学自身的一些理论问题。

比如,史料求真的宗旨。许冠三先生有《刘知几的实录史学》一书行世。他在该书绪言中指出:“知几史学理论之本核,端在实录直书四字。”这是把握知几史学真谛的正确结论。书事记言,务必存真求是,这是刘知几史料学的根本宗旨。所谓存真求是,就是史官执简,善恶必书。他说过这样的话:“盖明镜之照物也,妍媸必露;不以毛嫱之面或有疵瑕而寝其鉴也;虚空之传响也,清浊必闻,不以绵驹之歌时有误曲而辍其应也。夫史官执简,宜类于斯。苟爱而知其丑,憎而知其善,善恶必书,斯为实录。”①要求史官书事记言严格坚持善恶必书的原则,就像明镜照物妍媸必露、虚空传响清浊必闻一样。而要做到这一点,史官必须排除一己之爱憎,做到“爱而知其丑,憎而知其善”,完全如实地记载,既不要“美者,因其美而美之”,也不要“恶者,因其恶而恶之”。务求“言无美恶,尽传于后”,做到“不掩恶,不虚美”。应该说,要求史官排除一己之爱憎,按照历史的本来面目,如实记录史料,这是非常光辉的史学主张,离开史料的真实性,有关史学的一切主张都无从谈起。众所周知,“善恶必书”是我国古代史官书事记言的优良传统,这也许是我国史学之所以兴旺发达而且发挥劝善惩恶伟大社会效用的原因所在。

然而要做到实录直书是很不容易的,坚持实录直书的原则,必须反对隐讳虚美,曲笔诬书。他批评孔子修《春秋》,“多为贤者讳,狄实灭卫,因桓耻而不书;河阳召王,成文美而称狩。”②又说《春秋》“外为贤者,内为本国,事靡洪纤,动皆隐

① 《史通·惑经》。
② 《史通·惑经》。

讳。"[①]"国家事无大小,苟涉嫌疑,动称耻讳,厚诬来世,奚独多乎!"[②]《疑古》、《惑经》两篇,专门批评《尚书》、《春秋》的隐讳以及后人虚美之言。《疑古》十疑,揭《尚书》之虚美,《惑经》十二未谕,刺《春秋》之讳耻。由之我们可看到知几斥隐讳诬书之坚定立场,虽圣人亦不能免。当然,知几倡导直书,并非是"丝毫必录,琐细无遗",而是主张"不掩恶,不虚美,书之有益于褒贬,不书无损于劝诫。但举其宏纲,存其大体而已。"[③]可见,直书实录的宗旨是为劝善惩恶的治史目的服务的。

三、史料的分类和史料学的应用

刘知几是一位严肃的历史学家,他研究史料学亦信守史学家的严正立场。这就是他在历史的发展中叙述史籍源流,从而清晰分明地给我们展示了古代史料学发展的历史过程。《史通》外篇中《史官建置》和《古今正史》便是典型代表。《史官建置》论述我国古代迄唐初史官制度的起源及其演变。我国自古以来书事记言,掌于史官,史籍藏于史官,史学寄于史籍,因而要研究古代史学,必究古代史籍、史料,欲究古代史籍、史料,必自史官始。刘氏叙述历代史官沿革变迁,条分缕析,简要详明。《古今正史》按着时间顺序历述古今正史,分溯其源。所言"正史",系指纪传、编年二体的史书。本篇所论,不越《六家》之外。他从上古三坟五典述起,历述《尚书》、《春秋》、《史记》、《汉

① 《史通·疑古》。
② 《史通·惑经》。
③ 《史通·杂说下》。

书》等，一直说到《隋书》和唐修的《唐书》。篇末云："大抵自古史臣撰录，其梗概如此。盖属词比事，以月系年，为史氏之根本，作生人之耳目者，略尽于斯矣。自余偏记、小说，则不暇具而论之。"说明该篇论述的范围是"自古史臣撰录"的"梗概"，只是"偏记、小说，不暇具论"。按照知几的意见，"偏记、小说，自成一家，而能与正史参行，其所由来尚矣"。[①] 论其价值，"皆记即日当时之事，求诸国史，最为实录。然皆言多鄙朴，事罕圆备，终不能成其不刊，永播来叶，徒为后生作者削稿之资焉"。[②] 一分为二，既肯定其优点，又指出其不足。从"博闻旧事，多识其物"的观点出发，对偏记、小说之类的史料是不应弃而不择的。不过，在《史通》中，知几只是就偏记、小说等十类杂史，分述源流，略论其利弊得失，不曾系统叙述杂史的发展过程。

《六家》、《二体》辨别史书体例，采取动观的纵向的历史考察，于考镜源流中辨别体例，同历史发展过程紧密联系起来，这是历史的眼光和方法。所以说，把《史官建置》、《古今正史》、《杂述》和《六家》、《二体》联系起来，我们大抵可以看出唐之前中国史学发展的历史过程及规律性，当然也可看出唐以前中国史料发展的历史过程及规律性。

史料学之分类的部分就是史料分类学或史料目录学。目录学是阐述编制和使用目录工具的理论和方法的科学。刘知几关于中国史籍的分类，突破《隋书·经籍志》的范围，他没有撰述过史籍目录，却曾提出了史籍分类的意见。这就是六家二

① 《史通·杂述》。
② 《史通·杂述》。

体说和杂述十品。

把《史通》的史籍分类法同《隋书·经籍志》加以比较，似可看出刘知几史籍分类法的历史价值。关于这个问题，本书在史流史体论中已有涉及，这里只谈些结论性的意见。

《史通》杂史十类大都集中《隋志》的杂史、杂传、地理三类。职官、仪注、刑法、簿录等四目，《史通》均不曾涉及。这是《史通》不如《隋志》丰富的地方。然魏晋以来，典制体史书逐渐发展并走向成熟，《隋志》对此有充分反映，职官等多是此类书籍，数量可观。以内容论，实为史书之重要组成部分，以体例论，亦绝非二体所能包括。自然《史通》以《尚书》、《春秋》入正史，这是知几一大发明，遂开后世"六经皆史"的先河。就史部著录而言，《史通》也有较《隋志》为丰富的地方。

知几对杂史有一定的认识，但从总体上说，既没有给杂史以应有的重视，也没有进行充分的论述。他的目光仍集中于正史，以为史书之撰述主要是班、荀二体。其实，史学发展早远远超出二体范围，《隋志》充分反映了这一现实，知几却不曾给予充分重视。《隋志》是对魏晋已降史学发展的记录和总结，是一部承前启后的目录书。知几的《史通》本来有《隋志》可资借鉴，但他论史体却几乎全部抛开了《隋志》，另起新局。在中国目录学史上没有引起多大反响。究其缘由，这同《隋志》、《史通》各自的地位和情况有关，更重要的是知几未能正确对待《隋志》的优秀成果。

下边主要谈谈刘知几关于史料的搜集、整理和考辨等方面的论述。在史料的搜求上，刘知几主张博采，即广泛地搜集资料。他说：

> 盖珍裘以集腋成温，广厦以群材合构。自古探穴藏山之士，怀铅握椠之客，何尝不征求异说，采摭群言，然后能成一家，传诸不朽。[①]

说明广泛搜集史料是编撰史学巨制的基础工作。集腋成温，群材合构，在从事史学著述时，若不“征求异说，采摭群言”，则内容贫乏，难以“能成一家，传诸不朽”。所以博学多闻，综览群书，广采众说，是刘知几坚定的主张。如《左传》、《史》、《汉》等名著，无不博采，这是它们成为史学名著的重要条件。

知几认为，作为一名学者，必须“博闻旧事，多识其物”，如果“不窥别录，不讨异书，专治周、孔之章句，直守迁、固之纪传”[②]，那断然达不到博闻多识的目的。这就是说，广采博闻，要扩大史料搜求的范围，不但要搜求历代编年、纪传体史书的资料，也要注意搜集偏记、小录等异书的资料。他认为，“偏记小说，自成一家”，在中国历史上，它“能与正史参行”，也有源远流长的历史。大体言之，这些异说“皆记即日当时之事，求诸国史，最为实录”。比如地理之书，因为各地区“物产殊宜，风化异俗，如各志其本国，足以明此一方。”[③] 这说明偏记小录之书一有史料真实的长处，二可补正史之不足。虽然其间“得失纷糅，善恶相兼”，“言皆琐碎，事必丛残”，难以和《五传》、《三史》比美，还是很有价值的。知几在《杂述》篇，曾经分析过杂史十流的各自价值。

---

① 《史通·采撰》。

② 《史通·杂述》。

③ 《史通·杂述》。

偏记、小录，史料价值较高，“最为实录”。因为偏记乃当世人“权记当时，不终一代”之当代小史。如陆贾的《楚汉春秋》，记楚汉之际的历史，虽非全史，但记近时，作者耳闻目睹，有真情实感，故有较高史料价值，为司马迁《史记》所资取。小录是作者“独举所知，编为短部”的人物传。如戴逵《竹林名士》、王粲《汉末英雄》，对了解这些人物的行事有重大帮助，而且丰富了这段历史的史实。

逸事“皆前史所遗，后人所记，求诸异说，为益实多”，它作为拾遗之书，可补史遗，用资参考，其史料价值，亦不可低估。至于琐言，所载乃“街谈巷议”，“小说卮言”，多载当时辩对，流俗嘲谑，如刘义庆《世说》、裴荣期《语林》等，这些书亦可提供史料，不止如刘知几所谈“俾夫枢机者藉为舌端，谈话者将为口实”。还有郡书，乃乡人学者编而记之，往往“矜其乡贤，美其邦族”，有溢美不实之处。其中如常璩之《华阳国志》等详审、该博之作，也能“传诸不朽，见美来裔”。又有以显扬父母、夸其氏族、炫耀高门的家史之作，“事惟三族，言止一门”，亦有史料价值。别传多“博采前史，聚而成书”，新言、别说，盖不过十一，其书系录“贤士贞女”之“百行殊途”的善迹，如刘向《列女传》等。杂记乃搜采怪异之书，如干宝《搜神》，史料价值不大。至于地理书、都邑簿者，实有很高的史料价值。地理书多志一方“物产殊宜，风化异俗”，但良莠不齐，其中有“言皆雅正，事无偏党”者，亦有“竞美所居，谈过其实”者，也有以委巷传闻为故实者。都邑簿主记“帝王桑梓”，“经始之制”，如潘岳《关中》、陆机《洛阳》等，对都邑之宫阙、陵庙、街廛、郭邑的营造，能“辨其规模，明其制度”。

上引知几在《杂述》中对杂史的分析，可知他对史料的搜求是至为广泛的。

但是博采并不是“务多为美，聚博为功”，必须“别加研核”，以“练其得失，明其真伪”。因为史料不但要丰富，而且要真实。而真实，是更为要紧的问题。

无论是正史，还是杂品，都有个史料的真伪问题，要求史家能鉴别真伪，慎重去取。刘知几说：“且夫子有云：‘多闻，择其善者而从之’，‘知之次也’。苟如是，则书有非圣，言多不经，学者博闻，盖在择之而已。”[①]

择善的基本前提是区分史料的虚实真伪。

刘知几在《暗惑》篇末，对史书的材料选择有一段总结性的论述：“盖精五经者，讨群儒之别义；练三史者，征诸子之异闻。加以探赜索隐，然后辨其纰缪。如向之诸史所载则不然，何者？其叙事也，唯记一途，直论一理，而矛盾自显，表里相乖。非复牴牾，直成狂惑者尔！寻兹失所起，良由作者情多忽略，识惟愚滞。或采彼流言，不加铨择；或传诸谬说，即从编次。用使真伪混淆，是非参错。……夫书彼竹帛，事非容易，凡为国史，可不慎诸！”在这里，他讲清楚了严肃认真对待史料的重要性。

在《史通》一书里，知几在许多地方都指出了五经、三史等史书的史料错误。比如他说：“五经立言，千载犹仰，而求其前后，理甚相乖。何者？称周之盛也，则云三分有二，商纣为独夫；语殷之败也，又云纣有臣亿万人，其亡流血漂杵。斯则是非无准，向背不同者焉。又案武王为《泰誓》，数纣过失，亦犹近代之有吕相为晋绝秦，陈琳为袁檄魏，欲加之罪，能无辞乎？而后来

① 《史通·杂述》。

诸子,承其伪说,竞列纣罪,有倍五经。”[①] 在《疑古》篇里,他对《尚书》提出了十条怀疑,在《惑经》篇里,列举《春秋》十二未谕,五虚美,都是从对材料不实的角度提出来的。他指出,孔子修《春秋》,“多为贤者讳”,“国家事无大小,苟涉嫌疑,动称耻讳,厚诬来世,奚独多乎!”至于对《史》、《汉》等正史以及杂史的史料批评实在更多了。比如范晔的《后汉书》,选材猥杂,讹言难言。有所谓“王乔凫履”,盖出于《风俗通》,“左慈羊鸣”,原传于《抱朴子》,而范氏“朱紫不别”,以荒诞作真实,爰入正史。再如沈约、魏收,“沈氏著书,好诬先代,于晋则故造奇说,在宋则多出谤言”,“魏收党附北朝,尤苦南国,承其诡妄,重以加诸。”[②] 至唐初官修晋史,也是广采杂书,不加考辨。若《语林》、《世说》、《幽明录》、《搜神记》等,所载或恢谐小辩,或神鬼怪物,多采以为书。其病在“务多为美,聚博为功。”

刘知几强调史料的辨伪工作,他说:“郡国之记,谱谍之书,务欲矜其州里,夸其氏族。读之者安可不练其得失,明其真伪者乎?至如江东‘五俊’,始自《会稽典录》,颖川‘八龙’,出于《荀氏家传》,而修晋、汉史者,皆征彼虚誉,定为实录。苟不别加研核,何以详其是非?”[③] 更有采街谈巷议、道听途说之词,如“曾参杀人”、“不疑盗嫂”者流,“皆得之于行路,传之于众口。”言之者彼此有殊,书之者是非无定。“而后来穿凿,喜出异同,不凭国史,别讯流俗。”如此传闻失实之记录甚为乖滥。知几由之得出结论:“故作者恶道听途说之违理,街谈巷议之损

① 《史通·疑古》。

② 《史通·采撰》。

③ 《史通·采撰》。

实。……异辞疑事,学者宜善思之。"①这就是说,对待史料必须严加鉴别,比较异同,慎思熟考,以决定去取。

那么,如何辨别真伪呢?

第一,要区分史料的性质。

刘知几认为,《史》、《汉》在选择史料时,不仅博征,而且皆"当代雅言,事无邪僻",所以能够"取信一时,擅名千载"。所谓"当代雅言",系指政府文件、政府的记录和比较可靠的历史撰述。魏晋著作采用"后来穿凿"的材料,所以记事"乖滥"。所谓"后来穿凿",指道听途说、传闻失实的记录。史家在选材时必须有这样一个基本估计。

第二,要确定真伪的原则。

《史通·载文》篇论文史关系,指出远古文辞不虚美不隐恶,文之将史,其流一焉。秦汉以降,文体大变,务以淫丽为宗,喻过其体,词没其义,繁华失实,记事虚伪。他指出共有五失,一曰虚设,二曰厚颜,三曰假手,四曰自戾,五曰一概。他说:"考兹五失,以寻文义,虽事皆形似,而言必凭虚。行之于世,则上下相蒙;传之于后,则示人不信。而世之作者,恒不之察,聚彼虚说,编而次之,创自起居,成于国史。"他认为取材应该像王劭撰《齐》、《隋》二史,"文皆诣实,理多可信,至于悠悠饰词,皆不之取。此实得去邪从正之理,捐华摭实之义也"。

可见,确定真伪的基本原则乃是"拨浮华,采真实",也就是"去邪从正,捐华摭实"。凡"违理"、"捐实"者当弃之不采。

要做到去伪存真、捐华摭实并非易事,需要史家有高度的见识方可。诚如知几所言:"夫人识有不烛,神有不明,则真

① 《史通·采撰》。

伪莫分，邪正靡别。”[1]他列举昔人有以发绕炙误其国君，置毒于胙诬其太子的记载，然发经炎炭，必致焚灼；毒味经时，无复杀害。结果引之者伪成其事，受之者信以为然。其实都是无稽之言。史传记载亦是这样。“其有道理难凭，欺诬可见。”[2]这里所说的“道理”，即指事理、情理，是据理以推断其真伪。

此外，考察记事是否符合于自然规律，即是否有“理”，违反自然规律的记事必然是伪造的。如《史记·五帝本纪》云重华入于井中，匿空旁出。刘知几认为：杳冥不测，变化无恒。“时无可移，祸有必至，虽大圣所不能免。若姬伯拘于羑里，孔父阨于陈、蔡是也。然俗之愚者，皆谓彼幻化，是为圣人。岂知圣人智周万物，才兼百行，若斯而已，与夫方内之士有何异哉！”[3]重华匿空旁出不符合自然规律，定然是伪造无疑。

考察记事是否符合于社会实际情况。真实的记事，必然和社会实际情况相合，离奇的记事，如没有特别使人相信的说明，必然是伪造的。如《东观汉记》载郭伋事：郭伋为并州牧，行经西河美稷，有儿童数百骑竹马相迎，并且约定归还日期。郭伋归还时早到一日，于是“止于野亭，须期乃入”。刘知几批评此事不可信有三。汉代州牧出行，“前驱蔽野，后乘塞路，鼓吹沸喧，旌棨填咽”，儿童们“非唯羞赧不见，亦自惊惶失据”，怎能去欢迎？这是一。又州牧出行，举州振肃。必然是群臣颙然伫候迎送，“行李有程，严备供具，憩息有所”，“安得轻赴数童之期，坐失百城之望?”这是二。又，“晋阳无竹”，“访诸商贾，

① 《史通·暗惑》。
② 《史通·暗惑》。
③ 《史通·暗惑》。

不可多得”，“群戏而乘，如何克办？”这是三。[1] 此等虚伪记事，经不起分析，了无一实，不过是夸张郭伋是个好官而已。

考察记事是否自相矛盾。如果据实而书则必然前后连贯，因果粲然，如果伪造故事，那就容易矛盾百出，前言不搭后语。比如司马迁在《史记·吕不韦列传》里说：吕不韦为秦相国，使门客撰《吕氏春秋》，书成宣布于咸阳“有能增损一字者予千金”。而在《报任安书》中则说“不韦迁蜀，世传吕览”。两相矛盾，说明《报任安书》叙事不可信，“识有不该，思之未审”。[2]

知几考察记事之真实虚伪，在《史通》中随处可见。他看到已往史籍“或采彼流言，不加铨择，或传诸谬说，即从编次。用使真伪混淆，是非参错”。所以他告诫人们：“书彼竹帛，事非容易，凡为国史，可不慎诸！”[3]我们可以这样说，刘知几对史书史料的考证辨伪工作有着深刻的认识和扎实的贡献，不愧为我国古代一位考据辨伪学的先驱。

① 《史通·暗惑》。
② 《史通·杂说上》。
③ 《史通·暗惑》。

第八章　史　笔　论

孟子在评论《春秋》时说过:"王者之迹息而《诗》亡,《诗》亡然后《春秋》作。晋之《乘》,楚之《梼杌》,鲁之《春秋》,一也:其事则齐桓、晋文,其文则史,孔子曰:'其义则丘窃取之矣。'"①这里第一次明确提出事、文、义的概念。事、文、义是史学的三个基本要素,任何一篇史学作品都要有这三个东西。这个"义"即史义,约相当于现在所说的历史理论、历史观点,这个"事"即史事,即历史事实,而"文"即史文,就是史书的所用以表达的文字。

本章专说史文,它也是历代史家普遍关心的大事。刘知几曾说"史之为务,必借于文"②,又引《左传》载孔子语"言之不

① 《孟子·离娄下》。
② 《史通·叙事》。

文，行之不远”①，本文就谈谈知几关于史文，亦即史笔的见解。

一、文史异辙

刘知几在谈论史家文风即史文时，首先提出了一个文、史关系的问题，也就是一般意义的文辞与史文的关系问题。刘知几是从历史的纵向考察中回答这个问题的。他认为，远古文辞，能起反映国家治乱兴亡的历史作用，正是因为它具备“不虚美，不隐恶”的特点，能够如实反映情况。这种文辞就与史文没有什么区别。他说：

> 夫观乎人文，以化成天下；观乎国风，以察兴亡。是知文之为用，远矣大矣。若乃宣、僖善政，其美载于周诗；怀、襄不道，其恶存乎楚赋。读者不以吉甫、奚斯为谄，屈平、宋玉为谤者，何也？盖不虚美、不隐恶故也。是则文之将史，其流一焉，固可以方驾南、董，俱称良直者矣。②

这就是说，文士之文与史家之文，在其初期是一致的，其共同之点就是能做到实录，“不虚美，不隐恶”。这样的文字就可以“方驾南、董，俱称良直”，起到劝善惩恶的作用。

“不虚美，不隐恶”，是刘知几继承班固的意见。班固在评

---

① 《史通·言语》。
② 《史通·载文》。

论司马迁史学时说：

> 然自刘向、扬雄博极群书，皆称迁有良史之才，服其善序事理，辨而不华，质而不俚，其文直，其事核，不虚美，不隐恶，故谓之实录。[①]

“其文直”，是对史文的要求。所谓“直”，指公正不曲，要求写事如实，文质相称。怎么能“直”呢？坚持“不虚美，不隐恶”的实录精神，即“直笔”精神就直。刘知几把班固这一见解接受过来了，大倡实录、直书之旨。

知几认为，随着时代的变迁，“文体大变”。这个变化就是：“树理者多以诡妄为本，饰辞者务以淫丽为宗”。如汉代词赋，往往是“喻过其体，词没其义，繁华而失实，流宕而忘返，无裨劝奖，有长奸诈。”[②] 意思是说，文辞追求繁华修饰，因而失实，无法劝善惩恶。魏晋已下，愈走愈远。或“徒有其文，竟无其事”，或饰辞矫说，信口雌黄，达到无以复加的程度。刘知几正确指出：“昔仲尼有言：‘文胜质则史’。盖史者当时之文也。然朴散淳销，时移世异，文之与史，较然异辙。”[③] 文史分道扬镳，两者各自走上了不同的发展道路。

孔子说：“质胜文则野，文胜质则史。文质彬彬，然后君子。”[④] 这里他提出了内容与形式统一即文质相称的问题。远

① 《汉书》卷六二《司马迁传·赞》。

② 《史通·载文》。

③ 《史通·核才》。

④ 《论语·雍也》。

古文字朴素无华，战国已降，文体大变，这当然是个发展，史家不应当追求淫丽，所以“文之与史，较然异辙”是历史的必然。刘知几看到这一点，就是一个功劳。

从“文之将史，其流一焉”到“文之与史，较然异辙”，是一个非常大的变化。以历史的眼光去看待这种变化，它反映了学术、文化的发展，但是当人们看不清这种变化对书事记言的史学事业带来的影响，因而忘却史学之实录直书之义时，也使史学产生了重大危机。本来，人们文字表达水平的长足进步，曾给史学的发展开辟了广阔的天地。后人不厌其烦地赞赏古代优秀史家左丘明、司马迁等高超的叙事才能和优美的文字，曾给他们的史书增添光彩，人们肯定这种文史结合，是中国古代历史著作的优良传统。刘知几曾经大加赞扬《左传》的文字的优美，说它“言胜捷则收获都尽，记奔败则披靡横前；申盟誓则慷慨有余，称谲诈则欺诬可见；谈恩惠则煦如春日，纪严切则凛若秋霜；叙兴邦则滋味无量，陈亡国则凄凉可悯。或腴辞润简牍，或美句入咏歌，跌宕而不群，纵横而自得。”①由此可见一斑。然而当文字的过分渲染和浮华而冲击了史家据事直书的根本原则时，则给史学带来不同程度的灾难。而刘知几的可贵之处在于，他非常清楚地看到了史学的这一灾难，并且以极大的勇气强调实录直书之义，以正史义，以匡文风。

知几在《史通》中反复论述文风的变化。他在《言语》篇中说：上古之世，人惟朴略，言语难晓，训释方通。是以寻理则事简而意深，考文则词艰而义释。周代重文，大夫行人，尤重词令，“语微婉而多切，言流靡而不淫”。到了战国时代，“驰说云

---

① 《史通·杂说上》。

涌,剧谈者以谲诳为宗,利口者以寓言为主”。从汉魏至周隋,世皆尚文。因此,他总结道:“战国已前,其言皆可讽咏,非但笔削所致,良由体质素美。……时人出言,史官入记,虽有讨论润色,终不失其梗概者也。”而魏晋已降,世皆尚文,妄益文彩,虚加风物,华而失实。

《叙事》篇也有类似的分析:“自《五经》已降,《三史》而往,以文叙事,可得言焉。而今之所作,有异于是。其立言也,或虚加练饰,轻事雕彩;或体兼赋颂,词类俳优。文非文,史非史。”

强调文、史有别有重大的现实意义,这就把一般文士之文和史家之文之间划了一条明确的界限。作为史家之文,其最基本的要求是“辩而不华,质而不俚,其文直,其事核”,或曰“文而不丽,质而非野”。因为“良史以实录直书为贵”,实录直书是对史家最根本的要求,体现在文风上,要求史家据事直书,“不掩恶,不虚美”,以达到“记功司过,彰善瘅恶”之目的,因此史家文字的质朴确切是很重要的。而文士之文,则着意于文学技巧,润色文字,雕饰辞藻,逐文字而略事实。刘知几说它是“以淫丽为宗”,“绮扬绣合,雕章缛彩”,“繁华失实”。

明确了文士之文与史家之文的不同,一则为史家行文明确了正确的方向,二则批评了文人修史的弊端。这两者是相辅相成的:批评文人修史是为了匡正史界泛滥成灾的浮华文风,有利于端正史文的正确方向;端正史文的正确方向更利于纠正文人修史带来的弊端。从某种意义上说,文史殊途的见解是对唐以前史学的深刻反思中总结出来的一条理性认识。

二、文人不能修史

刘知几从检讨唐以前史学的历史中看到“文之与史，较然异辙”，也看到起码从魏晋以来文人修史给史坛带来的浮华文风，反对这种浮华文风就成了刘知几面临的重要任务。

对魏晋以来笼罩史坛的浮华文风，刘知几展开了严肃的批评，其批评文字几乎遍布《史通》全书。其基本精神，就是坚持直书实录，反对曲笔讳饰，拨浮华，采真实。《核才》篇有一段文字似可概括他在这方面的意见。他说：“略观近代，有齿迹文章而兼修史传”，他们或“宛为歌颂之文”，或“直成铭赞之序”，或“尤工复语”，“雅好丽词”，或猖獗沉迷，轻薄流宕，一时成为风尚。“但自世重文藻，词宗丽淫，于是沮诵失路，灵均当轴。每西省虚职，东观伫才，凡所拜授，必推文士。遂使握管怀铅，多无铨综之识；连章累牍，罕逢微婉之言。而举俗共以为能，当时莫之敢侮。假令其间有术同彪、峤，才若班、荀，怀独见之明，负不刊之业，而皆取窘于流俗，见嗤于朋党。遂乃哺糟歠醨，俯同妄作，披褐怀玉，无由自陈。此管仲所谓‘用君子而以小人参之，害霸之道’者也。”

这里，刘知几揭示了这样几种事实：第一，“世重文藻，词宗丽淫”，造成了泛滥史坛、统治史坛的文风。第二，“沮诵失路，灵均当轴”，文人词士主宰史局，史家不得担当史任。第三，有才识的史家受到世俗排挤，无法申其志向。第四，文士修史，既不能“达于史体”，又“多无铨综之识”，因而所修史书，罕逢微婉之言。在这种情况下，反对文人修史不能不说是一项带有革命性的主张。

反对文人修史的主张不仅来自对历史的反思，也来自对现实的感受。自唐初设馆修史以来，文人修史之风仍然继续盛行。刘知几说："大唐修《晋书》，作者皆当代词人，远弃史、班，近宗徐、庾，夫以饰彼轻薄之句，而编为史籍之文，无异加粉黛于壮夫，服绮纨于高士者矣。"① 这是指贞观年间的情况。而刘知几时期的史馆较之贞观时期问题更多，"凡居斯职者，必恩倖贵臣，凡庸贱品"，"凡所引进，皆非其才，或以势利见升，或以干祈致擢。"② 刘知几所说"有术同彪、峤，才若班、荀，怀独见之明，负不刊之业，而皆取窘于流俗，见嗤于朋党"的议论是对唐代史馆弊端的揭露，更是他本人的真实感受。至于知几对唐代史馆的估价是否就全然合适，那是另外的问题。

文人修史弊端甚多。其一是"不达史体"。他们关心的是文采，而不是史实，多以"诡妄为本"，以"浮丽为宗"，往往是"喻过其体，词没其义，繁华而失实，流宕而忘返"。魏晋以下，更是恣意浮华，刘知几总结其失有五：一曰虚设，二曰厚颜，三曰假手，四曰自戾，五曰一概。

所谓"虚设"，言其失实，往往是"徒有其文，竟无其事。"比如上出禅书，下陈让表，其间劝进殷勤，敦谕重沓，迹实同于莽、卓，言乃类于虞、夏。所谓"厚颜"，言其扯谎。饰辞矫说，信口雌黄，任情抑扬。所谓"假手"，言凡有诏敕，皆由文士辞人代笔。他们肆其笔端，何事不录。本来君有反道败德，暴政虐民，桀、纣不如，但读其诏诰，犹如尧、舜再出。所谓"自戾"，言其自相矛盾。本来，君主对于百官，凡所褒贬，应慎之以慎。魏晋以

① 《史通·论赞》。
② 《史通·辨职》。

下则不然，始有褒崇，则谓善无可加，旋有贬黜，则谓罪不容责。鉴识靡定，前后相违，而史并载之。所谓“一概”，言其官样文章。凡谈主上圣明，则君尽三五；述宰相英伟，则人皆二八。虽人事屡改，而文理无易，善之与恶，其说不殊。刘知几总结说：“于是考兹五失，以寻文义，虽事皆相似，而言必凭虚。”①

五失的关键是个“虚”字。这类文字就好像“镂冰为璧”，好看不好用；也好像“画地为饼”，好看不好吃。“行之于世，则上下相蒙；传之于后，则示人不信”。

但是，文人学士们则全然不察，反而“聚彼虚说，编而次之，创自起居，成于国史，连章疏录，一字无废，非复史书，更成文集”。② 而史家所书则反是，“固当以正为主”，“其理谠而切，其文简而要，足以惩恶劝善，观风察俗者矣”。至于有些词赋文章，如贾谊的《过秦论》，班彪的《王命论》，张华的《女史箴》，张载的《剑阁铭》，诸葛亮的《出师表》等等，“此皆言成轨则，为世龟镜。求诸历代，往往而有。苟书之竹帛，持以不刊，则其文可与三代同风，其事可与《五经》齐列。”③

由是观之，并非举世文章，并无其选，关键是看其有无“去邪从正之理，捐华摭实之义”。④ 由上可知，文人修史之“不达史体”，是在两个方面出了问题：一是“树理者多以诡妄为本”，即是说其“理”不那么端正；其二是“饰辞者务以淫丽为宗”，即是说追求浮华。而真正的史书，则要求“其理谠而切，其文简而

① 以上皆见《载文》。
② 《史通·载文》。
③ 《史通·载文》。
④ 《史通·载文》。

要”。因此刘知几甚为赞赏王劭所撰《齐志》、《隋书》，以为二书“文皆诣实，理多可信，至于悠悠饰词，皆不之取。此实得去邪从正之理，捐华摭实之义”。[①]

文人修史“不达史体”已如上述，文人修史也“多无铨综之识”。知几认为：“识有通塞，神有晦明，毁誉以之不同，爱憎由其各异。……斯则物有恒准，而鉴无定识，欲求铨核得中，其唯千载一遇乎！况史传为文，渊浩广博，学者苟不能探赜索隐，致远钩深，乌足以辨其利害，明其善恶。”[②]这里强调了史识的重要作用。史家有“通识”的眼光，能探赜索隐，致远钩深，辨利害，明善恶。而一般文人写史，就缺乏这一条。“其学未该博，鉴非详正，凡所修撰，多聚异闻，其为舛驳，难以觉悟。”[③]如唐初修《晋书》，便往往广聚异闻。应劭《风俗通》载楚有叶君祠，即叶公诸梁庙。而俗云孝明帝时有河东王乔为叶令，尝飞凫入朝。至干宝作《搜神记》，不采应氏而收流俗怪说。《晋书》便采《搜神记》怪说入史。总之，文人修史，往往缺乏鉴识，不明真伪，不详是非，见良直不觉其善，逢牴牾而不知其非，怎么能写出实录来呢？

从当时的历史背景看，从刘知几所表达的基本精神看，提出文人不能修史的意见还是有积极意义的。如果把问题绝对化，以为史书就不要文采，以为文士就不能涉足史局，文学家就不能兼作史学家，那就过分了。知几之前，司马迁、班固等既是史学家，又是文学家，他们不是写出既是实录又有文采的

① 《史通·载文》。

② 《史通·鉴识》。

③ 《史通·杂说中》。

史书了吗？

三、史家文风的基本要求

在刘知几看来，史家文风应当是“文而不丽，质而非野”，“辩而不华，质而不俚”。他在《叙事》篇中说：“夫史之称美者，以叙事为先。至若书功过，记善言，文而不丽，质而非野，使人味其滋旨，怀其德音，三复忘疲，百遍无斁，自非作者曰圣，其孰能与于此乎？”他肯定《尚书》疏通知远之旨，意指深奥，诰训成义，赞赏《春秋》属辞比事之言，微显阐幽，婉而成章，因言“谅以师范亿载，规模万古，为述者之冠冕，实后来之龟镜。”继而表彰《史》、《汉》是“继圣而作，抑其次也。”以为世之学者，皆先曰《五经》，次云《三史》。刘氏推尊《尚书》、《春秋》为叙事祖法，举马、班二家为史体宗法，正表达了他在史书宗旨和史家文风上以《五经》、《三史》为模楷的主张。

孔子主张文质相称，知几继承孔子以来关于文质统一的意见，强调史文“文而不丽，质而非野”，便是得求一个文质相称的文风。时移世异，质文递变，魏晋以来史文烦富，尚浮丽，效古语，知几以矫时弊，强调“文而不丽，质而非野”，这是作为史家面临的历史任务。

在《叙事》篇中，知几对史家文风提出三项要求。

一是叙事以简要为主。他说：“夫国史之美者，以叙事为工，而叙事之工者，以简要为主。简之时义大矣哉！历观自古，作者权舆，《尚书》发踪，所载务于寡事；《春秋》变体，其言贵于省文。斯盖浇淳殊致，前后异迹。然则文约而事丰，此述作之尤美者也。”这里，史书叙事，以简要为主，乃针对史书“烦芜”

而发。提倡尚简,有鉴于魏晋以来国史之文日伤烦富,流宕逾远,冗句烦词,充斥字里行间。本来书事记言,为了“记功书过,彰善瘅恶”,一旦烦富而不可收,便忘记了治史的根本目的,即是说“积习忘返,流宕不归,乖作者之规模,违哲人之准的。”[①]当然,《尚书》、《春秋》,文词简约,较之后世典籍,质朴无华。儒家经典被后世奉为模楷,学者从中引出简要之义自是原因之一。

然而时移世异,记事日趋烦富是历史趋势。诚如知几所言:“余以为近史芜累,诚则有诸,亦犹古今不同,势使之然也。”[②] 为什么呢?知几以历史发展的眼光透察书事记言的大势,指出:当春秋之时,诸侯力争,各闭境相拒,关梁不通。其有吉凶大事,见知于他国者,或因假道而方闻,或以通盟而始赴。否则盖不得而知。鲁史所书,实用此道。至于秦、燕、楚、越诸国,地理偏僻,故载其行事多有缺如。且其书自宣、成以前,三纪而成一卷,至昭、襄已下,数年而占一篇。因此他总结道:“是知国阻隔者,记载不详,年浅近者,撰录多备。”并非丘明故为简约,而是随闻见而成传罢了。乃至汉代,天下一统,情况不同了。作者居府于京兆,征事于四方,用使夷夏必闻,远近无隔。所以汉代之史倍增于《春秋》。降及东京,作者弥众。邑老乡贤,竞为别录;家谍宗谱,各成私传。于是笔削所采,闻见益多。所以中兴之史又广于前汉。至于魏晋,虽地之偏小,年之窘迫,反而使作者采访易洽,巨细无遗,耆旧可询,隐讳咸露。故小国之史亦不减于大邦。由上可知,近史烦芜,势使之然。因而史家

① 《史通·书事》。
② 《史通·烦省》。

对书事的正确态度应该是:“夫论史之烦省者,但当要其事有妄载,苦于榛芜,言有缺书,伤于简略,斯则可矣。必量世事之厚薄,限篇第以多少,理则不然。”[①] 由此可见,知几尚简,并非越简越好,而是“量世事之厚薄,限篇第以多少”,妄载而流于榛芜不行;言有缺书,伤于简略亦不行。他曾经说:“夫记事之体,欲简而且详,疏而不漏。若烦则尽取,省则多捐,此乃忘折中之宜,失均平之理。”[②] 这是对“简要”之最好的解释。“文约而事丰”,这是述作的一个最高境界,今日看来,也应当是记事者奋力争取的目标。在文字简约上,知几注意到省句、省字。以为省句为易,省字为难。如果句尽余剩,字皆重复,则必然烦芜。这话是很有道理的。自然,一篇文字写得精粹,还不仅仅是文字的提炼,更重要的是思想的提炼,是识见的升华。

二是“用晦”,基本意思是言简而意赅。刘知几认为,行文有显、晦之别。所谓“显”,就是“繁词缛说,理尽于篇中”,所谓“晦”,就是“省字约文,事溢于句外”。“用晦之道”就在于“略小存大,举重明轻,一言而巨细咸该,片语而洪纤靡漏。”这实际上是以高度的文字概括包涵丰富的内容,犹如前言文约事丰之义。他列举《虞书》“帝乃殂落,百姓如丧考妣”,《周书》称前徒倒戈,“血流漂杵”等为例,指出其“皆文如阔略,而语实周赡”。丘明师范尼父,经以数字包义,而传以一句成言,如“邢迁如归,卫国忘亡”之类。知几总结道:“斯则言近而旨远,辞浅而义深,虽发语已殚,而含意未尽。使夫读者望表而知里,扪毛而辨骨,睹一事于句中,反三隅于字外。”这就是用晦的奥妙之

① 《史通·烦省》。
② 《史通·书事》。

处。至于《史》、《汉》，亦时值斯语。如“高祖亡萧何，如失左右手；汉兵败绩，睢水为之不流；董生乘马，三年不知牝牡；翟公之门，可张雀罗”，等等。由上述可知，只要注意“略小存大，举重明轻”，那么作者言虽简略，理皆要害，故能疏而不遗，俭而无缺。譬如用奇兵者，持一当百，能全克敌之功。当然，这样的要求是高标准的。史家若“才乏俊颖，思多昏滞”，便做不到这一点。因此，史家要不断锻炼自己的思维概括能力，提高自己的写作技巧。

三要提倡质朴，反对夸饰。在近世史学中运用夸饰手法形成风气。或“假托古词，翻易今语”，或“持彼往事，用为今说”，或“虚引古事，妄足庸音”，或“事不类古，改从雅言”。上述种种，有一个共同点，都是模仿古人言事。“述者相效，自古而然”，本来无可厚非。然而决不能生搬硬套。刘知几说：“世之述者，锐志于奇，喜编次古文，撰叙今事，巍然自谓《五经》再生，《三史》重出，多见其无识者矣。”[①]明识之士在于求似，“取其道术相会，义理玄同”，而不是生硬地模仿，“貌同而心异”。生硬模仿、搬用的结果，“用使周秦言词见于魏晋之代，楚汉应对行乎宋齐之日。而伪修混沌，失彼天然，今古以之不同，真伪由其相乱”。[②] 这样，使后来的学者亦无从“考时俗之不同，察古今之有异”。[③] 看来，夸饰和模仿的结果，就混淆了古今的发展变化，违背了史家实录直书之义。

此外，知几也主张史家记事要用时语，反对以骈文撰史。

---

① 《史通·模拟》。
② 《史通·言语》。
③ 《史通·叙事》。

采用当时口语，如实记载历史，方能反映时代特色。对此，刘知几在《言语》篇进行了系统论述。采用时代口语编撰史书，本来就是我国古代史家撰史的优良传统。知几以为，战国以前，“其言皆可讽咏，非但笔削所致，良由体质素美”，所以如此，乃因“时人出言，史官入记，虽有讨论润色，终不失其梗概”。“时人出言，史官入记”，即是怎么说就怎么写，写出来的文字，纵然曾经润色加工，仍充满着时代的气息。《三传》之说，既不习于《尚书》；两汉之词，又多违于《战策》，这样，“足以验氓俗之递改，知岁时之不同。”正因为《左传》和《史记》坚持运用口语世语，遂使它们在语言艺术上取得非常大的成功，成为中国史学史上两部历史文学的杰作。但是魏晋以来史家通无远识，丢掉了左、马的优良传统，他们“怯书今语，勇效昔言”，刻意仿古，失彼天然。诸如魏收、牛弘撰魏、周二书，必“讳彼夷音，变成华语”，更有“妄益文采，虚加风物，援引《诗》、《书》，宪章《史》、《汉》”，结果是华而失实。刘知几批评这种文风说：“夫天地长久，风俗无恒，后之视今，亦犹今之视昔。而作者皆怯书今语，勇效昔言，不其惑乎！苟记言则约附《五经》，载语则依凭《三史》，是春秋之俗，战国之风，亘两仪而并存，经千载其如一，奚以今来古往，质文之屡变者哉？”[①] 他以历史进化观为思想武器，对表现在文风上的复古主义展开了猛烈的批判，从而捍卫了史书的时代风貌和客观真实性。这是难能可贵的。也是从这一原则出发，他从魏晋南北朝弥漫史坛的不正文风笼罩下，发现了不随波逐流的王劭和宋孝王，并大加表彰其“抗词正笔，务存直道，方言世语，由此毕彰。”

① 《史通·言语》。

在提倡采用当时口语的同时，刘知几对魏晋以来以骈文俪句撰史亦深表反对。他说："自兹已降，史道陵夷，作者芜音累句，云蒸泉涌。其为文也，大抵编字不只，捶句皆双，修短取均，奇偶相配。故应以一言蔽之者，辄足为二言；应以三句成文者，必分为四句。弥漫重沓，不知所裁。""其立言也，或虚加练饰，轻事雕彩；或体兼赋颂，词类俳优。文非文，史非史，譬夫乌孙造室，杂以汉仪"。① 所谓"编字不只，捶句皆双，修短取均，奇偶相配"，"体兼赋颂，词类俳优"云云，就是指以骈文入史。此等文风，以南朝梁代为盛，"自梁室云季，雕虫道长。平头上尾，尤忌于时；对语俪辞，盛行于俗。始自江外，被于洛中。而史之载言，亦同于此。"②

刘知几对以骈文入史的批评曾得到后代史家的赞扬。清代学者浦起龙在《史通通释·叙事》篇释刘知几的论断时说："此节撇尽后史简且不能，更何处说起用晦耶？今试取诸史读之，信有八代之衰之叹也。"刘知几评论历史编写中的文风，是针对当时的具体情况而发。这种浮华的文风积弊日深，严重地影响了历史著作的实录求真之义，已经到了不变不行的时候了。刘知几对浮华文风的批评，说明他改变文风的要求已相当自觉，在他这个时代，社会酝酿着变化，文风也酝酿着变化，至韩愈提倡古文运动，便是文风变化酝酿成熟的结果。

但是，既使是文风的变化，也需要一个漫长的历史过程。由于骈文之深刻影响，致使刘知几一方面反对用骈文撰史，另一方面他本人又基本上是用的骈文撰写《史通》，因之在理论

① 《史通·叙事》。
② 《史通·杂说下》。

和实践上陷入了自相矛盾的境地。对此，史家多有察觉，张舜徽先生对刘知几批评骈文的言论评论说："知几此论，道尽六朝文敝，切中膏肓。然自魏晋以下，士习华靡，要亦时尚使然耳。……然观《史通》全书，亦重在修辞炼句。凡四字可尽者，必足成八言。一句能毕者，辄联为二语。所谓'编字不只，捶句皆双，修短取均，奇偶相配'之病，累牍连篇，靡不然矣。使知几当日自成一史，亦未必能黜华崇实，屏绝绮语，而反之三代两汉也。盖习尚移人，有不期然而然者。何用深责六代诸史乎？"①这里既肯定了刘知几对骈文的批评，又指出了他自己深受骈文文风的影响，既对骈文之弊表示了否定，又以为骈文成风乃时尚使然，对之表示理解，其看法是相当辩证的。

当然，学术界也有另外的看法。姜书阁先生征引瞿兑之《中国骈文概论》关于刘知几"对于骈文的不满"之后说："说他对骈文不满，恐无根据，且与实际情况不符。……事实是他的《史通》，从序起到全书终了止，基本上都是用骈体写的。他如果真的对骈文不满，就不会用骈文写这部耗费了半生精力的史学巨著。"②我以为应该承认刘知几批评过骈文，且批评相当严厉，然而确切地说，刘知几主要是反对以骈文撰史。他是位史家，任务在"商榷史篇"，包括史家的文风。他并没有把骈文作为一种文学体裁去反对。所谓"朴散淳销，时移世异，文之与史，较然异辙"，只是说明文士之文与史家之文分道扬镳，各自走上了不同的发展道路。知几从史家实录直书之义的要求出发，拨浮华，摭真实，捍卫史家求实存真之旨，因而反对以骈

① 《史学三书平议·史通平议》卷三第 75 页。
② 《骈文史论》人民文学出版社 1986 年版，第 458 页。

文撰史，这是完全可以理解的。他本人"耻以文士得名，期以述者自命"，自幼选择了史学志愿，留意于名山事业，因而关心、思考史家撰述的宗旨、方法和文风，在文、史之间更倾注于史，这是理所当然之事。但是，的的确确，他并没有在整体上去否定骈文，至少说从现存《史通》中看不到他全面否定作为文体的骈文，而只是反对以骈文撰史。

为了更深入了解刘知几关于骈文的理论和实践，我们有必要从更广的视野上讨论一下骈文的来龙去脉。唯其如此，才能更切合实际地估价刘知几关于骈文见解的是非。

骈文在中国文学史上是一个影响深远的文学体裁，曾产生过积极影响，也带来过消极作用，是中国传统文化的一个部分。它来有源，去有踪，源远而流长，对它应作具体的分析，客观的评价。先秦文章，本无骈散之分。秦汉以后渐有骈意，经七百年发展演变，始达成熟。至南朝徐陵、庾信，出现高峰。隋至唐初，沿袭未改，但其势渐衰。中唐韩愈倡为古文，欲以振八代之衰，应者甚众，实效可观。然科举应试之赋，已由骈而进入严格的律体，应世之文亦全限于"今体"的"四六"，即使古文家也不能免。唐代文章的具体发展变化，《新唐书·文艺传》曾有详实的评述。大体言之，唐初百年间，沿袭六朝文风，一直是骈俪文占据着文坛。玄宗即位前后至代宗大历以前，为崇雅黜浮唐文初变时期。大历、贞元间，韩、柳提倡古文，造成声势，骈文衰而新古文兴起。骈文在潜移默化中逐渐起了变化，而终致为新兴的散体古文所代替，而成为文起八代之衰的新局面。刘知几既然处在骈文占据文坛的时代，他以骈文行文便是完全可以理解的。他既反对以骈文撰史，又在《史通》的写作中崇雅黜浮，推进了骈文的改造，因之开了唐代文学宽博宏伟新风的先河。我们不应该把知几的骈文与六朝的骈文等量齐观。

综上所述，我们从知几关于史笔的系统主张中可以看出，他作为一位史学家的卓越的史识、明确的宗旨、严格的史风，至今令人叹为观止。

第九章　史家修养论

探索史家主体意识，即史家修养，是刘知几史学思想的一个重要组成部分。

数十年来，我们的史学研究忽视对史家主体意识的研究，这大大限制了史学研究的发展。众所周知，我们通常所讲的“历史”，系指人类社会的发展史，它就是历史研究的客体。历史研究的主体是研究者本身。所谓历史研究，就其实质来说，它是研究者的一种认识活动，这种认识活动必然受到史家主体意识的制约，即受到主体认识能力的制约。这种主体的认识能力是由各种认识因素组合而成的，相互联系，形成一个不可分割的整体结构。历史是过去的客观存在，而研究者是现时代之人，沟通过去的客观存在和现时代人的桥梁或曰中介只能是历史遗留下来的一些思想和行为的痕迹，即由古人记载下来的文献和考古发现的实物。这些思想和行为的痕迹同丰富多彩、波澜壮阔的实际历史相比，只能是沧海一粟，何况又受到记载者主观因素的局限，很难说就客观地反映了历史的本来面貌。所以说，自有史学以来，就存在着主客体不可避免的矛盾。作为历史研究者之认识活动的一种成果的史学，它是记述和研究人类社会历史的学科，而这种记述和研究的科学程度如何，有赖于史家的认识能力，亦即史家的自身修养。

刘知几探讨史家主体意识即史家修养，不仅是他对史学系统总结的一个重要组成部分，也是其史学理论的灵魂和精髓。说明刘知几对以往史学已经自觉地进行总结性的研究和探索，而这种总结性的研究和探索，是我国有史以来的第一次。

所谓自觉地进行总结性的研究和探索，一是说明史家对史学工作已经具备了极大的自觉性，二是在这种自觉性推动下对以往史学工作的全面回顾和总结。这是史学工作前进的重要标志。

这里所说的自觉性，是从一般哲学意义上说的。它同“自发”相对。自觉指人们认识并掌握一定客观规律，进到自由王国时的一个活动。而自发，则是指人们未认识、未掌握客观规律，处于必然王国时的一种认识活动。人们在认识和改造世界的过程中，总是不断地由自发向自觉转化，也就是不断地由必然王国向自由王国的转化。从史学领域来说，人们的认识也有一个从自发到自觉，亦即从必然王国向自由王国的转化。大抵说来，在刘知几之前，人们对史学的认识还处在一个自发阶段，到了刘知几，才自觉地进行总结性的研究和探索。所以，可以这样说，刘知几的史学总结是我国史学从自发转向自觉的标志。

刘知几之前，史学总结工作已有了漫长的历史。孟子评论过《春秋》，谈了史书的产生及作用，可视为史学检讨的开端。到了司马迁，他肯定《春秋》是“礼义之大宗”，能“采善贬恶”，并发愿继《春秋》而写史，从史学的教育作用和政治意义上去看，他有了较好的自觉性认识。班彪、班固父子对司马迁有过系统评论，逐步触及到史学的深层次问题。班彪的《前史略论》谈到古代史官和史籍，重点评论了司马迁。班固继承了乃父的基本观点，其《汉书·司马迁传·赞》云：“然自刘向、扬雄博极群书，皆称迁有良史之才，服其善序事理，辨而不华，质而不俚，其文直，其事核，不虚美，不隐恶，故谓之实录。”我之所以说班氏评论逐步触及深层次的问题，是指他们不再局限于对史书作用的认识，而评论到史书的内部，评论到史书的基本要求，即实录论。再往后，刘勰在《文心雕龙》中写了《史传篇》，他探讨了关于史学的不少问题，讲了史官制度，叙述了史籍源流，讨论了撰史的功用、目的与态度等。到了贞观年间，《隋志》史部序讲史籍源流则更系统周详。但总起来说，在刘知几之前，尽管有不少人作史学评论，并逐步深入，但是从来没有一个人像刘知几一样把史学总结当成自己的历史任务，从来没有一个人像刘知几一样就史学的各方面问题作系统的全面的总结。刘知几当然是在前人史学总结的基础上前进的，但是就史学总结这一课题来讲，他的确比别人有更深入的认识，除了有对历史使命深刻的自觉意识之外，也相当深刻地认识到史学自身的问题，即有关史学的系统理性认识。从认识论来说，刘知几的史学反思也具有重大意义。

《史通》的《自叙》说：“其于史传也，尝欲自班、马已降，讫于姚、李、令狐、颜、孔诸书，莫不因其旧义，普加厘革。”“若《史通》之为书也，盖伤当时载笔之士，其义不纯。思欲辨其指归，殚其体统。夫其书虽以史为主,而余波所及,上穷王道,下掞人伦,总括万殊,包吞千有。”这非常清楚地表明:一、刘知几非常自觉地承担起总结史学工作的重要任务。二、这种总结又是非常全面非常系统的。《史通》一书便是见证。正是因为刘知几的史学总结是一次自觉的、空前全面系统的总结,这个总结也必然涉及到关于史家修养方面的总结。史家修养理论的总结不仅是刘知几史学总结的组成部分,也不仅是其史学理论的灵魂和精髓,而且也是其史学总结自觉化和理性化的重要标志。

刘知几论史家主体意识即史家修养问题,主要表现在他的“史才三长论”和“书法直笔论”的理论体系中。这二者结合起来,构成刘知几对历史认识主体素质的全面要求。

刘知几以为一个优良的史家必须兼有史才、史学、史识三条长处,记载历史应该“善恶必书”。

刘知几首先明确了史家的历史职责。关于史家的历史职责,在刘知几之前,史家大体上是强调了这样三个方面:鉴诫和垂训的旨意;忠于史职,重视史学事业;坚持直书的精神。这三个方面,刘知几都有继承和发展,并从理论上加以总结。

鉴诫和垂训是讲历史知识的功用问题。自古以来,史家对此都相当注意。《诗·大雅·荡》云:“殷鉴不远,在夏后之世”。意思是说,殷人灭夏,殷的子孙应以夏的灭亡作为鉴戒。随着史学的发展,“以史为鉴”成了一个重要的史学传统。如唐初君臣很懂得借鉴历史的重要性,唐太宗明确提出了“览前王之得失,为在身之龟镜”的修史宗旨,魏征主持修《隋书》,全面体现了“以隋为鉴”的指导思想。刘知几继承了“以史为鉴”的思想,大大强调了史学的作用。他以为,史学的功用,小而言之,可以给人以启发、教育，懂得“见贤而思齐，见不贤而内自省”；大而言之，可以为国家“劝善惩恶”。所以他归结说：“史之为用，其利甚博，乃生人之急务，为国家之要道。有国有家者，其可缺之哉！”①

“劝善惩恶”是史学的重要功能。他指出：“况史之为务，申以劝诫，树之风声。其有贼臣逆子，淫君乱主，苟直书其事，不掩其瑕，则秽迹彰于一朝，恶名被于千载，言之若是，吁，可畏乎！”② 这就是发挥青史的作用，把那些贼臣逆子、淫君乱主的秽迹公布于光天化日之下，使其遗臭万年。刘知几总结以往史家如何发挥史学的社会作用问题，归纳为三类情况。能做到像晋国的董狐、齐国的南史那样“彰善贬恶，不避强御”的史家为上等，能做到像鲁国的左丘明、汉朝的司马迁那样“编次勒成，郁为不朽”的史家为中等，能做到像周之史佚、楚之倚相那样“高才博学，名重一时”的史家为下等。可见，他把“彰善贬恶，不避强御”看成史家最高的职责。董狐、南史都是古代的史官，董狐和南史都能做到书法不隐，敢于彰善贬恶。据史载，春秋时代，齐庄公被崔杼所杀，齐太史直书其事：“崔杼弑其君。”崔杼大怒，就把太史杀了。太史的弟弟照样直书，又被杀了。第二个弟弟又写，又被杀了。太史的三弟照写不惧，崔杼终于作罢。南史氏闻太史尽死，“执简以往，闻既书矣，乃还。”③ 真是不避强御，不畏风险，不怕杀头。做到这一点是很不容易的。这是对一名史家之史学事业的觉悟的试金石。

① 《史通·史官建置》。
② 《史通·直书》。
③ 《左传·襄公二十五年》。

忠于史职,重视史学事业,这是作为一名史家的天职和事业心,也是史家的专业思想。司马迁在《报任安书》中谈到自己所撰的史书时说:“草创未就,会遭此祸,惜其不成,是以就极刑而无愠色。仆诚以著此书,藏之名山,传之其人,通邑大都,则仆偿前辱之责,虽万被戮,岂有悔哉!”他把修史当作流传万世的不朽事业,尽管一生坎坷,惨遭“极刑”,也忍辱负重,发愤著述。于是“名山”思想就成了我国史学家的事业思想。刘知几也是这样,他抱着商榷史篇以“辨其指归,殚其体统”的宏大抱负,排除监修贵臣“凿枘相违”和“史官所嫉”的干扰,私撰《史通》以见其志。史学事业心,为史学事业献身的精神是史家必不可少的思想和品德的修养。不可能设想,一个胸无大志的人,一个缺乏事业心的人,一个不愿为事业无私奉献的人,能够取得事业的成功。

忠于史职,主要表现为忠于史实,坚持直书的精神。刘知几在《史通》中写了《直书》、《曲笔》专篇,强调秉笔直书,反对曲笔阿时。对我国古代直书的优良传统进行了系统总结。书法直笔论是刘知几史学理论的重要组成部分,有着重要的理论意义和实践意义。

直笔论作为史家的书法之一,指的是史家作史要“据事直书”,实事求是。“据事直书”就是按照历史的本来面目如实地记载历史,用刘知几的话说,就是史家要做到“爱而知其丑,憎而知其善,善恶必书,斯为实录”。知丑、知善源于《礼记·曲礼上》,原句为“爱而知其恶,憎而知其善”,知几援以论文,赋以新意。分析起来,这里有两层意思,一是“善恶必书”,不虚美,不隐恶。一是在书善恶时,不要加上主观的成见,要“爱而知其丑,憎而知其善”,不能“情兼向背,志怀彼我”。一旦加上主观的爱憎，就不能区分善恶，做到直书。前者是对古人思想的继承，而后者则是在前人基础上的重大发展。两者相较，这后者更为重要。要做到“善恶必书”，必须有“爱而知其丑，憎而知其善”的公正态度，知丑、知善是史家主体认识对史料的价值判断，涉及到史家主体意识和客体的关系问题。古人讲“春秋笔法”，别善恶，正褒贬，强调的是个“善恶必书”的问题。这里面当然有主体的参与，孔子修《春秋》，主张“略外别内，掩恶扬善”，为尊者讳，为贤者讳，为亲者讳，掩恶扬善就有了主观的选择，就有了爱、憎的问题。所以班氏父子评论司马迁时说他“不虚美，不隐恶”，就是赞扬他能做到善恶必书。刘知几强调了认识主体对历史记载的重大影响，因而非常注意对认识主体的改造，这是他的重大贡献。

直笔论不仅是一个方法问题，更是一个态度问题。刘知几把是直书还是曲笔当作两种对立的史学观点、史学方法和史学态度进行比较研究，从理论和实践的结合上加以充分论证。特别值得指出的，刘知几把是直书还是曲笔看成史家是否有道德的重要标志。他在《直书》开篇便明确指出：

> 夫人禀五常，士兼百行，邪正有别，曲直不同。若邪曲者，人之所贱，而小人之道也；正直者，人之所贵，而君子之德也。

这实际上就是刘知几的史德论。章学诚说：“虽刘氏之所谓才、学、识，犹未足以尽其理也。”主张在“三长”之外，再补充上一个“史德”。其言“史德”，系指“著书者之心术”，即指史家能够忠实于客观史实，做到“善恶褒贬，务求公正”的一种品德。其实，刘知几已经强调“好是正直，善恶必书”，也主张史德。

彰直笔，斥曲笔，是刘知几不可改易的态度。这一点，作为史家的治史态度和道德品质，是非常重要的。刘知几以为“记功司过，彰善瘅恶”是史家的天职，“苟违斯法，岂曰能官！”他高度赞扬古来优秀史家秉笔直书的精神，表彰他们“宁为兰摧玉折，不作瓦砾长存”的凛然正气，歌颂他们“不避强御”、“无所阿容”的高风亮节。然而，要求史家做到直书，殊非易事。残酷的历史经验告诉他，“古来唯闻以直书见诛，不闻以曲笔获罪”。[1] 历史上那些正直史家大都是以直书遭祸，“或身膏斧钺，取笑于当时；或书填坑窖，无闻以后代。”[2] 相反，那些曲笔阿时之辈反而荣华富贵。“古之书事也，令贼臣逆子惧；今之书事也，使忠臣义士羞。”[3] 刘知几呼唤的是直书优良传统的发扬光大，痛斥的是曲笔诬书的恶劣行径。当然，这呼唤是发自于他本人对现实的强烈的感受。在这里，历史的经验和现实的感受是交织在一起的。回顾历史，他深刻了解大部分正直史家之困难的处境和不幸的遭遇。齐史之书崔弑，兄弟三人丧命；司马迁之述汉非，被人诬为作谤书；韦昭仗正直书，被当权杀害。东汉顺帝时，大将军梁冀以外戚又有拥立功，专擅朝政，曾把太尉李固锢死狱中。他的爪牙如胡广、袁汤等都受封侯爵。因此，洛阳流传着这样一首童谣：“直如弦（以弓弦之挺直，形容李固正直），死道边。曲如钩（以钩带之曲，形容胡广等邪

① 《史通·曲笔》。

② 《史通·直书》。

③ 《史通·曲笔》。

曲，形容胡广等邪曲），反封侯。”①知几引用这首童谣说明正直反而没有好下场，邪曲反而富贵荣华的这一血淋淋的历史教训。他看到社会上“多趋邪而弃正，不践君子之迹，而行曲自陷小人”的现象，正是这种血淋淋的现实造成人们的心理状态。在这种情况下，刘知几旗帜鲜明地彰直书，斥曲笔，可以看出他是一个刚直不阿的史家。

表彰直书，斥责曲笔是一个问题的两个方面。刘知几在赞扬我国历史上那些不怕权贵，敢于直书的历史学家的同时，也痛斥那些阿谀顺从、谀言媚主，篡改历史的恶劣行径。

首先，他推溯曲笔的源始，以为孔夫子“父为子隐”和“掩恶扬善”的观点实开曲笔恶例，流毒甚广。这看法不仅是大胆的，而且是颇有道理的。他在《曲笔》篇写道：

> 肇有人伦，是称国家。父父、子子、君君、臣臣，亲疏既辨，等差有别。盖子为父隐，直在其中，《论语》之顺也。略外别内，掩恶扬善，《春秋》之义也。自兹已降，率由旧章。史氏有事涉君亲，必言多隐讳。虽直道不足，而名教存焉。

刘知几对孔子“父为子隐，子为父隐，直在其中”的说教尚未能自拔于儒家父子君臣亲疏等差有别之旧观念的泥沼，而持全面否定之态度，但由于其忠于史事之良史本色，仍能对孔子的观点展开批评，视之为曲笔恶习之始作俑者，实为难能可贵。孔夫子曾经表彰董狐“书法不隐”，但是也要“略外别内，掩

① 见《后汉书·五行志》。

恶扬善”，为尊者讳，为亲者讳，都是为了维护名分。

其次，刘知几揭露了曲笔的种种表现，由之我们可以探究造成曲笔为史的原因。知几指出：

> 其有舞词弄札，饰非文过，若王隐、虞预毁辱相凌，子野、休文释纷相谢。用舍由乎臆说，威福行乎笔端，斯乃作者之丑行，人伦所同疾也。亦有事每凭虚，词多乌有：或假人之美，藉为私惠；或诬人之恶，持报己仇。若王沈《魏录》滥述贬甄之诏，陆机《晋史》虚张拒葛之锋，班固受金而始书，陈寿借米而方传。此又记言之奸贼，载笔之凶人，虽肆诸市朝，投畀豺虎可也。①

在这里，他对曲笔之徒进行了无情的批判。对他们的曲笔行径深恶痛绝，视之为“记言之奸贼，载笔之凶人”，甚至将他们拉到市朝示众，投畀虎狼之口都是不为过分。从上文所举例证来看，有些不见得完全符合实情，比如“班固受金”，其事未详；“陈寿借米”之事，恐亦未可尽信。但知几所举种种曲笔手段，都是实际的。造成曲笔为史的原因很多，具体分析起来，有下述几个方面：

其一，社会的原因。

这主要指统治者的权势和好恶。在封建社会里，少数比较开明和有远见的统治者，为长治久安计，注意总结历史经验，提倡过“直笔”、“实录”，这样的“世事”为史家直书提供了客观

---

① 《史通·曲笔》。

条件。但多数统治者是讳疾忌医,扬善隐恶。或者当写到与己无关的事情允许直笔,而一旦涉及自己利害时则要曲笔。或者即使与自己有关,也是作为标榜自己正确的陪衬。在中国历史上的不少朝代的统治者,允许史家在一定程度上如实地揭露前朝的阴暗面,用以论证自己是天命所归,论证自己取而代之的合理性。总之,对于封建时代的统治者来说,只能为其歌功颂德,不能端言其过。一旦直言,或身膏斧钺,或书填坑窖,这是一般情况。对此,知几有真情实感。当时,"韦武弄权,母媪预政。士有附丽之者,起家而冠朱紫。"知几为人"介直自守","无所傅会,取摈当时"。在这种情况下,直书必然遭祸,曲笔反而尊荣。所以,"世多趋邪而弃正,不践君子之迹而行曲自陷小人",对一般史家来说,有一种共同的心态,这就是"宁顺从以保吉,不违忤以受害"。这种明哲保身、委曲求全的人生态度当然不是刘知几所赞成的,但他认为"世事如此,而责史臣不能申其强项之风,励其匪躬之节,盖亦难矣。"[①] 我们也不必过多指责"曲笔求全"的史家,只能批判逼迫史家曲笔的当权者和那个社会制度。

其二,史家的主观动机。

曲笔之士为名利驱使,曲笔阿时,谀言媚主,或为一己之私利,报个人恩怨。爱憎由己,高下在心。知几在《曲笔》篇举了《后汉书》的一个例证:

> 按《后汉书·更始传》称其懦弱也,其初即位,南面立,朝群臣,羞愧流汗,刮席不敢视。夫以圣公身在

---

① 《史通·直书》。

微贱，已能结客报仇，避难绿林，名为豪杰。安有贵为人主，而反至于斯者乎？将作者曲笔阿时，独成光武之美；谀言媚主，用雪伯升之怨也。

刘玄字圣公，乃光武帝族兄。在西汉末年，他在"身在微贱"的时候，就能"结客报仇"，显英雄本色，哪有"贵为人主"时反而"刮席不敢视"的道理。《后汉书》曲诋更始帝，记述他即帝位的时候，"羞愧流汗，举手不能言"，"更始羞怍，俯首刮席不敢视"。这完全在于独成光武之美，用雪伯升之怨，以达曲笔阿时、谀言媚主之目的。

为了对本朝当权者阿谀奉承，有的史家不惜篡改历史，对本朝虚美隐恶，对敌国肆意诋毁。这种情况，在魏晋南北朝时代相当普遍。比如沈约《宋书》，为了维护本朝，多所忌讳，对晋宋革易之际，写来"俨然唐虞揖让光景，绝不见有逼夺之迹"。[1] 对宋、齐变嬗篡夺事迹，既为宋讳，又为齐讳。如此史臣爱憎由己，高下在心，便隐埋了事实真相，也混淆了是非界限。所谓忠臣叛逆，亦一无定准，全由史臣所在王朝统治者的好恶而定。

贞观年间所修正史，亦颇多曲笔。知几指出："自梁、陈已降，隋、周而往，诸史皆贞观年中群公所撰，近古易悉，情伪可求。至如朝廷贵臣，必父祖有传，考其行事，皆子孙所为，而访彼流俗，询诸故老，事有不同，言多爽实。"[2]这是为一家一姓之私利篡改历史。南宋史家郑樵在《通志总序》中也指出过类

① 《廿二史札记》卷九。
② 《史通·曲笔》。

似情况。认为“似此之类,历世有之”。曲笔恶习实在是中国封建社会无法医治的一个顽症。社会制度培养了一大批为其服务的文人学者,这些文人学者又要依附在这个制度上去追逐名利,他们相互为用,于是曲笔恶习亦绵绵不绝。

其三,史家认识条件的限制。

史家撰史是在一定思想指导下进行的。史家认识能力首先是取决于他们的哲学观点,包括他们对世界、社会、人生的全部看法。比如,正统观念曾是笼罩整个封建史学的统治思想,汉隋之际的史家,大都受正统观念的影响,神化皇权,为本朝统治者曲笔讳饰。自西晋末年起,各个政权修史,皆竭力为自己争正统,而斥敌对政权为僭伪。可见,正统观念的影响是造成史家曲笔为史的思想根源之一。正统观念作为一种价值观,并没有什么是非的标准,而是以敌我划线的政治立场,究其思想渊源,它从孔子“略内别外,掩恶扬善”的春秋之义而来,因而又同儒家宗法伦理联系了起来。

如果说,刘知几论史家职责主要是关于对史家治史目的和治史态度的要求,是一个史德的问题,那么,知几“史才三长论”则是关于对史家知识基础的理论概括。所谓史家主体意识,主要体现在这里。

《史通》里没有明文提出史家三长的话,但在其评论史书、史事,在阐述他的历史观点时都贯彻了这样的精神,并分别对才、学、识三者作过系统阐述。《唐会要》和新旧《唐书》的刘知几本传都有知几明论三长的记载,其中《旧唐书》的记载较为详细:

> 礼部尚书郑惟忠尝问子玄曰:“自古以来,文士

> 多而史才少，何也？”对曰：“史才需有三长，世无其人，故史才少也。三长谓才也、学也、识也。夫有学而无才，亦犹有良田百顷，黄金满籝而使愚者营生，终不能至于货殖者矣。如有才而无学，亦犹思兼匠石、巧若公输，而家无楩楠斧斤，终不果成其宫室者矣。犹须好是正直，善恶必书，使骄主贼臣所以知惧。此则为虎傅翼，善无可加，所向无敌者矣。脱苟非其才，不可叨居史任。自夐古已来，能应斯目者，罕见其人。”时人以为知言。

刘知几与礼部尚书郑惟忠的这段对话对史才、史学的涵义及两者之间的关系说得十分清楚，而对史识则缺乏具体解释。“犹须好是正直，善恶必书”讲的是史家要忠于史职、坚持直书的精神，如果说这就是刘知几的“史识”，我看论据不足。坚持直书，可以视为史识的表现，但它代表不了史识的全部。史识当另有所指，据《史通》的论述，史识应是史家认识历史的理论水平问题。刘知几说：“夫人识有通塞，神有晦明，毁誉以之不同，爱憎由其各异。盖三王之受谤也，值鲁连而获申；五霸之擅名也，逢孔宣而见诋。斯则物有恒准，而鉴无定识，欲求铨核得中，其唯千载一遇乎！况史传为文，渊浩广博，学者苟不能探赜索隐，致远钩深，乌足以辨其利害，明其善恶。”[①]此言事物本有一定的准则，但“识有通塞”而“鉴无定识”，从而对事物的看法因人而异，各不相同。这样也就不能“辨其利害，明其善恶”，作出“铨核得中”的结论。这表述了史家的主体认识

① 《史通·鉴识》。

与客观历史的关系，说明没有鉴识就不能对历史作出正确结论。可见，这个鉴识指的是史家的理论水平和认识能力。

作为一个史家，知几研究的对象是“史篇”，即以往之史家和史书。他论史识，注意了史料的掌握和鉴别问题，注意了史书的编纂形式和方法问题，也注意了史书的宗旨问题。总之，史家通识的观点贯穿在《史通》的全部理论中，是刘知几史学思想的灵魂。

在对待史料问题上，知几有系统的主张。本书在上一章“史料论”的专题里有较详细的评述。才、学、识的“学”，亦即“史学”，就是指掌握和鉴别史料的问题，是指史家的知识学问以及取得知识学问的能力和途径问题，即刘知几的史料学。

刘知几主张博学多闻，综览群书，广采众说。认为学者要“博闻旧事，多识其物”。“博闻”就要积累丰富的史料，扩大眼界，这是治史的基础。他指出：“盖珍裘以众腋成温，广厦以群材合构。自古探穴藏山之士，怀铅握椠之客，何尝不征求异说，采摭群言，然后能成一家，传诸不朽。”[1] 知几在这里明确一个史家只有做到博学多闻才能成为一家，流传后世。也就是说，博学多闻是优秀史家必须具备的修养。刘知几所说的“旧事”，包括历代编年体、纪传体史书，也包括杂述十种。他认为，如果不窥别录，不讨异书，专治周孔之章句，直守迁班之纪传，也达不到博闻多识之目的。

但“博闻”又要同“择善”结合。“择善”指的是对史料加以分析和鉴别，“择其善者而从之”。博闻并不仅是“务多为美，聚博为功”。所以刘知几所走过的治学道路，是一条博学的道路，

① 《史通·采撰》。

但他不仅博极群书，而且很有分析、鉴别的能力。博闻与择善的结合正是刘知几治学的经验之谈。

择善而从并非易事，首先决定的是史家的善恶是非观念以及劝善惩恶的立场，这便是史家的史识和史德了。但只有善恶是非观念的史识，也不一定具备劝善惩恶的史德。刘知几主张“兼善”、“忘私”便是从两者的结合上说的。所谓“兼善”是指兼取各家之善，不拘泥一家的成见。“忘私”是指克服感情用事，要爱而知其丑，憎而知其善。他说：“夫自古学者，谈称多矣。精于《公羊》者，尤憎《左氏》；习于太史者，则偏嫉孟坚。夫能以彼所长，而攻此所短；持此之是，而述彼之非，兼善者鲜矣。观世之学者，或耽玩一经，或专精一史。谈《春秋》者，则不知宗周既陨，而人有六雄；论《史》、《汉》者，则不悟刘氏云亡，而地分三国。亦犹武陵隐士，灭迹桃源，当此晋年，犹谓暴秦之地也。假有学穷千载，书总五车，见良直而不觉其善，逢牴牾而不知其失，葛洪所谓藏书之箱箧，五经之主人。而夫子有云：‘虽多亦安用为？’其斯之谓也。”[①] 这里，刘知几在择善问题上，提出了两个基本观点：一是读书切忌专泥一家，偏持一方，持门户之见。这样势必限制了自己的眼界，迷失了治学的方向。二是读书切忌漫无主见，追求务多为美，聚博为功，重要的是懂得择善。持门户之见，原于情有所偏。要做到“兼善”还必须要做到“忘私”。就是要求史家克服“情兼向背，志怀彼我”、“饰智矜愚，爱憎由己”之“情有所偏”的私心，加强德、识的修养，要做个君子。从认识的角度看，就是要求史家能区分善恶，不要“见良直而不觉其善，逢牴牾而不知其失”，读了一脑子

① 《史通·杂说下》。

的书,空当个藏书的箱子。从实践上说,就是要求史家能善恶必书,写出实录来。由此我们可以体会到当知几谈论史才三长时,为什么在说完才、学的辩证关系之后,没有解释史识,而说了“犹须好是正直,善恶必书”的原因了。“善恶必书”是刘知几所理解的史识的最重要表现,也是他的史德。“盖君子以博学多识为工,良史以实录直书为贵”,[①] 前一句话说的是史学的“学”,后一句话说的是史家的“识”。两句话合起来,可以视为对史家的全面要求。当然,有学亦应有才,刘知几是说清楚了的。看来,识这个概念,主要指史家的观点和笔法,就是“善恶必书”的直笔论,也包括其他的历史观点。有的学者把刘知几的“史识”归纳为三个要点,一是要“多识”和“善思”,二是要“兼善”和“忘私”,三是要“探赜”,如施丁同志的《中国史学简史》。这意见当然是对的。但这是否就完全包括了刘知几的“史识”呢?显然不能。在刘知几的史学理论体系中,起码说在刘知几史家修养的理论中,史识是观点,是灵魂,是统帅,这犹如评判一部历史作品,在文、史、义三者中,义是观点,是灵魂,是统帅一样,较之才、学,它相对说是个虚的东西,它体现在才学之中,它无所不在。我们分析史学,实际上讲了史识,下面我们分析史才,实际上也是讲史识。抽掉了史识,才、学便成了无生命的躯壳。所以说,刘知几论史家三长,讲到才、学相当具体,说到史识,好像没有词了。忽然来了一句“尤须好是正直,善恶必书”,我们希望刘知几怎么说呢?把史识具体化,那是做不到的。他抓住“好是正直,善恶必书”,便抓住了根本,可谓有特识。贯穿刘知几《史通》的基本精神之一是实录精神,这实录

① 《史通·惑经》。

精神就是刘知几最根本的史识。刘知几以此为标准检验以往的史书是否做到了实录,亦以此为标准检验以往的史家是否忠实于史事,善恶必书。这便把握了历史记载最本质的特征。他要求史家不虚美、不隐恶,做到"拨浮华,采真实",对待以往史书要"练其得失,明其真伪","详其是非",进行史料的鉴别。明确提出辨伪问题,这在中国史学史上还是首次。上述各点,都作为刘知几对待史料,即"史学"问题而加以阐述,实则包括了施丁先生释知几"史识"的三个特点。我的意思是史识体现在史学之中,是史学的灵魂。

刘知几的史识也体现在他的史才中。知几谈论史才,主要是指有关写作的方法和语言技巧。对史才的理解,我们不必过于拘泥。广义来说,史才包括范围甚广,搜集、鉴别、组织史料的能力是史才,叙事、记言、撰文的能力是史才,编次史书的能力也是史才,以上大都是指历史编纂学范围的能力。再想开一点,也包括史识。所以刘知几说:"史才须有三长。"这里的史才包括才、学、识。如果与学识相对而言,则主要指历史编纂学范围的能力,其中以编纂方法和文风为重要内容。

《史通》中有大量的篇幅论及写作和文风问题。鉴于本书另有专题讨论文风,这里从略。

综观刘知几关于史才的见解和文风的主张,其最根本观点就是坚持实录的精神和简要含蓄的原则。

刘知几论才、学、识,都有一个共同的出发点和归宿点,这就是为其实录史学服务。前已言之,史识之荦荦大者是"好是正直,善恶必书",史学之最根本的要求是真实,史才也是如此。总之,善恶必书是史家才、学、识的最根本体现,一切为取得一个真实的历史。实录直书是对史家修养的总体要求。非止此而已,"实录直书"乃是知几整个史学理论的根本精神。香港中文大学教授许冠三先生有《刘知几的实录史学》一书问世,他在该书的《绪言》部分指出:"知几史学理论之本核,端在实录直书四字。"

刘知几论史才三长,大倡实录直书之旨,可谓时代精神之体现。要做到这些,其特别重要者乃是史家的识、德。所谓"兼善、忘私"之论,"拨浮华,采真实"之旨,"申藻镜,别流品"之义,"辨流通义"和"探赜索隐,致远钩深"之法,不仅要求史家有德有识,而且要求史家具有这样的思想修养。要而言之,至为明朗的善恶是非观念是其一,劝善惩恶的勇气是其二。《史通》一书处处体现了其是非分明、彰善瘅恶的批判精神,这既是刘知几史识的充分体现,也是刘知几思想品格的具体反映。

读其书,想见其为人。知几在《史通》中所反复强调的史学理论,包括史家修养的理论,正是他在五十年史学生涯中所始终坚持和追求的目标。他是一位才学识德兼备的史学家,正像他的理论达到了时代的高度,甚至超越了他的时代一样,他的为人也达到了时代的高度,甚至超越了他的时代。刘知几论史家修养的理论见解,不仅是中国优良史学传统的继承和发展,而且也是他半个世纪史学家生涯的理论概括。

第十章 历史影响

刘知几的史学理论，是史学家在史学发展到一定阶段时对史学工作作出的批判性和建设性的总结。它体现了当时先进史学家的自觉意识和时代精神，势必对后世产生深远影响。

从《史通》问世之日起，千百年来，人们认识纷纭，褒贬不一。这从一个方面说明人们对它的重视。

在《史通》行世之前，"见者亦互言其短"[①]，只有他的好友史学家徐坚深重其书，读之叹曰："为史氏者宜置此坐右也。"[②]刘知几面对学界的冷落，感慨万端。他以扬雄自况，"将恐此书与粪土同捐，烟烬俱灭，后之识者，无得而观"。因而"抚卷涟洏，泪尽而继之以血也。"[③]刘知几死后数年，唐玄宗敕河

① 《史通·自叙》。

② 《新唐书》卷一三二《刘子玄传》。

③ 《史通·自叙》。

南府就家写《史通》以进,“读而善之”[1],该书始行于世。至唐末昭宗乾宁四年(897),柳璨即著有《史通析微》讥诃其失。北宋宋祁为知几作传,批评他“工诃古人,而拙于用己”。《史通》一书在相当长的时期里不被人了解,《旧唐书·经籍志》未曾著录,《新唐书·艺文志》却附列于集部,《崇文总目》载之于杂史,自《郡斋读书志》始列入史评类。现在所能见到的最早版本是明嘉靖十四年(1535)陆深刻本,上距《史通》成书八百余年。是后万历五年(1577),张之象见无锡秦柱家藏宋刻《史通》,校而刊之,较为完善。万历三十年(1602),张鼎思“家有抄本”,又于莆田吴氏得陆刻本,校勘删定,较为可读。明清学者训释《史通》者不少,清人浦起龙吸收了前人评释成果以《史通通释》取代各家而独行于世。近人研究《史通》的成果越来越多了。

有的学者认为,由于《史通》对历史的批判隐含着对现实的政治的批判,对儒家经典也敢于质疑,知几的笔锋触及了历代封建统治阶级隐秘的矛盾和黑暗,因而招致后世封建统治者和封建文人的非难,致使这部书在流传过程中受到很大影响。这样的论证不能说没有道理,但是是缺乏说服力的。

诚然,上千年来,《史通》曾受到过批评,有时也的确因为他思想和理论的锋芒触到了一些封建卫道士的痛处而遭到攻击,但这些批评是否一律视之为封建统治者和封建文人的非难,我看就不一定。举例说吧,宋祁并不是非难刘知几,他在《新唐书》卷一三二《刘子玄传》中说:“子玄善持论,辩据明锐,视诸儒皆出其下,朝有论著辄豫。”这难道不是表彰?诚然,宋祁在刘知几等史家传后有一段赞,其中有批评知几的话。这里

---

① 《旧唐书》卷一〇二《刘子玄传》。

从唐代三百年史录仍不能避免“疏舛残余，本末颠倒”等不尽人意说起，又谈到旧史之文，“猥酿不纲，浅则入俚，简则及漏”的情况，或许由于秉笔之人“有所讳而不得骋”，或许“因浅仍俗不足于文”，或许也有“待于后取当而行远”。“何知几以来，工诃古人而拙于用己欤。”作者无非是在说明为史之难，故应体察史家难处，不要苛求古人。这意见是非常对的。指出知几工诃古人这点，也不算就攻击他。历代评《史通》者，大都兼有褒贬。我以为郭延年《史通评释序》和黄叔琳《史通训诂补序》的两段话比较实事求是，比较全面，可代表历代的评论。郭云：

约而言之，考究精核，义例严整，文字简古，议论慨慷，《史通》之长也；薄尧、禹而贷操、丕，惑《春秋》而信汲冢，诃马迁而没其长，爱王劭而忘其佞，高自标榜，前无贤哲，《史通》之短也。然则徐坚所云“当置座右”者，以义例言，良非虚誉；而宋祁所云“工诃古人”者，以夸诩言，亦非诬善矣。

黄云：

观其议论，如老吏断狱，难更平反；如夷人嗅金，暗识高下；如神医眼，照垣一方，洞见五脏症结。间有过执己见，以裁量往古，泥定体而少变通，如谓《尚书》“为例不纯”，《史》论“淡薄无味”之类。然其荟萃搜择，钩钒排击，上下数千年，贯穿数万卷，心细而眼明，舌长而笔辣，虽马、班亦有不能自解免者，何况其余。书在文史类中，允与刘彦和之《雕龙》相匹，徐坚谓史氏宜置座右，信也。

尽管史家对刘知几的评论在某些具体问题上不尽得当，然从总体看来还是实事求是的，有褒有贬，一分为二。人们关心着《史通》，徐坚“为史氏者宜置此座右”的评论几成为千余年史家的共识，这不是很高的评论吗？

不过，话又说回来，由于中国封建社会的历史背景和中国的史学传统的大环境的制约，也由于《史通》理论的超时代性，其史学理论的社会价值很难得到很好的发挥。它的直书实录之义便难为统治者们接受。只是到了今天，才具备了认识刘知几和《史通》的充分条件，随着研究的逐步深入，我们会越发清楚地认识《史通》的理论价值和实践价值。

刘知几的史学理论的历史影响至为深远。对此，我们可以从史家义例的两个层面加以分析。

先说史义。这里指的是史家的指导思想、治史宗旨和史学理论，也就是研究知几史学理论、史学思想对后世的深远影响。

梁启超在《中国历史研究法》中对中国古代史学有一个概括的评述，在叙述了纪传、编年、纪事本末、政书之四体主要成就之后，叙述“史评”。他说：

> 批评史书者，质言之，则所评即为历史研究法之一部分，而史学所赖以建设也。自有史学以来二千年间，得三人焉：在唐则刘知几，其学说在《史通》；在宋则郑樵，其学说在《通志·总序》及《艺文略》、《校雠

略》、《图谱略》；在清则章学诚，其学说在《文史通义》。

梁氏征引三人之言，慨叹三子“自信”且有“卓识”，“不见容于并时之流俗”。认为“刘氏事理缜密，识力锐敏。其勇于怀疑，勤于综核，王充以来一人而已。其书中《疑古》、《惑经》诸篇，虽于孔子亦不曲徇，可谓最严正的批评态度也。”他最后的结论说：

要之自有左丘、司马迁、班固、荀悦、杜佑、司马光、袁枢诸人，然后中国始有史。自有刘知几、郑樵、章学诚，然后中国始有史学矣。

刘知几以其《史通》开辟了中国史学的新纪元，知几在中国史学史上的地位是不可动摇的。这是一个总的估价。

知几的史学思想深深影响了郑樵，其荦荦大者，有以下几点。

其一，“会通”的思想。

郑樵在《通志·总序》开头便说：“百川异趋，必会于海，然后九州无浸淫之患；万国殊途，必通诸夏，然后八荒无壅滞之忧。会通之义大矣哉。”“自书契以来，立言者虽多，惟仲尼以天纵之圣，故总诗、书、礼、乐而会于一手，然后能同天下之文；贯二帝三王而通为一家，然后能极古今之变。是以其道光明，百世之上、百世之下不能及。”

郑樵把这种“会通”思想作为治史的基本原则，也是他评论历代史书的基本标准。他推崇司马迁，贬抑班固，提倡通史，反对断代史，就是从会通的原则出发。在他看来，《史记》能会通古今，而《汉书》断代为史，遂失会通之旨。

郑樵所谓“会通”，即会通诸史，总辑一书。也就是尽可能全面地汇总各种史料，按照时间先后加以整理、编排，考镜源流，辨章学术，了解各种事物发展的历史过程。

这种会通思想自然不是郑氏的发明，司马迁“究天人之际，通古今之变”，刘知几“通识”等都含有类似的思想。知几撰《史通》，“上穷王道，下掞人伦，总括万殊，包吞千有”，“成其一家独断”之学，其“通识”之旨与会通是极为吻合的。“通识”中包括古今变革的观点，也包括人物品汇的观点。这两点，郑氏都有继承。前者他叫“通变”，后者他叫“会同”，二者结合即为会通。“极古今之变”，就是弄清古今变化，即通变。郑樵强调会通的重要性，把它作为治史的基本原则，并且在实践上会通诸史，力图“集天下之书为一书”，就比前人大大前进了。

本来，郑樵重通史贬断代史，同刘知几在《史通·六家》等篇的意见尖锐对立，因此他在《通志·总序》中也批评了刘知几“尊班而抑马”。不过，知几实际上是走了一条通史家的路子，通识同会通是完全一致的。

其二，批判的精神。

像刘知几一样，郑樵也颇富有批判的精神，他敢于批判历代学者的学术见解，敢于批判传统的观点和当时流行的学术思想，提出自己独创的见解。在这些方面，他深受刘知几的启发和影响。比如，郑樵深刻地批判了阴阳五行灾祥之说，指责了这种“欺天之学”。认为天文、灾祥不是没有意义，但必须摆脱迷信思想的羁绊，使之变为对人们有用的东西。他写《天文略》"正欲学者识重象以授民时之意，而杜绝其妖妄之源焉"，[1]他写《灾祥略》"专以记实迹，削去五行相应之说，所以绝其妖"。[2]

此外，郑樵对《春秋》和历代史书中的任意褒贬美刺的情况加以批判，视之为"欺人之学"。他说："凡说《春秋》者，皆谓孔子寓褒贬于一字之间，以阴中时人，使人不可晓解。三传唱之于前，诸儒从之于后，尽推己意，而诬以圣人之意。此之谓欺人之学。"[3]泛滥于史书之中那种"专事褒贬"的记载"伤风败义"，认为"史册以详文该事，善恶已彰，无待美刺"，"纪传之中，既载善恶，是为鉴戒，何必于纪传之后，更加褒贬"。[4]这种见解自然有局限性，但较之那些任意褒贬曲笔为史的史家要好得多。于此，郑氏显然是受了刘知几直书实录之义的启示。

刘知几的史学思想更深深影响了章学诚。这表现在下述几个方面。

其一，继承了刘知几的历史进化思想。

刘知几在论述史体时指出"古往今来，质文递变"，认为"世异则事异，事异则备异"，历史在变化，情况也不断变化，因而史家著述，必须知人论世，因时制宜，通情达变，切勿墨守成规。学诚继承并发展了这一观点，认为人类社会的历史不断变化、发展。比如典章制度就有一个变化发展过程，"宪自黄帝以来，代为变更"[5]，周公立《官礼》，虽鉴于夏、殷，而必"折衷于

---

① 《通志·天文略》。
② 《通志·灾祥略》。
③ 《通志·灾祥略》。
④ 《通志·总序》。
⑤ 《文史通义·易教中》。

时之所宜,盖有不得不然者也。"① 章氏用历史进化的观点论证了学术思想的发展以及史体的变化。他说:"宪法久则必差,推步后而愈密,前人所以论司天也;而史学亦复类此。《尚书》变而为《春秋》,则因事命篇,不为常例者,得从比事属辞为稍密矣。《左》、《国》变而为纪传,则年经事纬不能旁通者,得从类别区分为益密矣。"②

其二,继承了刘知几通识的观点。

学诚论通,多有发明,这是司马迁以来"通古今之变"思想的继承和发展。他主张通史撰述,对通史要求能"纲纪天人,推明大道,所以通古今之变而成一家之言。"③ 他高度赞扬郑樵的贡献,认为"郑樵生千载而后,慨然有见于古人著述之源,而知作者之旨,不徒以词采为文,考据为学也,……而独取三千年来遗文故册,运以别识心裁,盖承通史家风,而自为经纬,成一家言者也。"④

其三,继承并发展了刘知几关于史家修养的理论。

刘知几提出史家三长的理论,章学诚加以继承,并提出了"史德"。他说:"才、学、识三者得一不易,而兼三尤难,千古多文人而少良史,职是故也。"⑤ 肯定了刘氏三长。但他又认为"虽刘氏之所谓才学识,犹未足以尽其理也。……能具史识者,必知史德。"⑥ 史德就是"著书者之心术",即史家能否忠实于

① 《文史通义·礼教》。
② 《文史通义·书教下》。
③ 《文史通义·答客问上》。
④ 《文史通义·申郑》。
⑤ 《文史通义·史德》。
⑥ 《文史通义·史德》。

客观史实,做到“善恶褒贬,务求公正”的一种品德。要求史家心术端正,忠于史实,据事直书,不要曲笔为史。魏晋以来,文人修史,繁华失实,曾遭到刘知几的批评,知几曾提出文人不能修史的主张。章学诚再次提出文人不能修史的主张。对此,章氏的论证较知几更深入具体。他认为“辞章之士,不可与论经史专门之学久矣。”[1] 原因是他们的社会分工不同,“史家叙述之文,本于《春秋》比事属辞之教,自陈、范以上不失师传,沈、魏以还,以史为文,古文中断,虽韩氏起八代之衰,挽文而不能挽史。欧阳作史,仍是文人见解。然则古文变于齐梁,而世界已一易矣,文人不可与言史事。而唐宋以还,文史不复分科,太史公言好学深思,心知其意者,无其人矣。”[2] 他的总的精神都是阐明文人不能参与修史,因为“文士为文,不知事之起讫,而以私意雕琢其间,往往文虽可观,而事则全非;或事本可观,而文乃不称其事”[3],都不符合史家撰史的宗旨。

其四,继承和发展了刘知几的历史编纂学。

对知几历史编纂学的观点和方法,章学诚有批判,有继承,也有发展。比如他对纪传体的论述,肯定司马迁创立的这一史体“实为三代之后之良法”,又指出后来学者袭用成法而不知变通,使之不能进一步发展。为克服二体缺陷,提出一种“别录”的方法。再如,他高度重视纪事本末体。他说:“本末之为体也,因事命篇,不为常格,非深知古今大体,天下经伦,不能网罗隐括,无遗无滥。”它的长处是“文省于纪传,事豁于编

① 《章氏遗书·信摭》。
② 《章氏遗书》外编卷一《信摭》。
③ 《章氏遗书》卷十九《庚辛之间亡友列传》。

年，决断去取，体圆用神。”因而在这种史体的启示下，计划创立一种新的史体。

刘知几的史学理论深深影响于后世，当然不仅仅是上面我们所列举的郑樵和章学诚两人。如果一路说来的话，中唐的杜佑，宋代的欧阳修、司马光、郑樵，宋末元初的马端临，明代的胡应麟，清代的顾炎武、王鸣盛、钱大昕、章学诚等，都深受刘知几的影响。从史学思想去看，影响最大最深的是下面几个问题。

一是实录直书之义。

这里以欧阳修的主张为例。欧阳修明确指出《春秋》义例的根本精神就是“不没其实”。他说：“圣人之于《春秋》用意深，故能劝戒切；为言信，然后善恶明。夫欲著其罪于后世，在乎不没其实。其实尝为君矣，书其为君；其实篡也，书其篡，各传其实，而使后世信之。……使为君者不得掩其恶，则人之为恶者，庶乎其息矣，是谓用意深而劝戒深；为言信而善恶明也。”[①] 这同知几“苟直书其事不掩其瑕，则秽迹彰于一朝，恶名被于千载”的见解完全一致。欧阳修肯定《春秋》“不没其实”，表明了他忠实于历史事实的严肃态度。

二是辨伪考实之义。

刘知几疑古惑经，欧阳修继承刘知几的传统，以反神学的疑古精神从事金石考据及古籍辨伪工作，促进了有宋一代疑古求实学风的树立和发展，发扬了我国古代历史考据学的优良传统。而司马光在前人经验的基础上，用考异之法，辨别史料的真伪，参考同异，辨正谬误，也就是如他自己所说，“抉擿

① 《魏梁解(论)》。

幽隐，校计毫厘”的极其繁杂的细致的史料考辨工作，以求得史料的真实可信，作为撰写《资治通鉴》的基础。《通鉴》的史料价值很高，就是因为它的史料绝大多数是可以相信的。这是对我国古代王充、刘知几等历史考据学优良传统的发扬光大。

三是史家三长之义。

一部《史通》，相当具体地阐述了刘知几关于史家才学识修养的意见。关于史才，着重区分了文士之文同史文；关于史学，着重论述了博采与择善、辨伪的关系；关于史识，特别强调了直书，强调了通识的重要性。而且就三者之间的辩证关系进行了系统论证。所有这些，对唐以后直至今天的史家都有深远影响。我们指出，章学诚继承和发展了刘知几这方面的思想，使他的史学理论达到了中国封建社会的顶峰。而近代资产阶级史学理论的奠基人梁启超也继承并发展了这一思想遗产。他在《中国历史研究法补编》中设专章论史家的四长。他说：“刘子玄说史家应有三长，即史才、史学、史识。章实斋添上一个史德，并为四长。……今天所讲，就是用刘、章二人所说的话予以新意义，加以新解释。”

再说史书体例。刘知几的《史通》着重讨论了历史编撰，在这方面对后来的史书编撰工作影响至为深远。浦起龙说：“继唐编史者，罔敢不持其律。”后世史家虽或“显訾其书”，而莫不“阴用其言”。浦起龙举出十例证明后世史家“阴用其言”。这就是：“自其以编年、纪传辨途辙也，而二体之式定。自其以《史记》、《汉书》昭去取也，而断代之例行。自其斥《秦纪》于未帝之先也，而开创无冒越之篇。自其拟世家以随时所适也，而载记有变通之义。自其论后妃称纪或寄外戚皆非也，而传首始正。自其论篇赞复衍，更增铭体尤赘也，而骈韵都捐。自其力排班志之《五行》也，而灾祥屏谶纬之芜。自其痛诋魏收之标题也，而称谓绝诞妄之目。自其以书地因习为失实也，而邑里一遵时制。自其以叙事烦饰为深诫也，而琐嚎半落刊章。"[1]这十条例证，讲的都是历史编撰中关于史书体例的问题，尤其是纪传史的体例问题。它涉及于二体、断代之例、纪传诸体以及论赞、称谓等。这就是说，《史通》规定了纪传体体例的模式，使唐后史书悉遵其法。

平心而论，后世史家"阴用其言"者不在少数。应该承认，经刘知几对纪传史体例的论证，大家基本上采纳了他的意见，而有的甚至成为史家的共识，成为史家共同遵守的史法。比如，关于编年、纪传二体的形式问题，关于纪传体断代史诸体例的基本要求，唐后的史书基本上是按照知几的意见处理的。再比如，关于篇赞后的铭体，除个别史书如《旧唐书》外，"骈韵都捐"。上述情况，说明知几的史学见解在后世产生深远影响。不过，这些影响也需要具体分析，有好的方面，也有坏的方面。就好的方面而言，知几对以后的历史编纂学提出了许多重要的建议，有益于史学的发展。在史料工作方面，主张博采、择善、辨伪。在史书体例方面，不仅指出编年、纪传为两种主要的体例，并予以深入细致的分析评论，使后来史家对史体的认识更加明确。同时，也提出了许多有关体例问题的建设性意见，要求史书体例谨严、合理，这对提高历史著作的质量是有帮助的。在史书的内容方面，以"记功书过，彰善瘅恶"为选材原则，在文史关系方面，强调文、史有别，不能以文藻损害了历史记载的真实。这些建议，丰富了封建时代历史编纂学的内容，推

① 《史通·自叙》浦氏案语。

动了史学的发展。但是，也有不好的影响，其一，他往往以一种封建正统观念对待史书体例，使得他对史书体例的评论充满浓厚的正统思想，从而给后世史家带来不良影响。其二，他过分强调了体例，泥定体而少变通，从而使史体成为一种固定的模式，一定程度上扼杀了后世史家的创造性。以纪传体正史而言，刘知几之后，史家多沿袭旧法，很少创造精神。诚如章学诚所言："纪传行之千有余年，学者相承，殆如夏葛冬裘，渴饮饥食，无更易矣。"① 这种情况当然不能由刘知几来负责，但刘知几批评史迁通变化，肯定班氏守绳墨，以后世拘守之成法，反訾古人之变通，确实是肯定了一种固定的模式，扼杀了创造精神。

① 《文史通义·书教下》。

附录

刘知几年表

661　唐高宗龙朔元年辛酉　　刘知几生

知几从祖父刘胤之，少有学业，与李百药（565～648）为忘年交。武德中，为信都令，甚存惠政。永徽初，累转著作郎、弘文馆学士，与令狐德棻（583～666）等撰成国史及实录。奏上之，封阳城县男。寻以老不堪著述，出为楚州刺史，卒。（《旧唐书·文苑传》）

从父延祐，弱冠，本州举进士，累补渭南尉，刀笔吏能，为畿邑当时之冠。出为箕州刺史，转安南都护。垂拱三年（687），为李思慎所害。（同上）

父藏器，有词学。高宗时，为侍御史。卫尉卿尉迟宝琳胁人为妾，藏器劾还之。宝琳私请帝止其还，凡再劾再止。藏器曰："法为天下县衡，万民所共。陛下用舍由情，法何所施？今宝琳私请，陛下从之；臣公劾，陛下亦从之。今日从，明日改，下何所遵？彼匹夫匹妇犹惮失信，况天子乎？"帝乃诏可，然内衔之，不悦也。稍迁比部员外郎。监察御史魏元忠称其贤，帝欲擢任为吏部侍郎，魏玄同沮曰：

"彼守道不笃者，安用之？"遂出为安州司马，卒。(《新唐书·刘延祐传)傅振伦《刘知几年谱》据《新唐书·魏元忠传》有"仪凤中刘藏器年七十"之语，推知知几生年，其父年五十四。张振佩《史通笺注》中之《刘知几学行编年简表》说，传文在"仪凤中"句下，历述元忠上封事、授职迁官等事后，方述及其与帝论君道以藏器年七十未尽其用为例。再即接叙光宅元年徐敬业举兵，诏元忠监军事，似不能即谓元忠与帝论君道，远承"仪凤中"句。又藏器传载魏元忠称其贤，帝欲擢任为吏部侍郎，魏玄同沮曰云云，与元忠传所记当是一事。玄同坐与上官仪善，流岭外。上元初，会赦还，拜岐州刺史，再迁吏部侍郎。永淳元年诏同平章事。则其沮帝欲任藏器为吏部侍郎，只能是永淳元、二年事。藏器是年七十，逆推知几生时，约为四十八岁。余以为张氏考证更符合实际。

长兄知柔，少以文学政事，历荆、扬、曹、益、宋、海、唐等州长史、刺史、户部侍郎、国子司业、鸿胪卿、尚书右丞、工部尚书、东都留守。卒赠太子少保，谥曰文。代传儒学之业，时人以述作名其家。《旧唐书·刘子玄传》)据李邕《唐赠太子少保刘知柔神道碑》有句云："春秋七十有五，以开元十一年薨于东都。"逆推当生于贞观二十三年(649)，是年十三岁。

662　高宗龙朔二年壬戌　　二岁

许敬宗、上官仪为相。(《通鉴》)

663　高宗龙朔三年癸亥　　三岁

李义府为右相，仍知选事。恃中宫之势，专以卖官为事，铨综无次，怨声盈路。诏义府流巂州。(《通鉴》)史官敬播卒。敬播于永徽初拜著作郎，后历谏议大夫、给事中，并依旧兼修国史。(《旧唐书·敬播传》)太子李弘撰《瑶山玉彩》成，书凡五百卷。(《旧唐书·高宗本纪》)

664　高宗麟德元年甲子　　四岁

武后专恣，政无大小，皆与闻之，天下大权，悉归中宫，天子拱

手而已，中外谓之二圣。(《通鉴》)

665　高宗麟德二年乙丑　五岁

李淳风更撰麟德历，以代戊寅(高祖武德元年)历。(《通鉴》)

666　高宗乾封元年丙寅　六岁

帝发泰山，至曲阜，赠孔子太师，以少牢致祭。至亳州谒老君庙，上尊号曰太上玄元皇帝。(《通鉴》)令狐德棻卒。年八十四。(《旧唐书》本传)

667　高宗乾封二年丁卯　七岁

张说生。(《旧唐书》本传)

释道宣卒。道宣撰《续高僧传》三十卷。(《旧唐书·经籍志上》)

668　高宗总章元年戊辰　八岁

从父刘延祐为渭南尉，政事为畿县最。李勣谓之曰："足下春秋甫尔，遽擅大名，宜稍自损抑，无为独出人右也。"(《通鉴》)

按乾封三年三月庚寅改元

669　高宗总章二年己巳　九岁

承平既久，选人益多。是岁司列少常伯裴行俭始与员外郎张仁祎设长名姓历牓引铨注之法，遂为永制。取人以身言书判，计资量劳而拟官。(《通鉴》)

李勣卒。(同上)

670　高宗咸亨元年庚午　十岁

徐坚之父西台舍人徐齐聃上疏，以为皇太子当引文学端良之士置左右。(《通鉴》)

唐高宗颁下简择史官诏：修撰国史，义存典实，自非操履贞白，业量该通，谠正有闻，方堪此任。所以承前纵居史官，必就中简择，灼然为众所推者，方令著述。如闻近日以来，但居此职，即知修撰，非唯编辑疏舛，亦恐漏泄史事。自今以后，宜遣史司于史官内，简择堪任修史人，录名进内。自余虽居史职，不得辄令闻见所修史籍及未行用国史等事。总章三年十月。(《唐大诏令集》卷八一)

《史通·史管建置》载：暨皇家之建国也，乃别置史馆，通籍禁门，西京则与鸾渚为邻，东都则与凤池相接，而馆宇华丽，酒馔丰厚，得厕其流者，实一时之美事。至咸亨年，以职思多滥，高宗喟然而称曰："朕甚懵焉！"乃命所司曲加推择，如有居其职而阙其才者，皆不得预于修撰。由是史臣拜职多取外司，著作一曹殆成虚设。

吴兢生。（《唐书》本传）

案总章三年三月朔改元。

671　高宗咸亨二年辛未　　十一岁

知几始从父习《尚书》，以其辞艰琐，业不成，乃改授《春秋左氏传》。《史通·自叙》云：余幼奉庭训，早游文学。年在纨绮，便受《古文尚书》。每苦其辞艰琐，难为讽读，虽屡逢捶挞，而其业不成。尝闻家君为诸兄讲《春秋左氏传》，每废书而听。逮讲毕，即为诸兄说之，因窃叹曰："若使书皆如此，吾不复怠矣。"先君奇其意，于是始授以《左氏》，期年而讲诵都毕。

高宗召见朱敬则，将加擢用。（《唐书》本传）据传文逆推，朱敬则是年三十七岁。

672　高宗咸亨三年壬申　　十二岁

史官许敬宗卒。据《旧唐书·许敬宗传》载，他于贞观八年除著作郎兼修国史，迁中书舍人。十年，累迁给事中，兼修国史。十七年，以修《武德、贞观实录》受封高阳县男，赐物八百段。永徽三年，入为卫尉卿，加弘文馆学士，兼修国史。六年，拜礼部尚书，监修国史。龙朔二年，为右相，加光禄大夫。三年，拜太子少师、同东西台三品，并依旧监修国史。敬宗自掌知国史，记事阿曲。初，高祖、太宗两朝实录，其敬播所修者，颇多详直；敬宗又辄以己爱憎，曲事删改，论者尤之。

673　高宗咸亨四年癸酉　　十三岁

是岁始，知几浏览群史。《史通·自叙》：父兄欲令博观义疏，精此一经。辞以获麟已后，未见其事，乞且观余部，以广异闻。次又读

《史》、《汉》、《三国志》，既欲知古今沿革，历数相乘。于是逐类而观，不假师训。

诏刘仁轨等改修国史，以许敬宗等所记多不实故也。（《通鉴》）

674　高宗上元元年甲戌　　十四岁

知几续读诸史。（《自叙》）

帝称天皇，后称天后，改元大赦。（《旧唐书·高宗本纪》）

天后请王公百僚皆习《老子》。（同上）

八月壬辰改咸亨五年为上元元年。

675　高宗上元二年乙亥　　十五岁

知几续读诸史。（《自叙》）

帝风疹不能听朝，政事皆决于天后。内外称为二圣。（《旧唐书·高宗本纪》）

676　高宗仪凤元年丙子　　十六岁

知几续读诸史。（《自叙》）

太子贤上所注《后汉书》，赐物三万段。（《旧唐书·高宗本纪》）

677　高宗仪凤二年丁丑　　十七岁

知几读完群史。《自叙》云：自汉中兴已降，迄乎皇家实录，年十有七而窥览略周。其所读书，多因假赁，虽部帙残缺，篇第有遗，至于叙事之纪纲，立言之梗概，亦粗知之矣。但于时将求仕进，兼习揣摩，至于专心诸史，我则未暇。

678　高宗仪凤三年戊寅　　十八岁

知几继续究心史学，兼习词章，不遑专心诸史。

679　高宗调露元年己卯　　十九岁

知几续研史学，兼习揣摩。

六月，改仪凤四年为调露元年。

680　高宗永隆元年庚辰　　二十岁

知几弱冠举进士，授获嘉县主簿。（两《唐书》本传）《自叙》：洎年登弱冠，射策登朝。

李延寿尝撰《太宗政典》三十卷，表上之，历迁符玺郎，兼修国史。寻卒。调露中，高宗尝观其所撰《政典》，叹美久之，会藏于秘阁，赐其家帛五十段。（《旧唐书·令狐德棻传附传》）

八月甲子，废皇太子贤为庶人，幽于别所。乙丑，立英王哲为皇太子。改调露元年为永隆元年。

681　高宗开耀元年辛巳　二十一岁

知几二十岁以还，恣情披览。《自叙》云：洎年登弱冠，射策登朝。于是思有余闲，获遂本愿。旋游京洛，颇积岁年，公私借书，恣情披阅。至如一代之史，分为数家，其间杂记小书，又竞为异说，莫不钻研穿凿，尽其利害。

十月，改永隆二年为开耀元年。十一月，徙庶人贤于巴州。

682　高宗永淳元年壬午　二十二岁

知几仍为获嘉主簿，并以余暇博览群史，几二十载。

二月癸未，改开耀二年为永淳元年。

683　高宗弘道元年癸未　二十三岁

十二月丁巳，大赦，改永淳二年为弘道元年。帝崩，年五十六。太子显即位，是为中宗。尊武后为皇太后，政事咸取决焉。（《旧唐书·高宗本纪》、《通鉴》）

684　武后光宅元年甲申　二十四岁

正月朔，改元嗣圣，立韦妃为皇后。二月戊午，武后废皇帝为庐陵王，己未，立其弟豫王旦为皇帝，改元文明，仍临朝称制。杀李贤于巴州。四月，迁庐陵王于房州，又迁于均州。九月甲寅，大赦天下，改元光宅。改东都为神都，立武氏七庙，诸武用事。（《旧唐书·则天本纪》）徐敬业等于扬州起兵讨武后，武后以李孝逸将兵三十万以讨之。（同上）

685　武后垂拱元年乙酉　二十五岁

刘仁轨卒。刘仁轨自咸亨三年（672）监修国史以来，久任其职，至垂拱元年从新令改为文昌左相、同凤阁鸾台三品，寻薨，年八十四。仁轨身经隋末之乱，辑其见闻，著《行年纪》行于代。（《旧唐书·刘仁轨传》）三月，迁庐陵王哲于房州。颁下亲撰《垂拱格》于天下。（《旧唐书·则天本纪》）

686 武后垂拱二年丙戌 二十六岁

正月，武后下诏复政于皇帝睿宗。以皇太后既非实意，乃固让。皇太后仍依旧临朝称制。（《旧唐书·则天本纪》）

三月，武后命铸铜匦受密奏，四方告密者蜂起。（《通鉴》）

687 武后垂拱三年丁亥 二十七岁

四月癸丑，后命京官九品以上言事。（《新唐书·则天本纪》）

八月，知几从父安南都护刘延祐被杀害。（同上）

688 武后垂拱四年戊子 二十八岁

大杀唐宗室，流其幼者于岭南。（《新唐书·则天本纪》）

689 武后载初元年己丑 二十九岁

正月，大赦改元永昌。十一月，大赦改元载初正月，始用周正，以十二月为腊月，夏正月为一月。（《旧唐书·武后纪》）

690 武后天授元年庚寅 三十岁

九月，改国号为周。改元为天授，大赦天下。武后加尊号曰圣神皇帝，降皇帝为皇嗣，立武氏七庙于神都。（《旧唐书·则天本纪》）

武承嗣、三思用事，宰相皆下之。（《通鉴》）

691 武后天授二年辛卯 三十一岁

知几年过而立，先后交结知己数人，相得甚欢。《自叙》云：及年以过立，言悟日多。常恨时无同好，可与言者。维东海徐坚，晚与之遇，相得甚欢。虽古者伯牙之识钟期，管仲之知鲍叔，不是过也。复有永城朱敬则，沛国刘允济，义兴薛谦光，河南元行冲，陈留吴兢，寿春裴怀古，亦以言议相许，道术相知。所有榷扬，得尽怀抱。每云："德不孤，必有邻。"四海之内，知我者不过数子而已矣。

知几在获嘉县主簿任上，上疏谏政。

上疏请沙汰邪滥官员。（《唐会要》卷六十七）上疏陈刺史非三

岁以上，不可迁官。（《唐会要》卷六十八）

692　武后长寿元年壬辰　三十二岁

知几友人补阙薛谦光上疏，以为选举之法宜得实才，要在文吏察其行能，武吏观其勇略，今试射弯弧不能取文武士。（《通鉴》）

知几友人万年主簿徐坚上疏谏按狱者专杀。（同上）

知几友人右补阙朱敬则疏请省刑尚宽。（同上）

四月，大赦天下，改元为如意。九月，大赦天下，改元为长寿。

693　武后长寿二年癸巳　三十三岁

宰相始撰时政记。《旧唐书·姚琦传》云：姚琦于长寿二年迁文昌左丞、同凤阁鸾台平章事。琦以为帝王谟训，不可暂无纪述，若不宣自宰相，史官无从得书。乃表请使下所言军国政要，宰相一人专知撰录，号为时政记，每月封送史馆。宰相之撰时政记，自琦始也。

694　武后延载元年甲午　三十四岁

天授中，遣监察御史寿春裴怀古安集西南蛮。（《通鉴》）

695　武后证圣元年乙未　三十五岁

延载二年三月朔，改元证圣，证圣元年九月甲寅，改元天册万岁；天册万岁腊月朔，改元万岁登封。（《旧唐书·则天本纪》）

证圣元年春一月庚子，令内外文武九品以上各上封事，极言正谏。（同上）刘知几表陈四事。《通鉴》天册万岁元年载：获嘉主簿彭城刘知几表陈四事：其一，以为皇业权舆，天地开辟，嗣君即位，黎元更始。时则藉非常之庆，以申再造之恩。今六合清晏，而赦令不息。近则一年再降，远则每岁无遗。望陛下而今而后，颇节于赦。其二，以为海内具僚九品以上，每岁逢赦，必赐阶勋，皆荣非德举，位罕才升，望自今以后，稍息私恩，使有善者逾效忠勤，无才者咸知勉励。其三，以为取士太广，若遂不加沙汰，恐有秽里风。其四，以为今之牧伯，迁代大速，倏来忽往，蓬转萍流，既怀苟且之谋，何暇循良之政，望自今刺史非三岁以上不可迁官。太后颇嘉之，是时官爵宜得，而法网严峻，故人竞为趋近，而多陷刑戮，知几乃著《思慎赋》以刺时见志焉。按：《通鉴》所载四事，三、四两事，实在天授二年，两唐书本传混于证圣元年，误。表陈四事，全文已收入《唐会要》。一、二事著明证圣元年，三、四事则为天授二年。《思慎赋》见于《文苑英华》卷九十二。张振佩先生《史通笺注》皆以附录收入。

696　武后万岁登封元年丙申　三十六岁

上登封于嵩岳，改元，大赦。四月，大赦，改元为万岁通天。以天下大旱，命文武官九品以上极言时政得失。（《旧唐书·则天本纪》）

697　武后神功元年丁酉　三十七岁

九月，改万岁通天二年为神功元年。（《旧唐书·则天本纪》）

六月，司仆少卿来俊臣伏诛。检校夏官侍郎宗楚客同平章事，武承嗣、武三思并同凤阁鸾台三品，七月并罢。闰十月，狄仁杰为鸾台侍郎同凤阁鸾台平章事。（《通鉴》）

太平公主荐张昌宗入侍禁中，昌宗复荐易之，兄弟皆得幸于太后。（同上）

698　武后圣历元年戊戌　三十八岁

神功二年正月一日改元圣历。三月，召庐陵王哲于房州。九月，哲为皇太子，令依旧名显。（《旧唐书·则天本纪》）

699　武后圣历二年己亥　三十九岁

知几至京都任右补阙及定王府仓曹，旋即参与修《三教珠英》。按：《新唐书·徐坚传》言圣历中，与徐彦伯、刘知几、张说预修《三教珠英》，时张昌宗、李峤总领，弥年不下笔，坚与说专意撰综，条汇粗立，诸儒因之乃成书。《旧唐书·徐坚传》云：圣历中，坚又与给事中徐彦伯、定王府仓曹刘知几、右补阙张说同修《三教珠英》。时麟台监张昌宗及成均祭酒李峤总领其事。《三教珠英》始修于圣历二年（《新唐书·张昌宗传》），知几是年为仓曹。据《新唐书·百官志》，王府官仓曹掌禄廪、厨膳、出纳、市易、畋渔、刍藁，正七品上。

700　武后久视元年庚子　四十岁

知几预修《三教珠英》。

太后每内殿曲宴，辄引诸武、易之及弟秘书监饮博嘲谑。右补阙朱敬则谏言武后内宠无礼无仪。（《通鉴》）

圣历三年五月癸丑，改元久视。

701　武后长安元年辛丑　　四十一岁

正月，改久视为大足元年。大足元年十月壬寅，改元长安。

知几参预修成《三教珠英》千三百卷。（《唐会要》卷三十六）

702　武后长安二年壬寅　　四十二岁

知几以著作佐郎兼修国史，寻迁左史，撰起居注。《史通序》云：长安二年，余以著作佐郎兼修国史，寻迁左史于门下撰起居注。

知几于史馆开始撰写《史通》。（《史通序》）

结识史官刘允济。长安二年，凤阁舍人修国史刘允济尝云：史官善恶必书，言成轨范，使骄主贼臣有所知惧，此亦权重，理合贫而乐道也。昔班生受金，陈寿求米，仆视之如浮云耳。但百僚善恶必书，足为千载不朽之美谈，岂不盛哉！（《唐会要》卷六三）

703　武后长安三年癸卯　　四十三岁

知几仍为左史，会奉诏预修唐史。《自叙》：长安中，会奉诏预修唐史。《史通·古今正史》：长安中，余与正谏大夫朱敬则、司封郎中徐坚、左拾遗吴兢奉诏更撰《唐书》，勒成八十卷。

《唐会要》卷六三：长安三年正月一日敕，宜令特进梁王武三思与纳言李峤、正谏大夫朱敬则、司农少卿徐彦伯、凤阁舍人魏知古、崔融、司封郎中徐坚、左史刘知几、直史馆吴兢等修唐史，采四方之志，成一家之言，长悬楷则，以贻劝诫。

朱敬则请择史官。《唐会要》卷六三：长安三年七月，朱敬则请择史官，上表曰：国之要者，在乎记事之官，是以五帝元风资其笔削，三王盛业藉以垂名，此才之难，其难甚矣。伏以陛下圣德鸿业，诚可垂范将来，倘不遇良史之才，则大典无由而就也。且董狐、南史，岂止生于往代，而独无于此时？在乎求与不求，好与不好耳。今今若访得其择也,伏愿勖之以公忠,期之以远大,更超加美职,使得行其道,则天下甚幸!

朱敬则迁正谏大夫。《旧唐书·朱敬则传》:长安三年,累迁正谏大夫,寻同凤阁鸾台平章事。

刘知几论史才三长。《唐会要》卷六三:长安三年,郑惟忠尝问刘子玄曰:自古文士多而史才少,何也?刘曰:史才须有三长,谓才也、学也、识也。夫有学而无才,犹有良田百顷,黄金满籯,而使愚者营生,终不能致货殖矣。如有才而无学,犹思兼匠石,巧若公输,而家无楩楠斧斤,终不能成其宫室矣。犹须好是正直,善恶必书,使骄主贼臣所以知惧,此则为虎傅翼,善无可加,所向无敌矣。时以为知言。两《唐书》本传也有类似记载。

魏元忠、张说为张易之兄弟所诬构,将陷重辟,诸宰相无敢言者,朱敬则独抗疏申理,刘知几亦劝张说。《唐会要》卷六四《史馆杂录》条曰:长安三年,张易之、昌宗欲作乱,将图皇太子,遂谮御史大夫知政事魏元忠。昌宗奏言:可用凤阁舍人张说为证。说初不许,遂赂以高官,说被逼迫,乃伪许之。凤阁侍郎宋璟恐说阿意,乃谓曰:大丈夫当守死善道。殿中侍御史张廷珪又谓曰:朝闻道,夕死可矣。起居郎刘知几又谓曰:无污青史,为子孙累。

《通鉴》卷二〇七曰:长安三年九月庚寅朔。明日,朱敬则抗疏理之曰:元忠素称忠正,张说所坐无名。若令抵罪,失天下望。易之等见疏大怒,欲杀之,赖朱敬则等保救得免。

朱敬则称司封郎中裴怀古有文武才,制以怀古为桂州都督,使忠信轻骑诣夷獠营,岭外悉定。(《通鉴》)

704　武后长安四年甲辰　　四十四岁

知几擢拜凤阁舍人,暂罢其任。

《自叙》原注:长安中,以本官兼修国史。会迁中书舍人,暂罢其任。《史通序》:长安二年,余以著作佐郎兼修国史,寻迁左史,于门下撰起居注。会转中书舍人,暂停史任,俄兼领其职。

《旧唐书》本传：知几长安中累迁左史，兼修国史。擢拜凤阁舍人，修史如故。

按，凤阁舍人，即中书舍人，光宅元年，改中书省曰凤阁。舍人六人，正五品上，掌侍进奏，参议表章。

知几撰《刘氏家史》及《谱考》。

《唐会要》卷三六：长安四年，凤阁舍人刘知几撰《刘氏》（指《刘氏谱考》）三卷，推汉为陆终苗裔，非尧之后；彭城丛亭里诸刘，出自宣帝子楚孝王嚣曾孙司徒居巢侯刘恺（应作般）之后，不承楚元王交。皆按据明白，（正）前代所误。虽为流俗所讥，学者服其该博。

《旧唐书》本传：知几自负史才，常慨时无知己，乃委国史于著作郎吴兢，别撰《刘氏家史》十五卷，《谱考》三卷。

朱敬则以老疾致仕。二月壬申，正谏大夫同平章事朱敬则以老疾致仕。敬则为相，以用人为先，自余细务不之视。（《通鉴》）

薛谦光累迁给事中，检校常州刺史，政绩可称。（同上）

705　中宗神龙元年乙巳　　四十五岁

知几除著作郎、太子中允、率更令，兼修国史。《史通序》：今上（指中宗）即位，除著作郎、太子中允、率更令，其修史，皆如故。

知几参与撰修《则天实录》。

《自叙》：及今上即位，又敕撰《则天大圣皇后实录》。

《史通·古今正史》：神龙元年，又与坚、兢等重修《则天实录》，编为三十卷。

706　中宗神龙二年丙午　　四十六岁

知几仍职史事，修成《则天实录》。《唐会要》卷六三：神龙二年五月九日，左散骑常侍武三思、中书令魏元忠、礼部尚书祝钦明及史官太常少卿徐彦伯、秘书少监柳冲、国子司业崔融、中书舍人岑羲、徐坚等，修《则天实录》二十卷，《文集》一百二十卷，上之，赐物各有差。

《旧唐书·吴兢传》：神龙中，兢与韦承庆、崔融、刘子玄撰《则天实录》。

修《则天实录》，知几实预其事，盖因官卑未列名受赐。

中宗由东都还西京，知几逗留东都，继续私撰《史通》。《史通·忤时》：会天子还西京，朝廷愿从者众。予求番次，在大驾后发日，因逗留不去，守司东都。

707　中宗景龙元年丁未　四十七岁

知几再转太子中允，兼修唐史。《旧唐书》本传：景龙初，再转太子中允，依旧修国史。

知几续撰《史通》。

708　中宗景龙二年戊申　四十八岁

知几致萧至忠书，求罢史职。《旧唐书》本传：景龙初，再转太子中允，依旧修国史。时侍中韦巨源、纪处讷、中书令杨再思、兵部尚书宗楚客、中书侍郎萧至忠并监修国史，知几以监修者多，甚为国史之弊，萧至忠又尝责知几著述无课。知几于是求罢史任，指陈史馆修史之五不可，至忠惜其才，不许解史任。

《史通·忤时》：孝和皇帝时，韦武当权，母媪预政。士有附丽之者，起家而绾朱紫，予以无所傅会，取摈当时。会天子还京师，朝廷愿从者众。予求番次，在大驾后发日，因逗留不去，守司东都。杜门却扫，凡经三载。或有谮予躬为史臣，不书国事而取乐丘园，私自著述者。由是驿召至京，令专执史笔。于时小人道长，纲纪日坏，仕于其间，忽忽不乐，遂与监修国史萧至忠等诸官书求退。

知几为修文馆学士。

景龙二年四月二十二日，修文馆增置大学士四员、学士八员、直学士十二员，征攻文之士以充之。二十五日，敕太子中舍刘子玄为学士。（《唐会要》卷六四《史馆》下）

709　中宗景龙三年己酉　四十九岁

知几仍迁秘书少监，修史如故，续撰《史通》。按：《史通·忤时》：一为中允，四载不迁。知几被驿召至京，领史事，迁秘书少监，当在景龙三年。秘书少监,从四品上。监掌经籍图书之事,领著作局,少监为之贰。

知几友人元行冲著《魏典》。

《唐会要》卷六三:景龙三年十二月,太常少卿元行冲,以本族出于后魏,未有编年之文,乃撰《魏典》三十卷。事详文简,为学者所称。

知几友人朱敬则卒。

《旧唐书》本传:景龙三年五月卒于家,年七十五。敬则尝采魏晋已来君臣成败之事,著《十代兴亡论》。

710　中宗景龙四年庚戌　五十岁

刘知几始撰成《史通》。《史通序》:尝以载笔余暇,商榷史篇。下笔不休,遂盈筐箧。于是区分类聚,编而次之。凡为二十卷,列之如左,合若干言。于时岁次庚戌,景龙四年仲春之月也。

六月,甲辰,旦即皇帝位,改景龙四年为唐隆元年。七月己巳,改为景云元年。故睿宗景云元年知几仍为五十岁。

知几累迁太子左庶子,兼崇文馆学士,仍依旧修国史,加银青光禄大夫。(《旧唐书》本传)

知几以名音类上名,乃改子玄。《旧唐本》本传:时玄宗在东宫,知几以音类上名,乃改子玄。

是年,韦后擅政。六月庚子,临淄王李隆基起兵诛诸韦,封平王。丁未,立为太子。

711　睿宗景云二年辛亥　五十一岁

《史通》书成,见者互言其短,知几作《蒙释》以拒之。(《自叙》)徐坚读之叹曰:为史氏者宜置此座右。(《唐书》本传)

皇太子隆基将亲奠于国学,有司草仪注,令从臣皆乘马著衣冠,刘知几上议驳之。宜从废改。太子令宣行,以为常式。(《唐会要》卷三十五)

郭元振、张说同平章事。张说请使太子监国,上从之。(《通鉴》)

僧慧范恃太平公主势逼夺民产,御史大夫薛谦光奏弹之。太平

公主诉于上，出谦光为歧州刺史。(《通鉴》)

712 玄宗先天元年壬子 五十二岁

正月，睿宗改景云三年为太极元年。五月又改元曰延和。八月传位于太子，玄宗即位，改元先天。

知几奉诏与柳冲等撰《姓族系录》。《旧唐书·柳冲传》：至先天初，冲始与侍中魏知古、中书侍郎陆象先及徐坚、刘子玄、吴兢等撰成《姓族系录》二百卷奏上。

713 玄宗开元元年癸丑 五十三岁

是年十二月，改先天二年为开元元年，大赦。

是年三月，知几与柳冲等修《姓族系录》成，上之。《唐会要》卷三六：先天二年三月，柳冲奏所修《姓族系录》成，上之，凡二百卷。张说等监修国史。《唐大诏令集》卷五一：张说等监修国史敕：敕：银青光禄大夫守中书令上柱国燕国公张说、银青光禄大夫守兵部尚书同中书门下平章事三品上柱国梁郡开国公姚元之等，并可监修国史，余各如故。先天二年十一月二十二日。

714 玄宗开元二年甲寅 五十四岁

知几等刊定《姓族系录》，奏上之。《旧唐书·玄宗本纪》：开元二年七月丙午，昭文馆学士柳冲、太子左庶子刘子玄刊定《姓族系录》二百卷，上之。

知几迁左散骑常侍，修史如故。《新唐书》本传：开元初，迁左散骑常侍(正三品下)。

八月，知几友人太子宾客薛谦光献武后所制《豫州鼎铭》，其末云："上玄降鉴，方建隆基。"以为上受命之符。(《通鉴》)

715 玄宗开元三年乙卯 五十五岁

知几修史如故。

吴兢服阕抗疏乃拜谏议大夫，俄兼修文馆学士。《旧唐书》本传：开元三年服阕，抗疏言曰：臣修史已成数十卷，自停职还家，匪忘纸札，乞终余功。乃拜谏议大夫，依前修史。俄兼修文馆学士，历卫尉少卿、左庶子。

716　玄宗开元四年丙辰　　五十六岁

知几、吴兢撰成《睿宗实录》、《则天实录》、《中宗实录》。

《唐会要》卷六三：开元四年十一月十四日，修史官刘子玄、吴兢撰《睿宗实录》二十卷、《则天实录》三十卷、《中宗实录》二十卷成，以闻。又引古义白于执政。宰相姚崇奏上，言今子玄援引古今，臣谨寻故实，例有恩赏，子玄等始末修撰，诚亦勤劳，叙事记言，所录虽重，承恩赐命，固不在多，子玄等各赐物五百段，许之。

知几以修《则天实录》功，封居巢县子。（《旧唐书》本传）

717　玄宗开元五年丁巳　　五十七岁

史官条奏每月应所行事。《唐大诏令集》卷八六：令史官条奏每月应所行事诏：自今已后，每入孟月史官条奏应所行事，当斟酌古典，用孚于休。宣布朝廷，使知朕意。开元五年十月一日。

718　玄宗开元六年戊午　　五十八岁

九月河南大水，遣工部尚书刘知柔持节往河南道存问。（《旧唐书·玄宗本纪》）

719　玄宗开元七年己未　　五十九岁

三月，诏诸儒议《孝经》孔郑注、王氏《老子注》及子夏《易传》诸书长短。

四月，知几奏注《孝经》请废郑依孔，注《老子》请停河上公行王，《易传》非子夏所造。时议以知几博识，诚则纯儒；全非众家，亦则未可。其后博士司马贞亦上书驳辩。五月五日，诏河郑二家，依旧行用；王孔二注，并存其说；子夏传帖易者停。（《唐会要》卷七十七、卷三十六）

五月，知几上重论孝经老子注议。（《全唐文》卷二百七十四）

九月，诏令丽正殿写四库书，各于本库每部为目录。（《唐会要》卷三十五）知几友人薛谦光卒，年七十三岁。（《旧唐书》本传）

720　玄宗开元八年庚申　　六十岁

命右散骑常侍元行冲整比群书。(《通鉴》)充丽正修书院使,检校院内修撰官。(《唐会要》卷六十四)张说兼修国史。开元八年十二月二十日诏:张说多识前志,文成微婉,词润金石,可以昭振风雅,光扬轨训,可兼修国史。(《唐会要》卷六三)

721 玄宗开元九年辛酉 六十一岁

知几卒。《旧唐书》本传:九年,长子贶为太乐令,犯事配流。子玄诣执政诉理,上闻而怒之,由是贬授安州都督府别驾。子玄至安州无几而卒,年六十一。自幼及长,述作不倦,朝有论著,必居其职。预修《三教珠英》、《文馆词林》、《姓族系录》,修《唐书》、《实录》,皆行于代。有集三十卷。后数年,玄宗敕河南府就家写《史通》以进,读而善之。元行冲等撰成《群书目录》。

《旧唐书·玄宗本纪上》:开元九年,冬十一月丙辰,左散骑常侍元行冲上《群书目录》二百卷,藏之内府。《旧唐书·元行冲传》:先是,秘书监马怀素集学者续王俭《今书七志》,左散骑常侍褚无量于丽正殿写四部书,事未就而怀素、无量卒,诏行冲总代其职。于是行冲表请通撰古今书目,名为《群书目录》,岁余书成之,奏上之。

知几卒年,其亲友尚健在者有:

兄知柔,七十三岁,开元十一年(723)卒。

徐坚,六十三岁,开元十七年(729)卒。

元行冲,六十九岁,开元十七年(729)卒,享年七十七岁。

吴兢,五十二岁,天宝八年(749)卒,享年八十岁。

子贶,博通经史,明天文、律历、音乐、医算之术,终于起居郎、修国史。撰《六经外传》三十卷,《续说苑》十卷等。

子悚,右补阙、集贤殿学士、修国史。著《史例》三卷、《传记》三卷、《乐府古题解》一卷。

子汇,给事中、尚书右丞、左散骑常侍、荆南长沙节度使,有集三卷。

子秩,给事中、尚书右丞、国子祭酒,撰《政典》三十五卷。

子迅，右补阙，撰《六说》五卷。

子迥，谏议大夫、给事中，有集五卷。（《旧唐书·刘子玄传》）

参考书目

马克思恩格斯选集　人民出版社 1972 年 5 月版

毛泽东选集　人民出版社 1952 年 7 月北京第二版

周易　十三经注疏本

尚书　十三经注疏本

诗经　十三经注疏本

周礼　十三经注疏本

礼记　十三经注疏本

春秋左传　十三经注疏本

春秋左传注　杨伯峻　中华书局 1981 年 3 月版

春秋左传研究　童书业　上海人民出版社 1980 年 10 月版

春秋公羊传　十三经注疏本

春秋谷梁传　十三经注疏本

论语　十三经注疏本

论语译注　杨伯峻　中华书局 1958 年 6 月版

孟子　十三经注疏本

孟子译注　杨伯峻　中华书局 1960 年 1 月版

经学历史　皮锡瑞　中华书局 1959 年 12 月版

经学通论　皮锡瑞　中华书局 1954 年 10 月版

周予同经学史论著选集　朱维铮编　上海人民出版社 1983 年 10 月版

中国哲学史　任继愈主编　人民出版社 1979 年 3 月版

中国思想通史一、二、三卷　侯外庐主编　人民出版社 1957 年版

中国思想通史第四卷上册　侯外庐主编　人民出版社 1959 年版

中国思想通史第四卷下册　侯外庐主编　人民出版社 1960 年版
中国思想史　张岂之主编　西北大学出版社 1989 年 6 月版
国语　上海古籍出版社 1988 年 3 月版
战国策　上海古籍出版社 1985 年 3 月版
史记　司马迁　中华书局校点本
史记志疑　梁玉绳　中华书局 1981 年 4 月版
史记会注考证　（日）泷川资言　文学古籍刊行社 1955 年 7 月版
史记研究　张大可　甘肃人民出版社 1985 年 4 月版
史记新论　白寿彝　求实出版社 1981 年 8 月版
司马迁研究新论　施丁等　河南人民出版社 1982 年 8 月版
汉书　班固　中华书局校点本
后汉书　范晔　中华书局校点本
三国志　陈寿　中华书局校点本
晋书　房玄龄等　中华书局校点本
魏书　魏收　中华书局校点本
周书　令狐德棻等　中华书局校点本
隋书　魏征等　中华书局校点本
旧唐书　刘昫　中华书局校点本
新唐书　欧阳修　宋祁　中华书局校点本
廿二史札记　赵翼　中华书局 1984 年 1 月版
廿二史考异　钱大昕　潜研堂全书本
资治通鉴　司马光　中华书局校点本
风俗通义校注　王利器校注　中华书局 1981 年 1 月版
通典　杜佑　商务印书馆十通本
通志　郑樵　商务印书馆十通本
文献通考　马端临　商务印书馆十通本
汉纪　荀悦　四部丛刊本
后汉记　袁宏　四部丛刊本

中国通史简编第一编(修订本)　范文澜　人民出版社 1959 年版
中国通史简编第二编(修订本)　范文澜　人民出版社 1959 年版
中国通史(一至四册)　范文澜　人民出版社 1978 年版
中国史纲要　翦伯赞主编　人民出版社 1979 年版
隋唐五代史　吕思勉　上海古籍出版社 1984 年 1 月版
隋唐五代史纲　韩国磐　人民出版社 1979 年 5 月版
唐会要　王溥　中华书局排印本
文苑英华　宋　李昉等　中华书局 1966 年影印本
全唐文　中华书局 1983 年 11 月影印本
全唐诗　中华书局 1960 年 4 月版
史通通释　浦起龙　上海古籍出版社 1978 年 4 月版
刘知几年谱　傅振伦　中华书局 1963 年 4 月版
史通笺记　程千帆　中华书局 1980 年 11 月版
史通新校注　赵吕甫　重庆出版社 1990 年 8 月版
史通笺注　张振佩　贵州人民出版社 1985 年 12 月版
刘知几的实录史学　许冠三　香港中文大学出版社 1983 年版
史学三书平议　张舜徽　中华书局 1983 年 2 月版
史学四种　吕思勉　上海人民出版社 1981 年 12 月版
中国史学家评传　陈清泉等　中州古籍出版社 1985 年 3 月版
中国史学名著评介　仓修良主编　山东教育出版社 1990 年 2 月版
唐代史学论稿　瞿林东　北京师范大学出版社 1989 年 3 月版
中国史学史论集(一)、(二)　吴泽主编　上海人民出版社 1980 年版
文史通义　章学诚　古籍出版社 1956 年 12 月版
文史通义校注　叶瑛校注　中华书局 1985 年 5 月版
章学诚遗书　文物出版社 1985 年 8 月版
章学诚和文史通义　仓修良　中华书局 1984 年 12 月版
四库全书总目　中华书局影印本
四库提要辩证　余嘉锡　中华书局 1980 年 5 月版

中国丛书综录 上海图书馆编 上海古籍出版社 1982 年 12 月版
古今伪书考补正 黄云眉 齐鲁书社 1980 年 6 月版
中国史部目录学 郑鹤声 商务印书馆 1956 年 12 月版
中国历史书籍目录学 陈秉才等 书目文献出版社 1984 年 5 月版
中国古代史史料学 陈高华等 北京出版社 1983 年 1 月版
目录学发微 余嘉锡 中华书局 1963 年版
中国目录学史论丛 王重民 中华书局 1984 年版
中国目录学史 姚名达 商务印书馆 1957 年版
中国古代史籍举要(修订本) 张舜徽 湖北人民出版社 1980 年版
史籍举要 柴德赓 北京出版社 1982 年版
中国历史要籍介绍 李宗邺 上海古籍出版社 1982 年 8 月版
读史入门 许凌云 北京出版社 1984 年 9 月版
读史入门(修订本) 许凌云 北京出版社 1989 年 9 月版
李大钊史学论集 河北人民出版社 1984 年 9 月版
中国史学史 金毓黻 商务印书馆 1957 年版
中国史学史稿 刘节 中州古籍出版社 1982 年版
中国古代史学史简编 仓修良等 黑龙江人民出版社 1983 年 6 月版
中国史学史 李宗侗 中国友谊出版公司 1984 年 10 月版
中国史学简史 施丁 中州古籍出版社 1987 年 8 月版
中国史学发展史 尹达主编 中州古籍出版社 1985 年 7 月版
中国史学史(第一册) 白寿彝 上海人民出版社 1986 年 8 月版
西方史学史概要 郭圣铭 上海人民出版社 1983 年 10 月版
范文澜历史论文选集 中国社会科学出版社 1979 年 4 月版
史学概论 白寿彝主编 宁夏人民出版社 1983 年 7 月版
史学概论 吴泽主编 安徽教育出版社 1985 年 6 月版
中国历史研究法 梁启超 上海古籍出版社 1987 年 9 月版
墨子闲话 孙诒让 诸子集成本
荀子集解 王先谦 诸子集成本

韩非子集解 王先慎 诸子集成本

吕氏春秋校释 陈奇猷 中华书局1958年9月版

淮南鸿烈集解 刘文典 商务印书馆1924年版

论衡集解 刘盼遂 古籍出版社1957年版

法言 扬雄 诸子集成本

先秦七子思想研究 童书业 齐鲁书社1982年版

两汉思想史 金春峰 中国社会科学出版社1987年4月版

文心雕龙译注 陆侃如 牟世金 齐鲁书社1981年3月版

史学史研究 北京师大史学研究所编

索引

人名索引

五　画

六 画

七 画

八 画

九　画

十　画

十一画

十二画

十三画

十四画

十五画

十六画

十七画

十八画

重要词语索引

一 画

二 画

三 画

四 画

五 画

六 画

七 画

八 画

九　画

十　画

十一画

十二画

十三画

十四画

十五画

十七画

图书在版编目(CIP)数据

刘知几评传 / 许凌云著. —南京:南京大学出版社,1994.10(2009.12 重印)
(中国思想家评传丛书/匡亚明主编)
ISBN 978-7-305-02355-2

Ⅰ.刘... Ⅱ.许... Ⅲ.刘知几(661~721)—评传 Ⅳ.K825.81

中国版本图书馆 CIP 数据核字(2001)第 02955 号

中国思想家评传丛书
刘知几评传
许凌云 著

南京大学出版社出版发行
社址:南京市汉口路 22 号 邮编:210093
电话:025-83596923 025-83592317 传真:025-83328362
网址:http://www.NjupCo.com
电子邮箱:Press@NjupCo.com
Sales@NjupCo.com(市场部)
南京爱德印刷有限公司
开本 850×1168 1/32 印张 11.625 字数 249 千
1994 年 10 月第 1 版 2009 年 12 月第 4 次印刷
印 数 4501—5500
ISBN 978-7-305-02355-2

定价:35.00 元